——— 根据新企业会计准则编写 ———

会计入门一点通

范纪珍◎主编

插图案例版
第3版

国家一级出版社　　中国纺织出版社　　全国百佳图书出版单位

内 容 提 要

会计难学,抽象的理论、枯燥的术语、复杂的数据,让初学者茫无头绪、望而生畏,会计入门的捷径在哪儿?

书要读厚,更要读薄;要读得进去,更要读得出来。一本好书,要积极引导读者完成这个撷精取粹的过程。本书前两篇分别讲解了会计入门的基础知识和会计实务的操作方法,通过生动的语言和丰富的插图,让读者读得进去,轻松把书读厚;第三篇则匠心独运地通过一个大型案例,从企业创建时讲起,把企业从日常经营的会计处理到报表编制的完整核算过程演示出来,有理有据、清晰明了;读者只需如法操练、举一反三,必能提纲挈领、成竹在胸,蓦然回首,已超然于本书之外,必有拨云见日之感!原来,会计入门并不难!

借再版之机,编者对全书内容进行了认真细致的修订与增补,使之更加时新、更加丰富、更加科学。本书不仅可以引导会计新手快速轻松上手,也是各类会计考试参考人员和高等院校经管会计专业学生的优秀参考书。

图书在版编目(CIP)数据

会计入门一点通:插图案例版/范纪珍主编.—3版.—北京:中国纺织出版社,2021.5
ISBN 978-7-5180-3821-3

Ⅰ.①会… Ⅱ.①范… Ⅲ.①会计学 Ⅳ.①F230

中国版本图书馆 CIP 数据核字(2017)第 172217 号

策划编辑:于磊岚　　特约编辑:魏丹丹　　责任印制:储志伟

中国纺织出版社出版发行
地址:北京市朝阳区百子湾东里A407号楼　邮政编码:100124
销售电话:010—67004422　传真:010—87155801
http://www.c-textilep.com
中国纺织出版社天猫旗舰店
官方微博http://weibo.com/2119887771
三河市宏盛印务有限公司印刷　各地新华书店经销
2010年4月第1版　2012年3月第2版　2021年5月第3版第1次印刷
开本:710×1000　1/16　印张:20
字数:332千字　定价:68.00元

凡购本书,如有缺页、倒页、脱页,由本社图书营销中心调换

自序（第3版）

本书第2版面世以来，已多次重印，读者好评不断，大家在阅读时都认为本书内容详细、通俗易懂、易于上手、便于自学。同时在细节上，读者也提出了一些非常有价值的改进建议。

本书第3版的修订，主要是根据读者的建议，最近几年会计准则和实务的发展变化以及作者对相关知识的理解和认识的变化而进行的。为了便于读者自学，书中的基本内容和结构未做大的调整、改动，但在一些具体内容上，适当做了增补、修改和调整，主要包括：

（1）增添了部分内容。在会计入门篇的第一章增添了"第五节会计的法律规范"，在会计实务篇增添了"第十章金融资产业务的核算"和"第十一章第二节购入投资性房地产的核算"。

（2）修改了各章的具体内容。无论是概念阐述还是实务应用，都做了较全面的修改和完善，使其与新的会计准则保持一致。

（3）对于书中出现的文字和数字错误进行了订正和修改。

希望本书修订再版后，更加符合读者自学的要求，更加满足会计人员不断学习，提升自身知识水平的要求。

在本书修订中，中国纺织出版社编辑同志提出了很好的建议，在此表示衷心感谢，同时也衷心感谢同行和读者长期以来对本书的厚爱，以及对本书提出的改进建议。

范纪珍
2020.12

序（第1版）

现代社会商品经济空前繁荣，经济体间的商业活动和交易十分频繁。国有企业、股份制企业、个人独资企业等的日常经营活动，都需要会计准确无误地做账制表，并按税务要求的时间、格式和内容上报；个人投资理财也需要会计知识指导；上班族掌握会计知识，工作起来更会如虎添翼。总之，掌握并恰如其分地应用会计知识，会使我们的工作和生活变得更加轻松且有条理。

会计学由理论和实务这两个密切相关、相辅相成的部分组成。会计理论是对会计规律的概括总结；会计实务则要弄清从填制凭证开始到编制报表的整个财务过程。要学习会计这样一门实用性极强的学科，仅仅熟悉理论是远远不够的。

范纪珍教授的这部新著是她多年从事会计教学研究和社会实践的结晶，着重指点新手快速入门，早日成为做账高手。该书从最基本的做账讲起，每一笔账务的记法都清清楚楚，讲解深入浅出、条理分明，具有很强的实用性。本书不仅是企事业单位会计人员与管理人员的优秀参考书，也非常适合每位想投资创业的人。

本书的最大特色是运用"真账案例"讲解记账技巧。在书中第三篇贯彻了大案例教学的指导思想，以张云芳创办东方图文制作有限公司为例，模拟演示了企业从开业前的经营策划、前期准备，开业后建立和启用会计账簿、月末损益核算到年终会计报表编制的完整会计过程的会计处理。

本书的第二大特色是精心制作了多幅原始票据和原始账页的插图，便于读者增强感性认识，缩短理论与实务的距离，方便读者快速上手。

我和范老师同事多年，非常敬佩她认真踏实的治学态度。范老师讲授会计学二十余年，也为研究生讲授高级财务会计、高级财务管理等课程，著有《管理会计基础》《现代企业制度通论》《新编基础会计》等。同时，她一直坚持为企业进行会计培训与管理指导，对会计理论与实务的结合应用有独到见解。

阅读本书，读者能够轻松揭开会计的神秘面纱，快速成为会计高手！

石涛
2009年11月于并州

自序 (第1版)

随着我国市场经济的迅速发展,企业经营管理的日趋完善,会计在企业管理中的作用越来越大。但是一提到会计,人们就会想到教材里抽象、枯燥的会计理论,办公桌上复杂、乏味的会计数据,对学习掌握这门知识产生了畏难情绪。本书的写作目的就是面向社会上想了解会计知识的有志之士,帮助他们在尽可能短的时间内轻松愉快地学会会计流程、熟练掌握会计的基本操作方法,为他们的事业插上腾飞的翅膀。本书具有以下几个方面的特点。

1. 简单通俗、易学易懂

书中涵盖了会计日常工作中可能用到的全部基础知识和技能,按照实用、易学、易懂的原则,通过活泼的语言、生动的形式来讲解原本枯燥的术语,内容介绍由浅入深、循序渐进,让从未接触过会计工作的人员也能够快速入门,帮助读者在一种轻松愉快的学习体验中掌握相关知识和方法,迅速具备做账上得手、报表看得懂的能力。

2. 参考性高、操作性强

本书按企业实际经济业务的流程进行编排,结构清晰,内容丰富,涵盖了会计工作的方方面面。书中前两篇系统介绍了会计的基础知识和账务处理方法,从第三篇开始,以东方图文制作有限公司为例,从策划、开办、经营到财务报表编制,清晰完整地展现了会计日常业务处理的全过程,使读者迅速完成从理论到实战的转化。第三篇中的案例,对有志于创业的人极具参考价值。

3. 图表真实化、版式人性化

为了增强读者的感性认识,书中用到的插图均为真实的原始票据和原始账页,同时为保护商业秘密,本书将真实案例在数据上进行了一些改动,精心绘制了展示图表。在排版时,充分考虑读者的阅读习惯,力求简洁大方、方便阅读。

此外，本书严格按照新会计准则的要求编写，采用了最新的会计业务处理方法，充分反映了会计理论与会计实务改革发展的新成果。全书层次分明、重点突出，既可以指引新财会从业人员快速入门，也是帮助企业管理者和有志创业的人士掌握会计基础知识、提高管理水平的必备参考书。

本书的出版由山西大学经济与工商管理学院石涛副院长牵线搭桥，鼎力促成；成稿后，石涛副院长又应本人与丁编辑之邀赠序，为本书增光添彩。在本书出版之际，对石涛副院长表示诚挚的感谢！

本书由范纪珍担任主编，并与侯轶婕、崔慧敏、佟威、李海燕共同完成了各章的编写，全书由范纪珍负责修改、总纂并定稿。

在本书编写过程中牛晋霞、苗文平、刘苏庆做了大量工作，在此深表感谢。

由于编者水平有限，书中难免有纰漏和不成熟之处，恳请专家、读者批评指正。

范纪珍

2009 年 11 月 20 日

序（第2版）

范纪珍老师所著的《会计入门一点通》面市以来，销售业绩斐然，累计已达24 000册，业内给予了高度关注，好评如潮。本书能够在汗牛充栋的同类书籍中脱颖而出，作为推荐人，我深感荣幸。

范纪珍老师教授会计学二十余年，治学严谨，见解独到，在企业会计培训中更是积累了大量的实战经验，一直致力于会计学理论与实践相结合的研究。范纪珍老师为此书的编写倾注了大量心血。今年又应中国纺织出版社丁守富编辑之邀，对本书第1版进行了如下认真修订：

第一，紧密贴近现行会计准则和最新经济法律法规，将最新的会计理念和操作方法融入会计业务处理的各个环节，使全书内容进一步呈现出高度的时效性。

第二，尽可能照顾到有意考取会计资格证书或会计职称证书读者的需求，专门增设了"答疑解惑"小栏目，帮助读者扩充知识、深化理解，及时把会计实务操作中涉及的知识点和应注意之处予以提醒，能更好地帮助读者备考。

第三，充分吸收了相关专家和读者的意见和建议，在保持第1版基本体系、特色与优点的前提下，修正了第1版中的瑕疵，选择的会计业务案例更加鲜活，针对性和实用性更强。

本书不仅可以引导会计新手快速轻松上手，也是各类会计考试参考人员和高等院校会计、经管专业学生的优秀参考书。

相信经过此次再版修订，本书定能不负众望，再创佳绩。也衷心祝愿各位读者朋友会计快速入门，事业顺利起航！

石涛

2012年1月于并州

目 录

第一篇 会计入门篇

第一章 概说 ………………………………………………………… 2

1.1 会计的发展和特点 ……………………………………………… 2
    1.1.1 会计的发展 ………………………………………………… 2
    1.1.2 会计的特点 ………………………………………………… 3
1.2 会计核算的内容和对象 ………………………………………… 4
    1.2.1 会计核算的内容 …………………………………………… 5
    1.2.2 会计的对象 ………………………………………………… 6
1.3 会计核算的方法 ………………………………………………… 7
    1.3.1 设置账户 …………………………………………………… 7
    1.3.2 复式记账 …………………………………………………… 7
    1.3.3 填制和审核凭证 …………………………………………… 8
    1.3.4 登记账簿 …………………………………………………… 8
    1.3.5 成本计算 …………………………………………………… 8
    1.3.6 财产清查 …………………………………………………… 8
    1.3.7 编制财务报告 ……………………………………………… 9
1.4 会计工作的基本流程 …………………………………………… 9
1.5 会计的法律规范 ………………………………………………… 10
    1.5.1 《中华人民共和国会计法》 ……………………………… 10
    1.5.2 企业会计准则体系 ………………………………………… 11
    1.5.3 基本准则的主要内容 ……………………………………… 12

第二章　会计要素及会计等式 …… 18

2.1　会计要素 …… 18
2.1.1　资产 …… 18
2.1.2　负债 …… 20
2.1.3　所有者权益 …… 21
2.1.4　收入 …… 24
2.1.5　费用 …… 25
2.1.6　利润 …… 26

2.2　会计等式 …… 27
2.2.1　会计基本等式 …… 27
2.2.2　会计基本等式的扩展 …… 27

2.3　会计科目 …… 29
2.3.1　会计科目的概念和意义 …… 29
2.3.2　会计科目的分类及设置原则 …… 30

2.4　账户 …… 33
2.4.1　账户的概念和分类 …… 33
2.4.2　账户的基本结构和内容 …… 33

第三章　借贷记账法 …… 35

3.1　复式记账原理 …… 35
3.1.1　单式记账法 …… 35
3.1.2　复式记账法 …… 35

3.2　借贷记账法 …… 36
3.2.1　记账符号 …… 36
3.2.2　账户结构 …… 37
3.2.3　记账规则 …… 40
3.2.4　试算平衡 …… 43

第四章　会计凭证 …… 47

4.1　会计凭证的概念和种类 …… 47

  4.1.1 会计凭证的概念 …………………………………………… 47
  4.1.2 会计凭证的种类 …………………………………………… 47
 4.2 原始凭证 …………………………………………………………… 48
  4.2.1 原始凭证的概念和内容 …………………………………… 48
  4.2.2 原始凭证的种类和填制 …………………………………… 48
  4.2.3 原始凭证的填制要求 ……………………………………… 53
  4.2.4 原始凭证的审核 …………………………………………… 54
 4.3 记账凭证 …………………………………………………………… 55
  4.3.1 记账凭证的概念和内容 …………………………………… 55
  4.3.2 记账凭证的种类和填制 …………………………………… 56
  4.3.3 记账凭证的填制要求 ……………………………………… 59
  4.3.4 记账凭证的审核 …………………………………………… 60

第五章 会计账簿 …………………………………………………… 62

 5.1 会计账簿的作用和种类 …………………………………………… 62
  5.1.1 会计账簿的作用 …………………………………………… 62
  5.1.2 会计账簿的种类 …………………………………………… 62
 5.2 会计账簿的设置和建立 …………………………………………… 66
  5.2.1 会计账簿的设置原则 ……………………………………… 66
  5.2.2 会计账簿的建立 …………………………………………… 67
 5.3 会计账簿的登记方法 ……………………………………………… 69
  5.3.1 日记账的登记方法 ………………………………………… 69
  5.3.2 明细分类账的登记方法 …………………………………… 71
  5.3.3 总分类账的登记方法 ……………………………………… 72
  5.3.4 总账与明细账的平行登记 ………………………………… 78
  5.3.5 会计账簿的登记规则 ……………………………………… 80
 5.4 错账更正 …………………………………………………………… 81
  5.4.1 划线更正法 ………………………………………………… 81
  5.4.2 红字更正法 ………………………………………………… 81
  5.4.3 补充登记法 ………………………………………………… 83

第六章　编表前的准备工作 ·············· 84

6.1 编表前准备工作的内容 ·············· 84
6.1.1 期末账项调整 ·············· 84
6.1.2 对账和结账 ·············· 84
6.1.3 财产清查 ·············· 85

6.2 账项调整 ·············· 85
6.2.1 应计收入的计提 ·············· 85
6.2.2 应计费用的计提 ·············· 86
6.2.3 预收收入的递延 ·············· 86
6.2.4 预付费用的摊销 ·············· 87

6.3 对账与结账 ·············· 88
6.3.1 对账 ·············· 88
6.3.2 结账 ·············· 89

6.4 财产清查 ·············· 91
6.4.1 财产清查的意义 ·············· 92
6.4.2 财产清查的种类 ·············· 92
6.4.3 财产清查的内容和方法 ·············· 93
6.4.4 财产清查结果的处理 ·············· 96

第七章　财务报表的编制 ·············· 98

7.1 资产负债表的编制 ·············· 98
7.1.1 资产负债表概述 ·············· 98
7.1.2 资产负债表的结构 ·············· 99
7.1.3 资产负债表的编制方法 ·············· 100
7.1.4 资产负债表编制举例 ·············· 104

7.2 利润表的编制 ·············· 108
7.2.1 利润表概述 ·············· 108
7.2.2 利润表的结构 ·············· 109
7.2.3 利润表的编制方法 ·············· 111
7.2.4 利润表编制举例 ·············· 112

7.3 现金流量表的编制 ……………………………………………… 113
 7.3.1 现金流量表概述 ………………………………………… 113
 7.3.2 现金流量表的结构 ……………………………………… 114
 7.3.3 现金流量表的编制方法 ………………………………… 116
 7.3.4 现金流量表编制举例 …………………………………… 119

7.4 所有者权益变动表的编制 ……………………………………… 121
 7.4.1 所有者权益变动表概述 ………………………………… 121
 7.4.2 所有者权益变动表的结构 ……………………………… 121
 7.4.3 所有者权益变动表的编制方法 ………………………… 123
 7.4.4 所有者权益变动表编制举例 …………………………… 123

7.5 财务报表附注 …………………………………………………… 125
 7.5.1 财务报表附注的概念 …………………………………… 125
 7.5.2 财务报表附注应披露的主要内容 ……………………… 125
 7.5.3 财务报表附注的编制形式 ……………………………… 125
 7.5.4 财务报表附注的编制内容 ……………………………… 126

第二篇 会计实务篇

第八章 资金筹集业务的核算 …………………………………… 128

8.1 投入资本的核算 ………………………………………………… 128
 8.1.1 投入资本概述 …………………………………………… 128
 8.1.2 投入资本的账务处理 …………………………………… 128

8.2 借款业务的核算 ………………………………………………… 131
 8.2.1 短期借款的核算 ………………………………………… 132
 8.2.2 长期借款的核算 ………………………………………… 134

第九章 货币资金业务的核算 …………………………………… 138

9.1 库存现金的核算 ………………………………………………… 138
 9.1.1 库存现金的含义 ………………………………………… 138

9.1.2　库存现金的使用范围 ······················· 138
　　9.1.3　现金收支的规定 ························· 139
　　9.1.4　库存现金的账务处理 ······················· 139
9.2　银行存款的核算 ····························· 143
　　9.2.1　银行结算账户 ·························· 143
　　9.2.2　银行支付结算方式 ························ 144
　　9.2.3　银行存款收付业务的账务处理 ···················· 156
　　9.2.4　银行存款日记账的设置和登记 ···················· 158
　　9.2.5　银行存款的清查 ························· 160
9.3　其他货币资金的核算 ··························· 161
　　9.3.1　其他货币资金的概念 ······················· 161
　　9.3.2　其他货币资金的核算 ······················· 161

第十章　金融资产业务的核算 ························ 164

10.1　交易性金融资产的核算 ························· 164
　　10.1.1　交易性金融资产概述 ······················ 164
　　10.1.2　交易性金融资产的核算 ····················· 165
10.2　可供出售金融资产的核算 ························ 167
　　10.2.1　可供出售金融资产概述 ····················· 167
　　10.2.2　可供出售金融资产的核算 ···················· 167
10.3　持有至到期投资的核算 ························· 169
　　10.3.1　持有至到期投资概述 ······················ 169
　　10.3.2　持有至到期投资的核算 ····················· 170
10.4　长期股权投资的核算 ·························· 172
　　10.4.1　长期股权投资概述 ······················· 172
　　10.4.2　长期股权投资的核算 ······················ 174

第十一章　购入业务的核算 ························· 177

11.1　购入固定资产的核算 ·························· 177
　　11.1.1　固定资产概述 ························· 177

11.1.2 购入固定资产的核算 …………………………………… 177
11.2 购入投资性房地产的核算 ……………………………………… 179
　　11.2.1 投资性房地产概述 …………………………………… 179
　　11.2.2 购入投资性房地产的核算 …………………………… 180
11.3 购入无形资产的核算 …………………………………………… 181
　　11.3.1 无形资产概述 ………………………………………… 181
　　11.3.2 购入无形资产的核算 ………………………………… 182
11.4 购入存货的核算 ………………………………………………… 183
　　11.4.1 存货概述 ……………………………………………… 183
　　11.4.2 存货的核算 …………………………………………… 184
11.5 货款与税金的核算 ……………………………………………… 186
　　11.5.1 货款的核算 …………………………………………… 186
　　11.5.2 增值税的核算 ………………………………………… 189

第十二章 生产业务的核算 ……………………………………… 193

12.1 产品成本核算概述 ……………………………………………… 193
　　12.1.1 产品成本的构成 ……………………………………… 193
　　12.1.2 产品成本核算方法 …………………………………… 193
　　12.1.3 账户设置 ……………………………………………… 194
12.2 材料费用的核算 ………………………………………………… 195
　　12.2.1 领用材料的计价方法 ………………………………… 196
　　12.2.2 领用材料的核算 ……………………………………… 200
12.3 人工费用的核算 ………………………………………………… 200
　　12.3.1 人工费用的内容 ……………………………………… 200
　　12.3.2 人工费用的核算 ……………………………………… 202
12.4 固定资产折旧的核算 …………………………………………… 208
　　12.4.1 固定资产折旧概述 …………………………………… 208
　　12.4.2 固定资产折旧的范围 ………………………………… 209
　　12.4.3 固定资产折旧的方法 ………………………………… 209
　　12.4.4 固定资产折旧的核算 ………………………………… 211

12.5　制造费用的核算 ························· 212
　　　　12.5.1　制造费用的概述 ················· 212
　　　　12.5.2　制造费用的核算 ················· 212
　　12.6　完工产品的核算 ························· 214

第十三章　销售业务的核算 ························· 216

　　13.1　收入概述 ······························· 216
　　13.2　商品销售收入的核算 ····················· 217
　　　　13.2.1　商品销售收入的确认和计量 ········· 217
　　　　13.2.2　商品销售收入的账务处理 ··········· 219
　　13.3　提供劳务收入的核算 ····················· 221
　　　　13.3.1　提供劳务收入的确认与计量 ········· 221
　　　　13.3.2　劳务收入的账务处理 ··············· 223
　　13.4　其他业务收入的核算 ····················· 224
　　　　13.4.1　账户设置 ························· 224
　　　　13.4.2　其他业务收入的核算 ··············· 225
　　13.5　营业成本和税金的核算 ··················· 225
　　　　13.5.1　账户设置 ························· 225
　　　　13.5.2　营业成本和税金的账务处理 ········· 225

第十四章　利润形成与分配的核算 ··················· 228

　　14.1　营业利润的核算 ························· 228
　　　　14.1.1　营业利润的构成 ··················· 228
　　　　14.1.2　期间费用的核算 ··················· 228
　　　　14.1.3　资产减值的核算 ··················· 230
　　　　14.1.4　公允价值变动损益和投资收益的核算 ··· 237
　　14.2　利润总额的核算 ························· 238
　　　　14.2.1　利润的构成 ······················· 238
　　　　14.2.2　营业外收支的账户设置及核算 ······· 239
　　14.3　净利润的核算 ··························· 240
　　　　14.3.1　净利润的构成 ····················· 240

14.3.2 所得税费用 ··· 240
14.3.3 利润的计算与结转 ··· 243
14.4 利润分配的核算 ··· 245
14.4.1 利润分配的顺序 ·· 245
14.4.2 账户设置 ·· 246
14.4.3 利润分配的核算 ·· 246

第三篇 真账实操篇

第十五章 东方图文制作有限责任公司成立前的策划 ············ 250

15.1 经营策划 ·· 250
15.1.1 经营内容规划 ·· 250
15.1.2 资金需要量的预测 ··· 250
15.1.3 资金筹集来源的规划 ······································ 251
15.2 成立前的准备工作 ·· 251
15.2.1 企业名称核准 ·· 251
15.2.2 办理印刷经营许可证 ······································ 252
15.2.3 确定公司住所 ·· 252
15.2.4 申请营业执照 ·· 252
15.2.5 刻制公司公章 ·· 252
15.2.6 办理组织机构代码证 ······································ 253
15.2.7 办理税务登记 ·· 253
15.2.8 办理开户许可证 ·· 253
15.2.9 办理贷款业务手续 ··· 254

第十六章 东方图文制作有限责任公司的财务核算 ············· 255

16.1 建立和启用会计账簿 ··· 255
16.2 日常业务的会计处理 ··· 257
16.2.1 11月1日～10日发生的经济业务及会计处理 ········ 257

16.2.2　11月11日～20日发生的经济业务及会计处理·········· 266
　　　16.2.3　11月21日～30日发生的经济业务及会计处理·········· 271
　16.3　月末损益核算··· 279
　　　16.3.1　账项调整·· 280
　　　16.3.2　收入费用的结转······································· 282
　　　16.3.3　科目汇总表的编制···································· 285
　16.4　财务报表编制··· 286
　　　16.4.1　资产负债表的编制···································· 286
　　　16.4.2　利润表的编制··· 286
　　　16.4.3　现金流量表的编制···································· 286
　16.5　结账·· 289
　　　16.5.1　总账账户结账·· 290
　　　16.5.2　明细账账户结账······································· 295
　　　16.5.3　日记账账户结账······································· 295
　16.6　总结分析··· 297

参考文献··· 298

第一篇　会计入门篇

有趣生动的语言，将缩短您熟悉和掌握会计基础知识的时间！

◇ 第一章　概说
◇ 第二章　会计要素及会计等式
◇ 第三章　借贷记账法
◇ 第四章　会计凭证
◇ 第五章　会计账簿
◇ 第六章　编表前的准备工作
◇ 第七章　财务报表的编制

第一章　概说

在现代企业中，财务部门是众多职能科室中的重要组成部分，会计工作是一项重要的基础性工作，会计人员则是这一工作的主要承担者。为此，要求每位从业人员必须具备较高的职业能力和良好的道德素质。此外，企业领导人员为了掌握企业的财务状况，做出正确的经营决策，也需要掌握会计的基础知识，看懂财务报表。可以说，会计是一门技术，更是一门艺术，请跟着我们慢慢体会学习会计知识的乐趣吧！

1.1　会计的发展和特点
1.1.1　会计的发展

很多人在接触会计以前认为会计就是整天和数据、钱打交道。其实，会计是一门专门的学科，是通过一系列决策程序，收集、加工和利用以一定的货币单位作为计量标准来表现的经济信息，对经济活动进行组织、控制、调节和指导，促使人们比较得失、权衡利弊、提高企业经济效益的一种经济管理活动。

会计是从何而来的？它是随着人类社会生产的发展和经济管理的需要而产生、发展并不断完善起来的。在人类历史发展的最初阶段，人们从事的生产活动极为简单，对生产过程中的耗费和成果只凭头脑简单记忆即可。渐渐剩余产品多了，结绳记事就应运而生。随着生产的发展和生产规模的不断扩大，单凭头脑记忆已远远不能满足需要，这就需要有专门的方法对劳动耗费和劳动成果进行记录和计量，于是会计就随之产生了。

作为现代意义上的"会计"，起源可追溯到12世纪，于14世纪在西方正式出现，并随着意大利商业贸易的需要不断发展起来。1494年意大利数学家卢卡·帕乔利在《算术、几何、比与比例概要》一书中专门阐述了现代会计的基础——复式簿记原理与方法，被认为是会计发展史上的第一个里程碑，标志着现代会计的诞生。其后随着人类文明的不断进步、社会经济活动的不断革新、生产力的不断提高，会计核算的内容、方法也得到了较大发展，逐步由简单的计量与记录行为，发展成以货币为单位综合反映和监督经济活动过程的一种经济管理工作。

20世纪50年代由于管理科学的发展，丰富了会计学的内容，促进了管理会计理论和方法的形成，于是管理会计从传统会计中分离出来，自此之后，现代会计形成了财务会计和管理会计两大分支。财务会计侧重服务于企业外部使用者，包括投资人、债权人、政府及其有关部门、社会公众等，做出投资和信贷决策的需要，因而又称为"对外报告会计"。管理会计侧重服务于企业内部使用者，包括企业内部各层次的管理者，确定经营方针，做出财务和经营决策，管理和控制日常经营活动，做出绩效评价等经营管理决策的需要，因而又称为"对内报告会计"。财务会计和管理会计对任何企业来说，都缺一不可，都是服务于企业管理和市场经济发展需要的组成部分。由于篇幅原因，本书中的会计是指财务会计的内容和方法。

我国的会计也伴随着新中国的发展壮大经历了一个不断发展变化的过程。尤其是改革开放以来，随着市场经济的发展和需要，我国在会计改革方面一直与时俱进，顺时应势。1993年7月1日《企业会计准则》的颁布和实施，标志着我国会计发展摒弃了统一会计制度模式，逐渐朝着国际化、通用化的方向发展。2006年2月发布的一项基本准则和38项具体准则以及相关应用指南，实现了与国际财务报告准则的趋同。为了适应我国企业和资本市场发展的实际需要，实现我国企业会计准则与国际财务报告准则的持续趋同，2014年财政部对会计准则做了大幅修订，同时新增了第39号、第40号和第41号三条具体准则。

综上所述，会计就是适应社会生产的发展和经济管理的需要而产生和发展的，并在参与企业经营决策、提高资源配置效率、促进经济健康持续发展中发挥着越来越大的作用。

1.1.2 会计的特点

会计同其他经济管理模式相比，具有十分明显的个性与特点，主要表现在以下几个方面。

(1) 以货币为主要计量单位

会计是从数量方面反映经济活动的，而经济活动的数量方面通常通过实物、劳动、货币等具体内容的变化表现出来。因为会计需要对经济活动过程和结果进行全面的、综合的核算，只有具有一般等价物职能的货币才可以把各种性质相同或不同的经济业务加以综合，总括地反映经济活动的过程和结果。因此，会计以货币作为主要计量单位进行核算，我国货币的法定计量单位为人民币，辅以劳动量度和实物量度。

(2) 以合法的原始凭证作为核算依据

我们在每一笔经济业务发生的同时都会取得与该项经济业务发生相关的各种票据，比如坐火车时购买的火车票、住旅店取得的住宿发票，这些都是会计上讲的原始凭证。所谓原始凭证是对经济业务的最原始的记录，是经济业务责任人签字以示对其真实性负责后形成的原始记录。我国《会计基础工作规范》第47条规定，各单位在对会计事项办理会计手续、进行会计核算时，"必须取得或者填制原始凭证，并及时送交会计机构"。会计以合法的原始凭证为核算依据，既保证了会计记录有真凭实据，又可以取得真实可靠的会计信息。

会计为什么必须以货币为主要计量单位？

还记得中学课本上的交换公式吗：一只羊=5把斧子。

这实际上是运用了我们会计上所说的实物量度的定义，即用羊或斧子作为一个标准来衡量其他物品的价值。但是我们会计上所用的计量单位必须具有普遍性，反映的数量必须能进行综合比较，实物量度和劳动量度都不符合这种要求，因此就必须以货币作为统一计量单位。你记住了吗？

---

(3) 运用一系列完整可靠的专门方法

在经济快速发展的要求和推动之下，在核算、监督经济活动的长期实践中，通过不断地积累经验、改革创新，会计逐渐形成了一系列严密、科学、完整的专门方法。这些方法随着科学技术的发展和经济管理水平的提高而不断充实和完善。会计方法的具体内容包括会计核算方法、会计分析方法、会计检查方法、会计决策和预测方法，其中会计核算方法是最基本的方法。会计运用这些专门方法，对经济活动进行连续、系统、全面的核算和监督，为企业的经济管理提供了可靠的会计信息。

1.2 会计核算的内容和对象

任何企业、行政和事业单位都需要进行会计核算。那么会计核算的内容和对象又是什么呢？下面来为大家一一介绍。

1.2.1 会计核算的内容

(1) 款项和有价证券的收付

我们企业在日常的交易往来中经常使用的款项包括现金、银行存款及其他视同现金、银行存款使用的外埠存款、银行汇票存款、银行本票存款、在途货币资金、信用证存款和各种备用金。有价证券包括国库券、股票、企业债券和其他债券等。这些款项和有价证券的收付直接影响企业资金的变化，因此，必须及时办理会计手续，进行会计核算。

(2) 财物的收发、增减和使用

一个企业要进行正常的生产经营活动，必须拥有一定的财物以保证生产的正常进行。财物是指企业的财产物资，一般包括原材料、燃料、包装物等流动资产和房屋、建筑物、机器、设施、运输工具等固定资产。财物的收发、增减和使用是企业资金运动的重要形态，因而是会计核算的经常性业务。加强对财物的管理，有利于控制和降低成本，保证财物的安全、完整，防止资产流失。

(3) 债权债务的发生和结算

从会计意义上讲，债权债务是指由于过去的交易或事项所引起的企业的现有权利或义务。债权人是指那些对企业提供需偿还的资金的机构和个人。通俗地讲，债权人是别人要还债给他的。债务人是指根据法律或合同、契约的规定，在借贷关系中对债权人负有偿还义务的人。一般来说债务人是指欠别人钱的实体或个人。债权债务的发生和结算，反映了企业的资金周转情况，必须进行会计核算。

(4) 资本的增减

会计上的资本又称为所有者权益，是指投资人对企业净资产的所有权，是企业全部资产减去全部负债后的余额。资本的增减都会引起企业资金的变化，会计机构、会计人员必须及时办理会计手续，进行核算。

(5) 收入、支出、费用、成本的计算

收入，对企业及其他营利性组织来讲，是指它们在销售商品、提供劳务及他人使用本单位资产等日常经济活动中所形成的经济利益的总流入；对机关、事业单位来讲，指经费的拨入。费用，对企业及营利性组织而言，是它们在生产和销售商品、提供劳务等日常经济活动中所产生的各种耗费；对机关事业单位来讲，是经费的支出。收入、支出、费用、成本是企业资金运动的直接表现，必须进行会计核算。

(6)财务成果的计算和处理

财务成果是企业在一定期间内经济活动的最终成果,也就是企业所得与所耗费或支出的配比,二者相抵后的差额,有的表现为盈余,有的则表现为亏损。财务成果是反映经营成果的最终要素,对它的计算和处理涉及有关方面的经济利益,因此,必须及时进行会计核算。

(7)其他需要办理会计手续、进行会计核算的事项

这是指除了前面六项内容以外需要进行会计核算的内容。前面六项内容基本上涵盖了会计核算的主要内容,但由于会计环境纷繁复杂,经济活动及会计业务的发展日新月异,仍有可能产生一些新的会计核算内容,如企业的终止清算、破产清算等,也是会计核算不可缺少的内容。为了适应经济发展对会计核算工作的要求,会计法将可能产生的新的会计业务事项以"其他事项"来概括,以保证各种复杂的经济活动都能够得到及时的核算和反映。

1.2.2 会计的对象

会计对象是指会计所反映和监督的内容。明确会计对象,对于明确会计的任务,特别是对于研究和运用会计的方法具有重要的意义。但是各个单位的会计对象不尽相同。从不同的角度分析,可以表述为会计的一般对象和会计的具体对象。

(1)会计的一般对象

会计的一般对象是针对会计工作内容的共同点而言的,是指企业、行政及事业单位在社会再生产过程中发生的能够以货币表现的经济活动。

(2)会计的具体对象

会计的具体对象根据各单位会计工作内容的不同而有所不同。

①工业企业的会计对象

众所周知,工业企业的主要生产经营过程大体可以分为供应过程、生产过程和销售过程三个阶段。工业企业的资金从货币资金形态出发,随着供应过程、生产过程和销售过程的不间断进行,周而复始地运动着,最后又回到货币资金。这些经济业务及其引起的资金循环和周转,都是会计核算的内容。因此工业企业的会计对象是指在工业企业生产经营过程中发生的,能够以货币表现的各种经济业务。

②商品流通企业的会计对象

商品流通企业的经营活动主要包括商品购进和商品销售两个过程。在商品购进过程中，主要经济业务是采购商品，由货币资金转换为商品资金形态；在商品销售过程中卖出商品，又由商品资金形态转换为货币资金形态。这种周而复始的过程就构成了商品流通企业的经济业务。在购销活动中发生的支付工资、成本计算、上缴税金、利润分配等经济业务，都是商品流通企业会计所核算的内容，即商品流通企业会计的对象。

③行政事业单位的会计对象

行政事业单位也是社会再生产过程的基本单位，包括国家行政机关、司法机关、教育文化、医疗卫生等单位。行政事业单位主要是通过国家行政拨款投入和自身业务收入，取得预算内收入和预算外收入，同时还会按国家政策规定发生预算内支出和预算外支出，这些收支业务构成行政事业单位的主要经济活动内容。因此，行政事业单位的会计对象是经济活动中发生的预算内（外）财务收支活动。

1.3 会计核算的方法

会计核算的方法是会计的主要方法，是用来核算和监督会计对象、完成会计任务的手段，在会计方法体系中处于基础和核心地位，是其他各种方法的基础。会计核算是对会计主体（企业）的交易事项，按照会计确认、计量、记录和报告的标准，进行组织加工并表述财务会计信息的完整过程，主要包括设置账户、复式记账、填制和审核凭证、登记账簿、成本计算、财产清查、编制财务会计报告七种专门方法。

1.3.1 设置账户

设置账户是对会计对象的具体内容进行分类核算和监督的一种专门方法。会计对象的内容是复杂多样的，为了对他们进行系统的核算和监督，就必须根据会计对象的具体内容和经济管理的要求，对其进行科学的分类，即划分为若干个会计科目，并在账簿中为每个科目开设具有一定结构的账户，通过账户分门别类地登记经济业务，以满足会计核算的需要。

1.3.2 复式记账

复式记账是相对于单式记账而言的，即对每笔发生的经济业务都以相等的金额同时登记在两个或两个以上相互联系的账户中。例如，从银行提取现金1 600元，一方面引起银行存款减少1 600元，另一方面引起现金增加1 600元。通过这种方法记账，使得每项经济业务都能反映出资金的来龙去脉，对所涉及的账户都有完整的对应关系，这样不仅可以详细地反映各项业务之间的相互关系，还可以相应地检验有关经济业务的账户记录是否正确。

1.3.3 填制和审核凭证

会计凭证是具有一定格式、记录经济业务、明确经济责任的书面证明，是登记账簿的重要依据。填制和审核凭证是为了审查经济业务是否合法合理，保证登记账簿的会计记录的正确、完整而应用的一种专门方法。所有发生的经济业务都需要由有关经办人员或单位填制凭证并签名盖章。会计机构、会计人员必须按照国家统一的会计制度规定审核会计凭证，只有经过审核正确无误的会计凭证才能作为记账依据，从而保证会计记录有理有据，明确经济责任，提高会计信息质量。

1.3.4 登记账簿

会计账簿是由具有一定格式的账页组成，用来连续、系统、完整地记录各项经济业务的簿籍，是账户的集合，是记录和储存会计信息的数据库，是保存会计数据资料的重要工具。登记账簿是根据会计凭证，在账簿上连续、系统、完整地记录经济业务的一种专门的方法。经济业务发生后，编制会计凭证只是取得了一个记账的依据，它们是分散而无序的，只有按经济业务的性质和发生的先后顺序分门别类地记入有关账簿，才能提供比较完整系统的会计信息。

1.3.5 成本计算

成本计算是按照一定的成本计算对象，将生产经营过程中所发生的成本费用进行归集和分配，计算各对象的总成本和单位成本的一种专门方法。企业在生产经营中所发生的各种耗费，都需要对其进行归集、整理以计算出准确的数字，这样可以了解成本构成，分析和考核成本计划完成情况。工业企业需要计算材料采购成本、产品生产成本和销售成本，商品流通企业需要计算商品购进成本和销售成本。选择正确的产品成本计算方法，可以促进企业采取有效措施，提高经济效益，也是企业正确计算利润的重要前提之一。

1.3.6 财产清查

财产清查是通过对企业的各项财产物资进行盘点，核对账目以及对各项往来款项进行查询、核对，以保证账账相符、账实相符的一种专门方法。在会计核算工作中，由于某些主观或客观原因，会造成账面记录与实际结存不符。为了保证账簿记录的正确性，保证企业财产安全，应定期对账簿和实物进行清查，并根据清查结果，报请有关主管部门批复，查明原因，明确经济责任，调整账面记录，保持账实相符。

1.3.7 编制财务报告

财务报告是指企业对外提供的反映企业某一特定日期的财务状况和某一会计期间的经营成果、现金流量等会计信息的文件。企业的财务报告由财务报表、财务报表附注组成。财务报表是会计数据加工的最终结果，是输出会计信息的工具。通过财务报表可以将企业的财务状况和经营成果详细、准确地提供给投资人、债权人、经营管理者以及国家有关部门，为他们的预测、决策提供重要的依据。

以上七种专门会计核算方法之间的关系如下图所示。

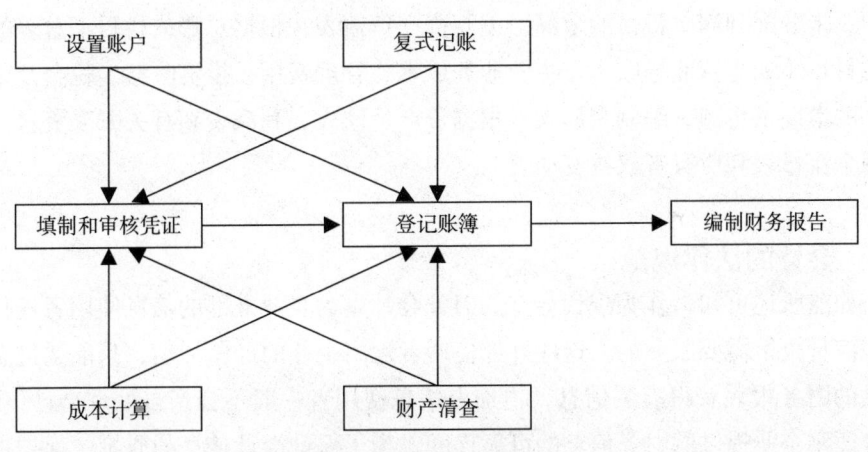

会计核算方法之间的关系

1.4 会计工作的基本流程

每种工作都有一个大体的流程。会计工作的流程就是会计人员在会计期间内，运用一定的会计方法，遵循一定的会计步骤对经济数据进行记录、计算、汇总、报告的过程。具体来说，会计工作的基本流程如下：

A．每个月会计人员所要做的第一件事就是根据原始凭证登记记账凭证，注意会计人员在进行记账之前需要审核原始凭证的真实性、可靠性，以保证记账凭证的正确性。根据收、付记账凭证登记现金日记账和银行存款日记账，根据记账凭证登记明细分类账。在月末或定期编制科目汇总表登记总账，为之后会计报表的编制提供数据基础。

B．在期末结账以前，按照权责发生制原则，确定本期的应计收入和应负担的成本费用，并据以对账簿记录的有关账项进行必要调整，编制调账分录和试算平衡表，也可以结合分类账和日记账的会计数据编制工作底稿，以方便下一步的对账和结转工作。

C．月末编制完科目汇总表之后，将有关的收入和成本费用转入本年利润中计算当期产生的经营成果。转入后如果差额在借方，则为亏损，不需要缴纳所得税；如果差额在贷方，则为盈利，需缴纳所得税，然后据此做记账凭证。值得注意的是所得税虽然和利润有关，但并不是亏损就一定不缴纳所得税，主要是看按照税法调整后的应纳税所得额是否是正数，如果是正数就要计算和缴纳企业所得税。

D．最后根据总账的资产（如货币资金、应收票据、应收账款、固定资产等）、负债（如应付票据、应付账款等）、所有者权益（如实收资本、资本公积、盈余公积、未分配利润）科目的余额，编制资产负债表；根据总账或科目汇总表的损益类科目（如主营业务收入、主营业务成本、管理费用、投资收益、税金及附加等）的本期发生额，编制利润表；根据资产负债表、利润表和有关账簿资料，编制现金流量表和所有者权益变动表。

1.5 会计的法律规范

如前所述可知，作为现代会计的财务会计是为企业外部的信息使用者进行投资和信贷决策需要服务的。这些外部使用者远离企业的经营活动，只能通过企业提供的财务报表获得有关信息，再加上信息使用者一般不会亲自处理会计信息，无法证实企业提供的财务信息的可靠程度，为了保证会计信息的质量，保护报表信息使用者的利益，就需要建立一套会计工作的规范和要求。

从世界各国的实际情况来看，大多数国家都对企业会计工作制定了一些法律规范，我国也不例外，对企业会计信息的处理出台了一系列的法律法规。这些都是会计工作者首先要掌握的基础知识，下面一一介绍。

1.5.1 《中华人民共和国会计法》

《中华人民共和国会计法》（以下简称《会计法》）是调整我国经济活动中会计关系的法律总规范，是会计法律规范体系的最高层次，是制定其他会计法规的基本依据，也是指导会计工作的最高准则。《会计法》由全国人大常委会制定发布，相当于规范会计工作的"宪法"。《会计法》中明确规定了其作用、适用范围、会计人员行使职权的保障措施和会计工作的管理体制等，明确规定了会计信息的内容和要求及企业会计核算、监督的原则，会计机构的设置，会计人员的配备以及相关人员的法律责任。

中华人民共和国成立后的第一部《会计法》是1985年5月1日开始施行的。为适应社会主义市场经济发展的需要，于1993年12月进行了第一次修订，1999年10月进行了第二次修订，并于2000年7月1日起施行至今。

现行的《会计法》由第一章"总则"、第二章"会计核算"、第三章"公司、上市公司会计核算的特别规定"、第四章"会计监督"、第五章"会计机构和会计人员"、第六章"法律责任"和第七章"附则"等组成。其中《会计法》最主要的变化是强调"单位负责人对本单位会计工作和会计资料的真实性、完整性负责"。

1.5.2 企业会计准则体系

企业会计准则是有关财务会计核算的规范，是企业的会计部门对经济业务进行确认、计量、记录和报告等会计活动所应遵循的标准。我国现行企业会计准则分为基本会计准则和具体会计准则、会计准则应用指南和解释公告等。

(1) 基本会计准则

我国的基本会计准则于1992年11月30日发布，并于1993年7月1日施行。2006年2月15日，财政部公布了修订后的《企业会计准则——基本准则》，并于2007年1月1日起施行。2014年7月23日财政部修订发布了《企业会计准则——基本准则》并从当日起施行。

基本会计准则的主要内容包括：财务会计的目标、会计核算的基本前提、会计核算的一般原则以及会计要素。虽然基本会计准则不具备实务操作性，但它是制定和指导具体会计准则的前提条件，为具体会计准则以及各企业会计制度的制定提供了基本框架，在会计准则体系中起着统驭作用。

(2) 具体会计准则

具体会计准则是根据基本会计准则的要求而制定的。具体会计准则就经济业务的会计处理以及报表披露等方面做出了具体规定。财政部于2006年3月发布了38项具体会计准则，全面规范了企业的财务会计活动。2014年财政部对会计准则做了大幅修订同时新增了第39号、第40号和第41号三条具体准则。具体准则具体规范如下三类经济业务或会计事项的处理：

A. 一般业务处理准则。主要规范各类企业普遍适用的一般经济业务的确认与计量。如存货核算、长期股权投资、固定资产、无形资产、投资性房地产、职工薪酬、收入、建造合同、所得税、股份支付、政府补助、外币折算、借款费用、资产减值、每股收益、企业合并、企业年金基金、财务报表列报、现金流量表、中期财务报告、分部报告、资产负债表日后事项、会计政策、会计估计变更和前期差错更正等。

B. 特殊行业会计准则。主要规范特殊行业的会计业务或事项的处理，如生物资产、石油天然气开采等。

C. 特定业务准则。主要规范特定业务的确认与计量，如债务重组、非货币性资产交换、租赁、或有事项、金融工具确认与计量、金融资产转移、金融工具列报、套期保值、原保险合同、再保险合同等。

(3) 会计准则应用指南和解释公告

财政部于 2006 年 11 月发布了《企业会计准则——应用指南》。应用指南是对具体准则相关条款的细化和有关重点难点问题提供的操作性指南。

解释公告是随着企业会计准则的贯彻实施，就实务中出现的问题、具体准则条款规定不清楚或者尚未规定的问题做出的补充说明。

2011 年 10 月 18 日，财政部又发布了《小企业会计准则》，自 2013 年 1 月 1 日起在所有适用的小企业范围内施行。

1.5.3 基本准则的主要内容

企业会计准则是一个完整的、庞大的体系，是会计人员从事会计工作、编制财务报表必须遵循的规范和标准。我们会将会计准则的相关规定融汇在随后的章节中加以介绍。这里只将会计工作者和外部信息使用者必须熟知的基本准则的主要内容汇总如下：

(1) 一个目标

《企业会计准则——基本准则》中是这样表述的："财务会计报告的目标是向财务会计报告使用者提供与企业财务状况、经营成果和现金流量等有关的会计信息，反映企业管理层受托责任履行情况，有助于财务会计报告使用者做出经济决策。"其中所指的财务会计报告使用者包括投资者、债权人、政府及其有关部门和社会公众等。

(2) 四个前提

企业会计人员在会计信息处理中要遵循一定的会计原则，而会计原则又建立在一些基本的会计假设基础上。一般认为，会计假设是指会计机构和会计人员对那些未经确认或者无法正面论证的经济业务或者会计事项，根据客观的正常情况或者变化趋势所做出的合乎情理的判断，又称为会计前提。它们分别是——会计主体、持续经营、会计分期、货币计量。

前提之一：空间限制——会计主体

会计主体也称会计实体，是指会计工作为之服务的特定单位或组织。会计主体的界定可以将特定的会计主体的经济活动与其他会计主体的经济活动相区别，从而明确会计核算的空间范围。

《企业会计准则——基本准则》规定："企业应当对其本身发生的交易或者事项进行会计确认、计量和报告。"这一规定意味着，企业只对"自身"发生的交易或事项加以确认、计量和报告，不包括该企业之外的其他任何组织和个人（包括会计主体的所有者）发生的交易与事项。只有这样，该企业所提供的财务会计报告，才是对企业财务状况、经营成果和现金流量等方面的恰当表达。

会计主体的假设在财务报表中具体体现为报表表头的编制单位，如"×××股份有限公司"的名称。

前提之二：经营状况要求——持续经营

《企业会计准则——基本准则》规定："企业会计确认、计量和报告应当以持续经营为前提。"持续经营假设的基本含义是会计主体的生产经营活动在可以预见的未来，将会持续地、正常地进行下去，企业不会因进行清算、解散、倒闭而不复存在。持续经营假设一方面是会计核算所采用的一系列会计处理方法的基础，另一方面也是使得会计核算所收集的经济数据和所运用的各种会计程序、方法能够保持一定的稳定性和可靠性的重要保证。

前提之三：周期划分——会计分期

会计分期指的是把企业持续不断的生产经营过程，划分为较短的等距会计期间，以便分期结算账目，按期编制会计报表。会计分期界定了会计核算和报告的时间范围。《企业会计准则——基本准则》规定："企业应当划分会计期间，分期结算账目和编制财务会计报告。会计期间分为年度和中期。中期是指短于一个完整的会计年度的报告期间。"在会计工作中，会计期间通常是一年，称为会计年度。我国企业的会计年度统一为公历1月1日至12月31日。

会计分期的划分对会计核算有着重要的影响和意义，只有正确地划分会计期间，才能准确地提供目标企业经营成果和财务状况的资料；只有相同会计期间的数据才具有可比性。

会计分期的假设在财务报表中具体体现为报表表头的编制时间,如"××××年××月××日"。

前提之四：计价手段——货币计量

货币计量指的是会计主体在会计核算中以货币作为统一计量单位记录和反映会计主体的经营情况。《企业会计准则——基本准则》规定："企业会计应当以货币计量。"这个规定意味着，我国企业会计核算中的基本计量手段是人民币。企业日常核算可以采用人民币以外的其他某种货币，但是，财务会计报告中的计量单位应该是人民币。货币计量假设使得各项资产费用及不同企业经营业绩之间比较时有了一个统一的标准。在我国，会计核算一般以人民币作为记账本位币，企业发生的生产经营活动均应使用人民币进行核算和反映。

货币计量的假设在财务报表中具体体现为报表表头的"单位：元"。

(3) 五种计量属性

会计计量属性也称为计量基础，是指在账户记录和财务报表中确认、计量有关财务报表要素，按什么标准、什么角度来计量，是从不同会计角度反映会计要素金额的过程，它主要用来解决记录多少的问题。《企业会计准则——基本准则》规定的会计计量属性包括历史成本、重置成本、可变现净值、现值以及公允价值。

A.历史成本。历史成本是指资产的价值按照购置该项资产支付的现金或现金等价物的金额计量，或者按照购置资产时所付出对价的公允价值计量。负债按照因承担现时义务而实际收到的款项或资产的金额，或者承担现时义务的合同金额，或者按照日常活动中为偿还负债预期需要支付的现金或者现金等价物的金额计量。

历史成本计量属性的优点是可靠、简便、容易采集数据、符合会计核算真实性等。缺点是在经济环境发生变化、物价波动剧烈的情况下，不能真实反映会计要素的真实价值，可能使会计信息使用者做出错误的判断。

B.重置成本。重置成本又称现行成本，是指资产按照现在购买相同或者相似资产所需支付的现金或现金等价物的金额计量。负债按照现在偿付该项债务所需支付的现金或现金等价物的金额计量。

重置成本计量属性的优点是可以反映现在形成某一会计要素应付出的代价，从而避免物价上涨蓄积利润；是现时的财务信息，能将现行收入与现行成本配比，增强了信息有用性；便于评价企业业绩。但是这种计量属性的缺点是含义不明确、确定较为困难，在计算上缺乏足够可信的依据，影响会计信息的可靠性。

C.可变现净值。可变现净值又称预期脱手价值，是指资产按照其正常对外销售所能收到现金或现金等价物的金额扣减该资产至完工时估计将要发生的成本、估计的销售费用以及相关税费后的金额计量。

可变现净值计量属性的优点是可以真实反映资产的价值，但在操作上有一定难度且仅用于计划将来销售的资产或未来清偿既定的负债，无法用于企业全部资产。

D. 现值。现值是指资产按照预计从其持续使用和最终处置中所产生的未来净现金流入量的折现金额计量。负债按照预计期限内需要偿还的未来净现金流出量的折现金额计量。

现值计量属性的优点是可以反映资产所带来的经济利益的金额，与偿还债务相关经济利益流出的金额，但受主观因素的影响较多。

E. 公允价值。公允价值是指市场参与者在计量日发生的有序交易中，出售一项资产所能收到或者转移一项负债所需支付的价格。

公允价值计量属性的优点是可以真实地反映资产、负债的价值，但由于公允价值要求市场必须是成熟的，因而具有不易操作的问题。

目前公允价值的计量属性在关于非货币性资产交换、债务重组、投资性房地产、生物资产、股份支付、金融工具确认和计量等具体准则中得到了具体的运用。企业在对会计要素进行计量时，一般应当采用历史成本。如果采用重置成本、可变现净值、现值、公允价值计量，应当保证所确定的会计要素金额能够取得并可靠计量。

（4）六大会计要素

《企业会计准则——基本准则》指出："企业应当按照交易或者事项的经济特征确定会计要素。会计要素包括资产、负债、所有者权益、收入、费用和利润。"这六个要素中的前三个要素形成资产负债表，后三个要素形成利润表，其具体内容将在后面章节中详细介绍。

（5）八项质量原则

会计核算的一般原则指的是会计核算中会计信息的质量要求。根据我国的《企业会计准则——基本准则》的规定，对会计信息的质量有如下八大原则：

A. 可靠性原则。《企业会计准则——基本准则》对可靠性原则的表述是："企业应当以实际发生的交易或事项为依据进行会计确认、计量和报告，如实反映符合确认、计量要求的各项会计要素及其他相关信息，保证会计信息真实可靠，内容完整。"可靠性原则是对会计信息质量的基本要求，因为只有真实可靠的会计信息，才值得报表使用者信赖。否则，不真实、不可靠的会计信息，不仅对报表使用者无益，而且还可能误导其经济决策。

B. 相关性原则。《企业会计准则——基本准则》对相关性原则的表述是："企业提供的会计信息应当与财务会计报告使用者的经济决策需要相关,有助于会计信息使用者对企业过去、现在或者未来的情况做出评价或者预测。"会计信息的相关性原则是会计信息的生命力所在,服务于财务会计报告者的经济决策,是提供会计信息的最基本、最重要的目标。相关的会计信息能够帮助财务会计报告使用者评价过去的决策,证实或者修正过去的预测。会计信息虽然能客观真实地反映企业经营情况,但与经济决策不相关联,则是毫无价值的。

C. 可理解性原则。《企业会计准则——基本准则》对可理解性原则的表述是:"企业提供的会计信息应当清晰明了,便于财务会计报告使用者理解和使用。"可理解性原则是由会计核算的目的决定的,会计信息不能清晰完整地反映企业经济活动的来龙去脉,就不能被财务会计报告使用者所理解,即使符合上述可靠性和相关性原则的要求,也是徒劳无用的。

D. 可比性原则。《企业会计准则——基本准则》对可比性原则的表述是:"企业提供的会计信息应当具有可比性。同一企业不同时期发生的相同或者相似的交易或者事项,应当采用一致的会计政策,不得随意变更。确需变更的,应当在附注中说明。不同企业发生的相同或者相似的交易或者事项,应当采用规定的会计政策确保会计信息口径一致,相互可比。"可比性原则使企业连续几个会计期间的会计信息对经济决策有使用价值。不仅可以对不同会计期间的财务报表和会计信息进行纵向比较和分析,还可以对不同企业,特别是同一行业内部的不同企业之间进行对比分析,使会计信息的比较质量大幅提高。

E. 实质重于形式原则。《企业会计准则——基本准则》对实质重于形式原则的表述是:"企业应当按照交易或事项的经济实质进行会计确认、计量和报告,不应仅以交易或事项的法律形式为依据。"该原则体现了对经济实质的尊重,能够保证会计核算信息与客观事实相符。对那些经济实质与法律形式不符合的交易或者事项,可以按照经济实质进行处理。如对融资租入的固定资产,承租方在租赁期内,应将被租赁的固定资产视同自己的固定资产进行处理。

F. 重要性原则。《企业会计准则——基本准则》对重要性原则的表述是:"企业提供的会计信息应当反映与企业的财务状况、经营成果和现金流量等有关的所有重要交易或者事项。"重要性原则是指企业要向财务会计报告使用者提供重要的会计信息,对于非重要事项,可以采取一些简易、灵活的会计处理方法。各种交易或者事项是否重要,其判断标准是交易或者事项所产生的会计信息,会对财务会计报告使用者的经济决策产生重要影响的,就应当予以披露。

G. 谨慎性原则。《企业会计准则——基本准则》对谨慎性原则的表述是:"企业对交易或者事项进行会计确认、计量和报告应当保持应有的谨慎态度，不应高估资产或者收益，低估负债或者费用。"谨慎性原则是现代财务会计的一个重要原则。遵循这一原则，可以使财务报告揭示的经营成果和财务状况不至于过于乐观，从而有助于财务报告使用者谨慎地理解企业的经营成果和财务状况。

H. 及时性原则。《企业会计准则——基本准则》对及时性原则的表述是："企业对于已经发生的交易或事项，应当及时进行会计确认、计量和报告，不得提前或者延后。"根据及时性原则，企业应做到以下几点：一是在经济业务发生后，应及时取得有关原始凭据；二是对会计数据及时进行处理，即及时记账、及时编制财务报告；三是及时传递会计信息，即在国家统一规定的时限内，及时将编制出的财务会计报告提供给有关方面。如果不能及时提供，即使是相关、可靠的信息，对于财务会计报告使用者而言也没有意义，甚至会误导财务会计报告使用者的经济决策。

(6) 一个记账基础

我国《企业会计准则——基本准则》规定："企业应当以权责发生制为基础进行会计确认、计量和报告。"具体讲，权责发生制又称应收应付制，是指企业的会计核算应当以经济利益和经济责任的发生为标准来确定收入和费用的归属期。也就是说凡是本期已经实现的收入和已经发生的或应当负担的费用，不论款项是否已经实际收付，都应作为本期的收入和费用入账。反之，凡是不属于本期已经实现的收入和已经发生的或应当负担的费用，即使款项已在本期实际收付，也不应当作为本期的收入和费用入账。

遵循权责发生制的目的，是使财务会计报告确认与计量的结果能够比较恰当地反映企业一定期间经营努力的成果，从而有助于企业业绩评价，也有助于分析预测。但是其主要问题是导致了收益与现金流的不一致，增加了企业财务管理的难度。

(7) 财务报告

《企业会计准则——基本准则》指出：财务会计报告是指企业对外提供的反映企业某一特定日期的财务状况和某一会计期间的经营成果、现金流量等会计信息的文件。财务报告包括财务报表和其他应当在财务会计报告中披露的相关信息和资料。

财务报表是对企业财务状况、经营成果和现金流量的结构性表述。一套完整的财务报表至少应当包括资产负债表、利润表、现金流量表、所有者权益变动表以及附注。

小企业编制的会计报表可以不包括现金流量表。

第二章 会计要素及会计等式

企业在日常经济活动中，所需要用到的办公桌、电脑、汽车、厂房等物品各式各样，与交易单位之间的款项收付往来频繁，与债权债务人之间的利益关系密切。要想把这些活动分门别类地进行统一核算，就需要按照它们在取得及使用过程中的不同特性进行划分。这样既有利于企业对其进行管理，又有利于企业在对外交往过程中与其他往来单位进行交流合作。这种划分是怎样的呢？下面就具体为大家介绍。

2.1 会计要素

会计要素，通俗地说就是会计所要核算的内容，如果用专业的术语给出定义就是根据交易或者事项的经济特征所确定的财务会计对象的基本分类。会计要素按照其性质分为资产、负债、所有者权益、收入、费用和利润，其中资产、负债和所有者权益要素侧重于反映企业的财务状况，收入、费用和利润要素侧重于反映企业的经营成果。会计要素的界定和分类可以使财务会计系统更加科学严密，为投资者等财务报告使用者提供更加有用的信息。

2.1.1 资产

(1) 资产的定义

什么是资产？在一个企业中，资产是企业得以顺利运行的基本保证，是企业能够扩大再生产的前提条件，是企业运营获得收益的保障。一座厂房、一台设备、一个专利，都可以看作是企业的资产。《企业会计准则——基本准则》给资产的定义为：资产是企业过去的交易或事项形成的，由企业拥有或控制的，预期会给企业带来经济利益的资源。

(2) 资产的特征

由资产的定义可知，资产具有以下几个方面的特征：

第一，资产是由过去的交易或事项形成的。也就是说，资产是现实的资产，不是预期的资产。对于未来发生的事项或者交易所产生的结果，则不属于现在的资产，不得作为资产去确认。

第二，资产必须是企业实际拥有或者控制的。"拥有"是指企业拥有所有权，"控制"是指企业虽然没有取得所有权，但在一定时期或一定的条件下可以自主支配。企业拥有资产的所有权，通常表明企业能够排他性地从资产中获得经济利益。如果各个主体都能分享这种利益、利用这种服务，那它就不是企业的资产。

因此，企业既不拥有也不控制资产及其所能带来的经济利益，就不能将其作为企业的资产予以确认。

第三，资产预期会给企业带来经济利益。尽管资产形态各异，但都能给企业带来一定的经济利益，会直接或者间接导致现金和现金等价物流入企业。如果一个项目预期不能给企业带来经济利益，那么就不能确认为企业的资产。前期被确认为资产的项目，如果不能再为企业带来经济利益，也就不能再将其确认为企业的资产。换言之，只要不能预期给企业带来经济利益，就不能确认为企业资产。

(3) 资产的确认条件

一项资源如果要确认为资产，除了需要符合上述资产的定义外，还需要同时满足以下两个条件：

第一，与该资源有关的经济利益很可能流入企业。从资产的定义可以看出，能带来经济利益是资产的一个本质特征。由于在现实生活中，经济环境瞬息万变，一项资产的经济利益能否流入企业以及流入多少具有不确定性，因此，资产的确认还应与经济利益流入的不确定性程度的判断结合起来。只有能够判断与资源有关的经济利益很可能流入企业，才能够将其作为资产予以确认；反之，不能视为资产。例如对于应收账款，如果企业判断未来很可能收到或者能够确定收到该款项，则企业就应当将其确认为一项资产；如果企业判断很可能部分或者全部无法收回，则不能将其确认为资产。

第二，该资源的成本或者价值能够可靠地计量。可计量性是所有会计要素确认的重要前提。只有当有关资源的成本或价值能够可靠地计量时，资产才能予以确认。如厂房、设备，只有这些资产的成本能够可靠地计量，才能视为符合了资产确认的可计量条件。对于人力资源等各种非货币性知识资源，我们无法用货币来衡量其价值，所以不能将其列入为资产。

(4) 资产的分类

资产按其流动性划分为流动资产与非流动资产。

流动资产是指主要以交易目的而持有的、预计在一年或者超过一年的一个营业周期内变现、出售或耗用的资产，主要包括货币资金、以公允价值计量且其变动计入当期损益的金融资产、应收票据、应收账款、预付账款、应收利息、应收股利、其他应收款、存货以及其他流动资产等。

非流动资产是指流动资产以外的资产，主要包括可供出售金融资产、持有至到期投资、长期股权投资、投资性房地产、固定资产、无形资产和递延所得税资产等。资产的主要内容如图2-1所示。

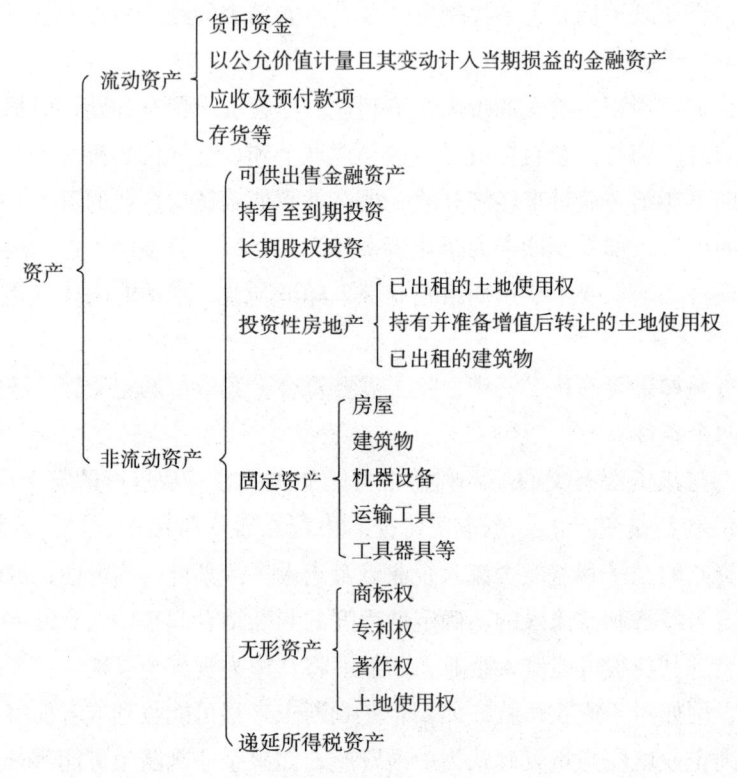

```
                  ┌ 货币资金
          ┌流动资产┤ 以公允价值计量且其变动计入当期损益的金融资产
          │       │ 应收及预付款项
          │       └ 存货等
          │        ┌ 可供出售金融资产
          │        │ 持有至到期投资
          │        │ 长期股权投资
资产 ─────┤        │                ┌ 已出租的土地使用权
          │        │ 投资性房地产 ──┤ 持有并准备增值后转让的土地使用权
          │        │                └ 已出租的建筑物
          │        │        ┌ 房屋
          └非流动资产┤      │ 建筑物
                   │ 固定资产┤ 机器设备
                   │        │ 运输工具
                   │        └ 工具器具等
                   │        ┌ 商标权
                   │ 无形资产┤ 专利权
                   │        │ 著作权
                   │        └ 土地使用权
                   └ 递延所得税资产
```

图2-1 资产的分类

2.1.2 负债

(1) 负债的定义

企业从事正常生产经营活动必须有一定的资金，但是往往投资者并不能一下拿出所需的全部资金，这就需要学会用别人的钱做自己的事，也就是要"借鸡生蛋"进行融资。最常见的融资方式就是向利益相关者借入，那么借入的资金就形成了企业的负债。《企业会计准则——基本准则》给负债下的定义为：负债是指企业过去的交易或者事项形成的、预期会导致经济利益流出企业的现时义务。

(2) 负债的特征

根据负债的定义，负债具有以下几个方面的特征：

第一，负债是企业承担的现时义务。负债必须是企业承担的现时义务，这是负债的一个基本特征。其中，现时义务是指企业在现行条件下已承担的义务。未来发生的交易或者事项形成的义务，不属于现时义务，不应当确认为负债。

第二，负债预期会导致经济利益流出企业。预期会导致经济利益流出企业是负债的一个本质特征。只有企业在履行义务时会导致经济利益流出企业的，才符合负债的定义；如果不会导致企业经济利益流出的，就不符合负债的定义。在履行现时义务清偿负债时，导致经济利益流出企业的形式多种多样，例如债务用现金偿还或以实物资产形式偿还，或以提供劳务形式偿还，或以部分转移资产、部分提供劳务形式偿还，或将负债转为资本等。

第三，负债是由企业过去的交易或者事项形成的。负债应当由企业过去的交易或者事项所形成。换句话说，只有过去的交易或者事项才形成负债，企业将在未来发生的承诺、签订的合同等交易或者事项不形成负债。

(3) 负债的确认条件

将一项现时义务确认为负债，不仅要符合负债的定义，还需要同时满足以下两个条件：一是与该义务有关的经济利益很可能流出企业；二是未来流出的经济利益的金额能够可靠地计量。

(4) 负债的分类

负债按其流动性不同，划分为流动负债和非流动负债。

流动负债主要是指为交易目的而持有的、预计在一年或超过一年的一个营业周期以内将要履行或偿还的债务。主要包括短期借款、以公允价值计量且其变动计入当期损益的金融负债、应付票据、应付账款、应交税费、应付职工薪酬、应付股利、应付利息、其他应付款以及持有待售的负债；非流动负债是指除流动负债之外的负债，如长期借款、应付债券、长期应付款、预计负债、递延所得税负债等。负债的主要内容如图2-2所示。

2.1.3 所有者权益

(1) 所有者权益的定义

所有者权益是指企业资产扣除负债后，由所有者享有的剩余权益。股份公司的所有者权益又称为股东权益。所有者权益是所有者对企业资产的剩余索取权，它是企业资产中扣除债权人权益后应由所有者享有的部分，既可反映所有者投入资本的保值增值情况，又体现了保护债权人权益的理念。

```
                    ┌ 短期借款
                    │ 以公允价值计量且其变动计入当期损益的金融负债
                    │ 应付票据
                    │ 应付账款
          ┌ 流动负债 ┤ 应交税费
          │         │ 应付职工薪酬
          │         │ 应付利息
          │         │ 应付股利
负债 ─────┤         └ 其他应付款
          │         ┌ 长期借款
          │         │ 应付债券
          └非流动负债┤ 长期应付款
                    │ 预计负债
                    └ 递延所得税负债
```

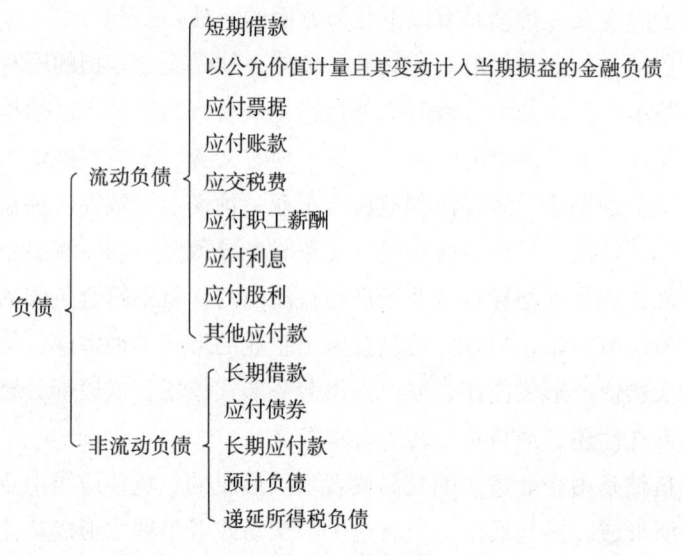

图2-2 负债的分类

（2）所有者权益的特征

从所有者权益的定义可知，其特征是：首先，所有者仅对净资产享有权利，它受总资产和总负债变动的影响而发生增减变动。其次，它虽然也是一种义务，但不像负债那样需要偿还，除非发生减资、清算或分派现金股利。企业清算时，只有在清偿所有的负债后，剩余部分才返还给所有者。最后，所有者权益不能单独计量，其金额的计量是通过资产和负债的计量间接进行的。

（3）所有者权益的分类

所有者权益的内容包括所有者投入的资本、直接计入所有者权益的利得和损失、留存收益等，通常由股本（或实收资本）、资本公积（含股本溢价或资本溢价、其他资本公积）、其他综合收益、盈余公积和未分配利润构成，详见图2-3。

①实收资本

实收资本是指所有者按照企业章程或合同约定，实际投入企业的资本部分。它是企业注册成立的首要条件，也是企业承担民事责任的财力保证。实收资本的构成比例或股东的股份比例是确定所有者在企业所有者权益中份额的基础，也是企业进行利润分配的主要依据。实际工作中可以按照不同的投资者进行分类。

②资本公积

资本公积也叫准资本，是企业收到投资者出资额超出其在注册资本（或股本）中所占份额的部分，以及其他资本公积等。具体包括资本（或股本）溢价和其他资本公积。

资本（或股本）溢价是由于企业通过发行股票等筹集资金时，投资者超额缴入资本形成的。其他资本公积是指除净损益、其他综合收益和利润分配以外所有者权益的其他变动形成的。

③其他综合收益是指企业根据其他会计准则规定未在当期损益中确认的各项利得和损失。

④留存收益是指企业从历年实现的利润中提取或形成的留存于企业内部的收益积累，包括盈余公积和未分配利润。

盈余公积是指企业按照有关规定从净利润中提取的积累资金。公司制企业的盈余公积包括法定盈余公积和任意盈余公积。法定盈余公积是企业按照规定的比例从净利润中提取的，任意盈余公积是企业按照股东大会的决议提取的。

未分配利润是企业完成利润分配程序后，留在企业的、历年结存的利润。企业对它的使用有较大的自主权。

所有者权益的具体构成如图2-3所示。

```
              ┌ 实收资本 ┬ 国家投入资本
              │         ├ 法人投入资本
              │         ├ 个人投入资本
              │         └ 外商投入资本
              │
              ├ 资本公积 ┬ 资本（或股本）溢价
所有者权益 ┤         └ 其他资本公积
              │
              ├ 其他综合收益
              │
              └ 留存收益 ┬ 盈余公积 ┬ 法定盈余公积
                        │         └ 任意盈余公积
                        │
                        └ 未分配利润 ┬ 未弥补亏损
                                    └ 待分配利润
```

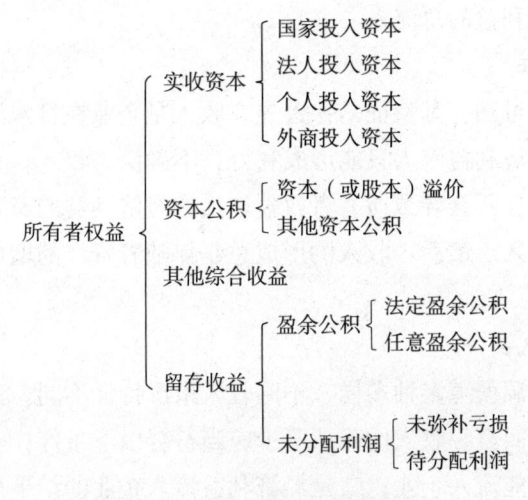

图2-3　所有者权益的分类

（4）所有者权益的确认条件

所有者权益体现的是所有者在企业中的剩余权益，因此，所有者权益的确认主要依赖于其他会计要素。尤其是资产和负债的确认，所有者权益金额的确定也主要依赖于资产和负债金额的计量。

（5）所有者权益与负债的区别

所有者权益与负债存在着以下不同：首先，二者偿还期不同。所有者权益在企业经营期内可供企业长期、持续地使用，企业不必向投资人返还资本金。而负债则须按期返还给债权人，成为企业的负担。其次，二者所代表的权利不同。企业所有者有权行使企业的经营管理权，或者授权管理人员行使经营管理权。负债属于债权人权益，债权人没有经营管理权，不能参与企业的经营管理。再次，负债和所有者权益的性质不同。企业所有者凭其对企业投入的资本，对企业资产和所得利润的求偿权即享受税后分配利润的权利。而债权人除按规定取得利息外，无权分配企业的盈利。最后，二者所带来的影响也不尽相同。企业通过举债筹集资金虽然能够发挥财务杠杆的效应，达到"借鸡生蛋"的目的，但是同时也会增加企业的财务风险，降低企业的再筹资能力和企业的信誉；而所有者权益则会产生与之相反的效果。

2.1.4 收入

（1）收入的定义

收入是指企业在日常活动中形成的、会导致所有者权益增加的、与所有者投入资本无关的经济利益的总流入。

（2）收入的特征

从收入的定义可知，其特征是：首先，收入是企业在日常活动中形成的。非日常活动产生的经济利益流入只能形成利得，不确认为收入。其次，收入会导致所有者权益的增加，不会导致所有者权益增加的经济利益的流入不符合收入的定义，不应确认为收入。最后，收入的形成总是伴随着资产的增加或负债的减少或者二者兼而有之。

（3）收入的确认条件

企业收入的来源渠道多种多样，不同收入来源特征不同，其收入确认条件也往往有差别。一般而言，收入的确认至少应当符合以下条件：一是与收入相关的经济利益应当很可能流入企业；二是经济利益流入企业的结果是会导致资产的增加或者负债的减少；三是经济利益的流入额能够可靠地计量。

（4）收入的分类

收入按企业从事日常活动的性质不同，分为销售商品收入、提供劳务收入和让渡资产使用权收入；收入按企业经营业务的主次不同，分为主营业务收入和其他业务收入。主营业务收入是指企业为完成其经营目标所从事的经常性活动所实现的收入。其他业务收入是指除主营业务收入以外的其他收入。

2.1.5 费用

(1) 费用的定义

费用是指企业在日常活动中发生的、会导致所有者权益减少的、与向所有者分配利润无关的经济利益的总流出。

(2) 费用的特征

从费用的定义可知，其特征是：首先，费用是企业在日常活动中形成的，非日常活动形成的经济利益的流出不能确认为费用，应当计入损失。其次，费用会导致所有者权益减少，不会导致所有者权益减少的经济利益的流出不符合费用的定义，不应确认为费用，如偿还银行的债务。再次，费用导致经济利益流出与向所有者分配利润无关，会引起资产的减少或负债的增加。企业向所有者分配利润也会导致经济利益流出，其流出属于对投资者投资的回报，是所有者权益的抵减项目，不应确认为费用。

(3) 费用的确认条件

费用的确认除了应当符合定义外，还应当符合以下条件：一是与费用相关的经济利益应当很可能流出企业；二是经济利益流出企业的结果会导致资产的减少或者负债的增加；三是经济利益的流出额能够可靠地计量。

(4) 费用的分类

费用按其是否计入产品成本，可以分为生产费用和期间费用。

A. 生产费用又称生产成本，是指产品生产时发生的并构成一定种类和一定数量产品的费用。当这些产品销售时转为营业成本与营业收入相配比。结合具体发生情况又可以分为直接费用和间接费用。

直接费用是指为生产产品或提供劳务等所发生的费用，包括直接材料费、直接人工费和其他直接费用。这些费用在发生时直接计入生产经营成本。

间接费用是指为生产产品或提供劳务等而发生的、不能直接计入产品成本或劳务成本的费用。这些费用需要按照一定的标准分配计入产品成本或劳务成本。

B. 期间费用是指与产品生产或劳务项目无直接关系，不参与生产或劳务成本计算而计入某一会计期间的费用。期间费用于发生时直接计入当期损益，从当期收入中得到补偿。具体包括企业行政管理部门为组织和管理生产经营活动而发生的管理费用，为筹集生产经营资金而发生的财务费用，为销售产品而发生的销售费用。费用的具体分类如图2-4所示。

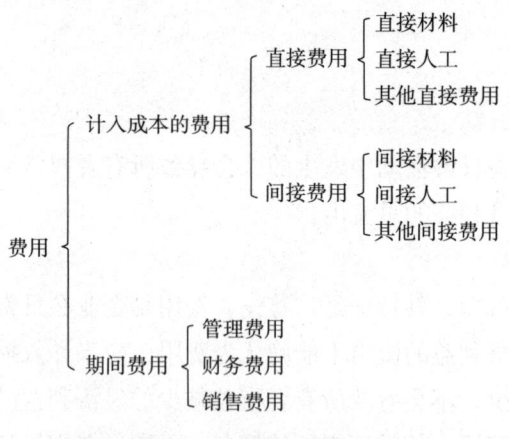

```
                        ┌ 直接材料
              ┌ 直接费用 ┤ 直接人工
              │         └ 其他直接费用
    ┌计入成本的费用┤
    │         │         ┌ 间接材料
    │         └ 间接费用 ┤ 间接人工
费用┤                    └ 其他间接费用
    │         ┌ 管理费用
    └ 期间费用┤ 财务费用
              └ 销售费用
```

图2-4 费用要素的分类

2.1.6 利润

(1) 利润的定义

利润是指企业在一定会计期间的经营成果。通常情况下，如果企业实现了利润，表明企业的所有者权益将增加，业绩得到了提升；反之，如果企业发生了亏损（即利润为负数），表明企业的所有者权益将减少，业绩下滑了。因此，利润往往是评价企业管理层经营业绩的一项重要指标，也是投资者等财务报告使用者进行决策时的重要参考。

(2) 利润的构成

利润包括收入减去费用后的净额、直接计入当期利润的利得和损失等。未计入当期利润的利得和损失扣除所得税影响后的净额计入其他综合收益项目。净利润与其他综合收益的合计金额为综合收益总额。

收入减去费用后的净额反映的是企业日常活动的经营业绩；直接计入当期利润的利得和损失是指企业非日常活动形成的，最终会引起所有者权益发生增减变动的、与所有者投入资本或者向所有者分配利润无关的经济利益的流入或流出。

利润按其形成情况不同，可分为营业利润、利润总额和净利润。营业利润是企业利润的主要来源，具体指营业收入减去营业成本、税金及附加、销售费用、管理费用、财务费用和资产减值损失，加减公允价值变动收益和投资收益后的金额。利润总额是营业利润加上营业外收入，减去营业外支出后的金额。净利润是指利润总额减去所得税费用后的金额。

(3) 利润的确认条件

利润反映的是收入减去费用、利得减去损失后的净额的概念,因此,利润的确认主要依赖于收入和费用以及利得和损失的确认,其金额的确认也主要依赖于收入、费用、利得和损失金额的计量。

2.2 会计等式
2.2.1 会计基本等式

会计等式,是指运用数学方程式的原理来描述会计对象具体内容之间相互关系的一种表达式。

企业要从事生产经营活动,就必须拥有或控制一定数量和结构的能满足其生产经营活动需要的财产物资,包括房屋、设备、材料、库存现金等,这在会计上称为资产。这些资产不可能凭空产生,它们必然有一定的来源或渠道。资产无论以什么样的形式存在,都必须由资产的所有者提供。资产的提供者会对企业资产提出种种的要求权,会计上将这种企业资产提供者对企业资产的要求权称为权益。例如某企业有三个投资人分别投资 20 000 元、30 000 元和 50 000 元,资产总计 100 000 元,则三人分别占企业产权总额的 20%、30%、50%。资产和权益是一个事物的两个方面,是一个不可分割的整体,两者相互依存、互为条件。资产与权益之间这种客观存在的数量上的平衡关系,可以用下列等式表示:

$$资产=权益$$

这一等式叫作会计恒等式或会计基本等式,简称会计等式。

权益不仅包括投资者权益,还包括债权人权益,债权人权益就是我们通常所说的负债。负债在未偿付之前,是企业资产的另一种来源。因此,上述会计等式又可以表示为

$$资产=债权人权益+投资人权益$$
$$=负债+所有者权益$$

这一等式反映了资产、负债和所有者权益三个会计要素之间的联系和基本数量关系。这种关系表明了企业一定时点上的财务状况,因此上述等式也称为静态会计等式,它是编制资产负债表的理论基础。

2.2.2 会计基本等式的扩展

企业在生产经营过程中的主要是为了获得利润。因此在这个过程中,企业除了发生引起资产、负债和所有者权益要素增减变化的经济业务外,还会取得收

入,并发生与取得收入相配比的各项费用。收入与费用相配比之后,其差额即为企业经营的成果。收入大于费用的差额为企业的利润,反之则为亏损。收入、费用和利润之间的关系,用公式表示如下:

$$收入-费用=利润$$

上述会计等式是从某个会计期间考察企业的最终经营成果而形成的恒等关系,表示的是从一定时期即动态来观察,因此,我们称之为动态会计等式。它是编制利润表的基础。

从产权关系上分析,企业实现的利润应该归属于企业投资者,是所有者权益增加,同时资产也等额增加。若是企业发生亏损,也应该由企业投资者承担,是所有者权益减少,同时资产也等额减少。于是上面的会计等式又转化为:

$$资产=负债+部分所有者权益+收入-费用$$
$$资产=负债+部分所有者权益+利润$$

利润经过分配,其中一部分又转化为所有者权益,即:

$$资产=负债+所有者权益$$

下面我们就以某公司的经营业务为例,为大家具体介绍企业在生产经营活动中发生的经济业务对会计等式的影响。

【例2-1】某公司2016年7月1日资产、负债和所有者权益情况如表2-1所示。

表2-1 资产、负债和所有者权益状况表

2016年7月1日 单位:元

资产	金额	负责和所有者权益	金额
库存现金	500	短期借款	62 500
银行存款	200 000	应付账款	50 000
原材料	30 000	实收资本	300 000
应收账款	32 000		
固定资产	150 000		
合计	412 500	合计	412 500

A. 7月8日,以银行存款偿还短期借款40 000元。

这笔经济业务的发生,使企业资产方的银行存款减少40 000元,同时负债方的短期借款也减少40 000元。

B. 7月15日,用银行存款10 000元购入一台打印机。

这笔经济业务的发生,使企业资产方的固定资产增加10 000元,同时使资产方的银行存款减少 10 000 元。

C. 7 月 20 日,收到某单位投资 100 000 元,存入银行。

这笔经济业务的发生,使企业资产方的银行存款增加 100 000 元,同时使所有者权益中的实收资本增加 100 000 元。

D. 7 月 25 日,向银行借入短期借款 30 000 元偿还前欠某公司部分货款。

这笔经济业务的发生,使企业负债方的应付账款减少 30 000 元,同时负债方的短期借款也增加 30 000 元。

上述四笔经济业务所引起的资产、负债和所有者权益的增减变化情况如表 2-2 所示。

表2-2 资产、负债和所有者权益状况变动表

单位:元

资产	金额	增加金额	减少金额	增减后金额	负债和所有者权益	金额	增加金额	减少金额	增减后金额
库存现金	500			500	短期借款	62 500	30 000	40 000	52 500
银行存款	200 000	100 000	50 000	250 000	应付账款	50 000		30 000	20 000
原材料	30 000			30 000	实收资本	300 000	100 000		400 000
固定资产	150 000	10 000		160 000					
应收账款	32 000			32 000					
合计	412 500	110 000	50 000	472 500	合计	412 500	130 000	70 000	472 500

在这四笔经济业务中,我们可以看到,企业每发生一项经济业务都会引起某一项具体会计要素项目发生增减变动,并会同时引起相关的会计要素项目发生增减变动。但是,无论这项经济业务引起各项会计要素发生什么样的增减变化,最终都不会破坏会计等式的平衡关系。

2.3 会计科目

2.3.1 会计科目的概念和意义

(1) 会计科目的概念

前面所讲的会计要素已经对会计核算过程中所涉及的经济业务做出一个初步的分类,但是,仅凭这么几个简单的会计要素并不能满足我们的需要。还需要在会计要素的基础上做进一步的分类,也就是设置会计科目。俗话说得好:"一个

萝卜一个坑。"在我们会计工作中，每一种经济业务所涉及的经济内容就好比是一个萝卜，只有与之相对应的"坑"才能准确反映这笔经济业务的发生，而会计科目的划分就扮演了这个"坑"的角色，它将每一项经济业务中涉及的情况都细化地进行描述。因此，会计科目是为了满足会计确认、计量、报告的要求，符合企业内部会计管理和外部信息需要，对会计要素的具体内容进行分类的项目。

(2) 设置会计科目的意义

会计科目是对各项交易或者事项进行会计记录并及时提供会计信息的基础，在会计核算和管理中具有十分重要的意义，设置会计科目的意义具体来说有以下几个方面：

A. 会计科目是复式记账的基础。复式记账要对每一笔交易或者事项在两个或者两个以上相互联系的账户中进行登记，以反映资金运动的来龙去脉。

B. 会计科目是编制记账凭证的基础。记账凭证是确定所发生交易或者事项应记入何种科目以及分门别类登记账簿的凭据。如果没有会计科目，记账凭证将变成无源之水，无法体现其应有功能。

C. 会计科目为成本计算与财产清查提供了载体和依据。通过会计科目的设置，有助于成本核算，使各种成本计算成为可能；而通过账面记录与实际结存的核对，又为财产清查、保证账实相符提供了重要条件。

D. 会计科目为会计确认、计量的结果和财务报告的编制之间提供了桥梁。会计确认、计量的最终目的是编制财务报告，向会计信息使用者提供决策有用的信息，而沟通会计确认、计量与报告之间的重要桥梁便是会计科目，因为财务报表项目与会计科目是直接或间接相关的，而且是根据会计科目期末余额或当期发生额填列的，附注的许多信息也来自会计科目金额。

2.3.2　会计科目的分类及设置原则

(1) 会计科目的分类

根据会计核算和加强资金管理的需要，按其反映经济内容的不同，一般可以将会计科目分为资产类、负债类、所有者权益类、成本类、损益类和共同类等。

会计科目按其所提供信息的详细程度及其统驭关系不同，又可分为总分类科目（一级科目）和明细分类科目。前者是对会计要素具体内容进行总括分类、提供总括信息的会计科目，如"应收账款""应付账款""库存商品"等。后者是对总分类科目做进一步分类，提供更详细、更具体会计信息的科目，如"应收账款"科目按债务人名称或姓名设置明细科目，进行明细核算，反映应收账款的具体对象;"应付账款"科目按债权人名称或姓名设置明细科目,进行明细核算,反映应付账款的具体对象;"库存商品"科目按库存商品类别、品种等设置明细科目,进行明细核算,反映库存商品的具体构成情况。对于明细科目较多的总账科目,可在总分类科目于明细科目之间设置二级或三级科目。下面我们以"原材料"为例表示它们之间的相互关系,如表2-3所示。

表2-3 总分类科目、子目和细目关系表

总分类科目 (一级科目)	明细分类科目	
	二级科目(子目)	明细科目(细目)
原材料	原料及主要材料	生铁 钢板
	辅助材料	润滑油
	燃料	汽油 柴油
	修理用备件	轴承 齿轮

(2)会计科目设置的原则

会计科目设置时应遵循的原则:首先,会计科目的设置应当和会计准则的要求相一致;其次,会计科目的设置要满足企业内部管理和外部信息需要;再次,鉴于不同企业、不同业务的特点不同,对会计科目的设置应有所区别,为此,企业应在不违反会计准则中确认、计量和报告规定的前提下,结合自身特点和本单位的实际情况自行增设、分拆、合并会计科目;对企业不存在的交易或者事项,可不设置相关会计科目。新会计准则规定的常用会计科目如表2-4所示。

表2-4 我国会计准则规定的主要会计科目参照表

编号	会计科目名称	编号	会计科目名称
一、资产类		1121	应收票据
1001	库存现金	1122	应收账款
1002	银行存款	1123	预付账款
1012	其他货币资金	1131	应收股利
1101	交易性金融资产	1132	应收利息

续表

编号	会计科目名称	编号	会计科目名称
1221	其他应收款	1631	油气资产
1231	坏账准备	1632	累计折耗
1301	贴现资产	1701	无形资产
1303	贷款	1702	累计摊销
1304	贷款损失准备	1703	无形资产减值准备
1321	代理业务资产	1711	商誉
1401	材料采购	1801	长期待摊费用
1402	在途物资	1811	递延所得税资产
1403	原材料	1901	待处理财产损溢
1404	材料成本差异	二、负债类	
1405	库存商品	2001	短期借款
1406	发出商品	2101	交易性金融负债
1407	商品进销差价	2201	应付票据
1408	委托加工物资	2202	应付账款
1411	周转材料	2203	预收账款
1461	融资租赁资产	2211	应付职工薪酬
1471	存货跌价准备	2221	应交税费
1501	持有至到期投资	2231	应付利息
1502	持有至到期投资减值准备	2232	应付股利
1503	可供出售金融资产	2241	其他应付款
1511	长期股权投资	2314	代理业务负债
1512	长期股权投资减值准备	2401	递延收益
1521	投资性房地产	2501	长期借款
1531	长期应收款	2502	应付债券
1532	未实现融资收益	2701	长期应付款
1541	存出资本保证金	2702	未确认融资费用
1601	固定资产	2801	预计负债
1602	累计折旧	2901	递延所得税负债
1603	固定资产减值准备	三、共同类	
1604	在建工程	3101	衍生工具
1605	工程物资	3201	套期工具
1606	固定资产清理		

续表

编号	会计科目名称	编号	会计科目名称
四、所有者权益类		6061	汇兑损益
4001	实收资本	6101	公允价值变动损益
4002	资本公积	6111	投资收益
4101	盈余公积	6301	营业外收入
4103	本年利润	6401	主营业务成本
4104	利润分配	6402	其他业务成本
4201	库存股	6403	税金及附加
五、成本类		6601	销售费用
5001	生产成本	6602	管理费用
5101	制造费用	6603	财务费用
5201	劳务成本	6701	资产减值损失
5301	研发支出	6711	营业外支出
六、损益类		6801	所得税费用
6001	主营业务收入	6901	以前年度损益调整
6051	其他业务收入		

2.4 账户

2.4.1 账户的概念和分类

账户是根据会计科目设置的、具有一定格式和结构、用于分类反映会计要素增减变动情况及其结果的载体。设置账户是会计核算的重要方法之一。

同会计科目分类相对应，账户按其所提供的信息的详细程度及统驭关系不同分为总分类账户（简称总账账户）和明细分类账户（简称明细账户），总账户也称为一级账户，总账户以下的账户统称为明细账户；按其所反映的经济内容不同分为资产类账户、负债类账户、所有者权益类账户、成本类账户、损益类账户等。

2.4.2 账户的基本结构和内容

账户分为左方、右方两个方向，一方登记增加，另一方登记减少。账户的内容具体包括账户名称，记录经济业务的日期，所依据记账凭证的编号，经济业务摘要，借、贷方金额和余额等。具体样式如图2-5所示。

总 分 类 账

科目　　　　编号（　　　）

年		凭证字号	摘要	借方										贷方										借或贷	余额										核对号
月	日			亿	千	百	十	万	千	百	十	元	角	分	亿	千	百	十	万	千	百	十	元	角	分		亿	千	百	十	万	千	百	十	元	角	分	

图2-5　总分类账

账户核算过程中，为方便演示，账户一般简化为"T"字账的形式。"T"字账一般包括账户名称、借方、贷方、发生额等，如图2-6所示。

借方	账户名称	贷方
本期发生额		本期发生额
期末余额		期末余额

图2-6　"T"字账

会计科目与账户一样吗？

会计科目与账户之间到底怎么区别呢？简单地说会计科目只是个名称，它只能表明某类经济业务的内容，它本身并不能记录经济内容的增减变化情况。而账户是既有名称又有结构的，它能把经济业务的发生情况及其结果详细地反映出来。比如"银行存款"这个科目只规定核算企业在银行的款项，而"银行存款"账户可以把银行存款在一定会计期间的变动情况记录下来。这下你明白了吧？

第三章 借贷记账法

3.1 复式记账原理

上一章我们介绍了经济业务的会计思维方式。今天，我们给大家介绍经济业务的记录方式，即会计记账方法。

为了将经济业务更简便、准确地记录下来，人们发明了记账方法。在会计发展史上，记账方法经历了由单式记账法向复式记账法发展的过程。

3.1.1 单式记账法

所谓单式记账法，是对经济业务只做单方登记，而不反映其来龙去脉的一种记账方法。其特点是平时只登记现金、银行存款的收付业务和各种往来账项，其他则不予登记。单式记账法在运用中虽然手续简便，但它存在着严重的缺陷，不能全面、完整地反映经济活动的来龙去脉，不便于检查账户记录的完整性，因此是一种不科学、不完整的记账方法，早已不使用了。

3.1.2 复式记账法

(1) *复式记账法的含义*

复式记账法起源于意大利，是"单式记账法"的对称。复式记账法是指企业发生的每项经济业务都要以相等金额在相互联系的两个或两个以上有关账户中同时进行登记的方法。

(2) *复式记账法的基本原理*

首先，企业日常发生的经济业务，不论是与现金、银行存款有关的经济业务，还是与现金或银行存款无关的经济业务，都会有其相应的资金来源和资金去向，这就要在两个或两个以上的有关账户中同时登记，以便完整地反映经济业务的全貌，揭示资金运动的来龙去脉。其次，复式记账法是由"资产＝负债＋所有者权益"这一平衡原理所决定的。任何一笔经济业务的发生，都会引起至少两个项目的资金增减变动，而两个项目的资金变动金额相等，平衡不会被破坏。对经济业务中客观存在的这种现象，就需要以相等的金额在两个以上相互联系的账户中进行登记，以便检查账户记录的正确性。

现以例 3-1 简要说明复式记账的基本原理。

【例 3-1】某企业用银行存款 50 000 元购买原材料，并验收入库。

在这项经济业务中，资金运动的起点是银行存款，终点是原材料，为了完整地反映资金运动的全貌，就要在"银行存款"账户和"原材料"账户做双重记录；由于银行存款减少 50 000 元，原材料增加 50 000 元，两者增减金额相等，会计等式所体现的平衡关系不被破坏，所以，就需要以相等的金额登记。此业务在账户中登记的结果如图 3-1 所示。

借方	银行存款	贷方	借方	原材料	贷方
		50 000 ◀━━━━▶ 50 000			
		（来源）	（去向）		

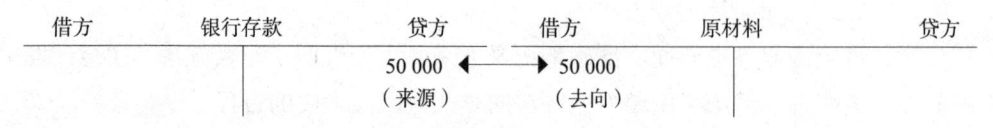

图3-1　复式记账原理举例

(3) 复式记账法的优点

复式记账法的优点主要表现在以下两方面：

A. 对每项经济业务都要同时在相互联系的两个或两个以上的账户中做双重记录，可以了解每一项经济业务的来龙去脉，从而全面了解企业经济活动的全过程和结果。

B. 对每项经济业务都要以相等的金额进行记录，可以对账户记录的结果进行试算平衡，以检查账户记录的正确性。

可见，复式记账法突破了单式记账法的局限，从而使会计记录体现了全面、辩证的观点。因此，复式记账法是一种比较完善的、科学的记账方法，为世界各国所通用。

3.2　借贷记账法

借贷记账法是复式记账法的一种，通常又称为借贷复式记账法。它是以"资产＝负债＋所有者权益"为理论依据，以"借"和"贷"为记账符号，以"有借必有贷，借贷必相等"为记账规则的一种复式记账法。其具体内容包括记账符号、账户结构、记账规则和试算平衡。

3.2.1　记账符号

借贷记账法的记账符号就是"借"和"贷"，用来反映经济业务增减变化的方向。一般我们把账户的左方规定为借方，右方规定为贷方，在任何一笔经济业务中，都必须同时登记到账户的借方和贷方。

在这里应该注意的是，"借"和"贷"不能从字面上理解，只是一种单纯的记账符号。

3.2.2 账户结构

我们知道每个账户都分为"借方"和"贷方"，用来记录经济业务的增减变化，那么在借贷记账法下，哪一方登记增加，哪一方登记减少，则要根据账户反映的经济内容决定。下面就不同性质的账户分别说明账户结构。

(1) 资产类账户的结构

在资产类账户中，资产的增加登记在账户的借方；资产的减少登记在账户的贷方；期末如有余额，一般出现在借方，表明期末资产的实有数额。在一个会计期间，记入资产账户借方金额合计数称为"借方本期发生额"，记入资产账户贷方金额合计数称为"贷方本期发生额"。资产类账户的结构如图3-2所示。

借方	资产类账户		贷方
期初余额	×××		
资产的增加额	×××	资产的减少额	×××
	×××		×××
	×××		×××
本期发生额	×××	本期发生额	×××
期末余额	×××		

图3-2 资产类账户的结构

资产类账户的余额可以根据下列公式计算：

借方期末余额=借方期初余额+借方本期发生额-贷方本期发生额

(2) 负债类账户的结构

在负债类账户中，负债的增加登记在账户的贷方；负债的减少登记在账户的借方；期末如有余额，一般出现在贷方，表明期末债务的实有额。负债类账户的结构如图3-3所示。

借方		负债类账户	贷方
负债的减少额	×××	期初余额 负债的增加额	××× ×××
	×××		×××
	×××		×××
本期发生额	×××	本期发生额	×××
		期末余额	×××

图3-3 负债类账户的结构

负债类账户的余额可以根据下列公式计算：

贷方期末余额=贷方期初余额+贷方本期发生额-借方本期发生额

(3) 所有者权益类账户的结构

在所有者权益类账户中，所有者权益的增加登记在账户的贷方；所有者权益的减少登记在账户的借方；期末如有余额，一般出现在贷方，表明期末所有者权益的实有数额。所有者权益类账户的结构如图3-4所示。

借方		所有者权益类账户	贷方
所有者权益的减少额	×××	期初余额 所有者权益的增加额	××× ×××
	×××		×××
	×××		×××
本期发生额	×××	本期发生额	×××
		期末余额	×××

图3-4 所有者权益类账户的结构

所有者权益类账户期末余额的计算公式与负债类账户相同。

(4) 成本费用类账户的结构

企业在日常经营活动中会发生各种耗费，这些耗费会计上称为成本费用，它们是收入的抵减项目，在抵消收入之前，可以将其视为一种资产。因此成本费用类账户的结构与资产类账户的结构基本相同，即成本费用的增加记在账户的借方；成本费用的减少或转销记在账户的贷方；一般借方记录的增加额都要通过贷方转出，所以此类账户在期末转销后无余额，如有余额，出现在借方。成本费用类账户的结构如图3-5所示。

借方	成本费用类账户		贷方
成本费用的增加额	×××	成本费用的减少或转出额	×××
	×××		×××
	×××		×××
本期发生额	×××	本期发生额	×××

图3-5　成本费用类账户的结构

(5) 收入类账户结构

企业取得的收入最终会导致所有者权益的增加,因此,收入类账户结构与所有者权益类账户的结构基本相同,即收入的增加记在账户的贷方;收入的减少或转销记在账户的借方;通常该账户期末无余额。收入类账户的结构如图3-6所示。

借方	收入类账户		贷方
收入的减少或转出额	×××	收入的增加额	×××
	×××		×××
	×××		×××
本期发生额	×××	本期发生额	×××

图3-6　收入类账户的结构

为了便于了解掌握借贷记账法的账户结构,将前面介绍的各类账户结构汇总如表3-1所示。

表3-1　各类账户结构借贷方向

账户类别	借方	贷方	期末余额方向
资产	增加	减少	借方
成本费用	增加	减少	一般无余额
负债	减少	增加	贷方
所有者权益	减少	增加	贷方
收入	减少	增加	一般无余额

3.2.3 记账规则

(1) 记账规则

记账规则是记账方法的核心,它体现着记账方法的本质特征。借贷记账法的记账规则是:根据复式记账原理及借贷记账法下账户结构的特点,将发生的每一笔经济业务都以相等的金额记入一个账户的借方和另外一个(或几个)相关账户的贷方;或者记入一个账户的贷方和另外一个(或几个)相关账户的借方。其借贷金额相等,方向相反。也就是可以概括为:有借必有贷、借贷必相等。

在记录经济业务时,要考虑以下三个方面的问题:

A. 分析经济业务的性质,根据经济业务的内容,确定所涉及的账户类型。

B. 确定经济业务涉及哪几个账户,应在哪个账户中反映增加、哪个账户反映减少。

C. 根据账户的结构,确定哪个账户记借方、哪个账户记贷方。

(2) 对应关系

在运用借贷记账法的记账规则记账时,在有关账户之间会形成应借、应贷的相互关系,这种关系叫作账户对应关系,发生对应关系的账户叫作对应账户。例如,用银行存款购进材料后,要分别记入"原材料"的借方和"银行存款"的贷方,"原材料"和"银行存款"这两个账户之间就有了对应关系,这两个账户就互为对应账户。

(3) 会计分录

将经济业务以"T"字账户记录清晰明了,但在实际工作中,为了保证各账户记录的正确性,要先编制会计分录,再据以记入账户的借方和贷方。会计分录是指对某项经济业务标明其应借应贷账户及其金额的记录,简称分录。

会计分录根据其简单和复杂程度,可以分为简单分录和复合分录。

简单分录是只涉及两个账户的会计分录,即"一借一贷"式的会计分录,由一个账户的借方与另一个账户的贷方相对应组成的分录。例如:

借:库存现金   1 000
    贷:银行存款   1 000

复合分录是涉及两个以上的账户的会计分录,即"一借多贷""多借一贷""多借多贷"式的会计分录,由一个或几个账户的借方与另一个或几个账户的贷方相对应组成的分录。例如:

借：原材料	50 000
贷：银行存款	30 000
应付账款	20 000

在书写会计分录时，要按照一定的书写规范书写。具体为：书写时，应先借后贷，借贷分两行，借方在上，贷方在下；并且借贷错一位，即贷要在借的后面一位，贷方记账符号、账户、金额都要比借方退后一格，表明借方在左，贷方在右。

现以盛大公司2016年7月发生的经济业务为例，说明会计分录的编写程序。

【例3-2】7月5日，从银行提取现金5 000元，备用。

该经济业务表示企业的银行存款减少，现金增加。"银行存款"是资产类账户，贷方表示减少，此业务应记入该账户的贷方；同时，现金增加，该账户属于资产类账户，借方表示增加，此业务应记在该账户的借方。编写会计分录为：

借：库存现金	5 000
贷：银行存款	5 000

【例3-3】7月10日，从银行取得短期借款50 000元，存入银行。

企业取得短期借款，表明负债增加，应记入"短期借款"账户贷方；同时，该经济业务引起资产增加，应记入"银行存款"科目的借方。编写会计分录为：

借：银行存款	50 000
贷：短期借款	50 000

【例3-4】7月11日，李峰以100 000元的全新固定资产作为对本企业的投资。

以固定资产投资表示该企业资产和所有者权益同时增加。涉及的科目为"固定资产"和"实收资本"，资产类科目的增加记入账户的借方，所有者权益类科目的增加记入账户的贷方。编写会计分录为：

借：固定资产	100 000
贷：实收资本	100 000

【例3-5】7月15日，企业用现金支付管理部门水电费500元。

该经济业务使得企业的资产减少，同时管理费用增加。资产的减少记贷方，管理费用的增加记借方，因此，分别记入"库存现金"科目的贷方和"管理费用"科目的借方。编写会计分录为：

借：管理费用	500
贷：库存现金	500

【例3-6】7月18日，企业销售产品，实现销售收入120 000元，存入银行。

该经济业务表示企业获得的收入增加，同时资产增加。收入的增加记入"主营业务收入"科目的贷方，实现的收入存入银行，记入"银行存款"科目的借方。编写会计分录为：

　　借：银行存款　　　　　　　　　　　　　　　　　　120 000
　　　　贷：主营业务收入　　　　　　　　　　　　　　　120 000

【例3-7】7月20日，企业从银行取得短期借款10 000元，偿还所欠东方公司货款。

该经济业务使得企业的"短期借款"科目增加，同时"应付账款"科目减少，又因为负债类科目借方表示减少，贷方表示增加。因此编写会计分录为：

　　借：应付账款——东方公司　　　　　　　　　　　　10 000
　　　　贷：短期借款　　　　　　　　　　　　　　　　　10 000

【例3-8】7月28日，企业用银行存款偿还短期借款77 000元。

该经济业务使得企业的资产减少，同时负债也减少。资产的减少记入贷方，负债的减少记入借方。编写会计分录为：

　　借：短期借款　　　　　　　　　　　　　　　　　　77 000
　　　　贷：银行存款　　　　　　　　　　　　　　　　　77 000

【例3-9】7月30日，企业股东张某退股12 000元，用银行存款支付。

该经济业务表示该企业资产减少，同时所有者权益减少。资产的减少，记入贷方，所有者权益的减少记入借方。编写会计分录为：

　　借：实收资本　　　　　　　　　　　　　　　　　　12 000
　　　　贷：银行存款　　　　　　　　　　　　　　　　　12 000

【例3-10】7月30日，企业接受东方公司建议，以其欠东方公司的20 000元货款转为对本企业的投资。

该经济业务使得该企业的负债减少，同时增加了一个投资方，即增加了所有者权益。负债的减少记借方，所有者权益的增加记贷方。编写会计分录为：

　　借：应付账款　　　　　　　　　　　　　　　　　　20 000
　　　　贷：实收资本——东方公司　　　　　　　　　　　20 000

【例3-11】7月31日，企业向光明公司销售货物150 000元，货款未收到。

该经济业务使得企业收入、资产同时增加；因为未收到货款，增加了企业的债权，记入"应收账款"科目的借方，收入的增加记入贷方。编制会计分录为：

　　借：应收账款——光明公司　　　　　　　　　　　　150 000
　　　　贷：主营业务收入　　　　　　　　　　　　　　　150 000

根据以上盛大公司2016年7月发生的十笔不同类型的经济业务，对会计分录借贷方向的编写规律总结如表3-2所示。

表3-2 会计分录借贷方向总结

经济业务类型	借贷方向		
	资产	负债	所有者权益
资产内部一增一减	借；贷		
负债内部一增一减		贷；借	
所有者权益内部一增一减			贷；借
资产增加，负债增加	借	贷	
资产减少，负债减少	贷	借	
资产增加，所有者权益增加	借		贷
资产减少，所有者权益减少	贷		借
负债增加，所有者权益减少		贷	借
负债减少，所有者权益增加		借	贷

3.2.4 试算平衡

所谓试算平衡，就是根据"资产＝负债＋所有者权益"的平衡关系和复式记账原理，按照借贷记账法的记账规则要求，通过对一定时期经济业务的汇总计算和比较，以检查账户记录的正确性和完整性。其公式如下：

全部账户的借方期初余额合计数＝全部账户的贷方期初余额合计数

全部账户的借方本期发生额合计＝全部账户的贷方本期发生额合计

全部账户的借方期末余额合计＝全部账户的贷方期末余额合计

【例3-12】承前【例3-2】～【例3-11】，假设盛大公司2016年7月1日总分类账期初余额如表3-3所示。

表3-3 期初余额

资产	金额	负债及所有者权益	金额
库存现金	500	短期借款	20 000
银行存款	21 000	应付账款	50 000
应收账款	25 000	实收资本	212 000
固定资产	340 000	主营业务收入	108 000
管理费用	3 500		
合计	390 000	合计	390 000

将期初余额以及7月份发生的经济业务编制的会计分录登账、结账,并编制试算平衡表。

根据【例3-2】~【例3-11】的会计分录和期初余额,7月份发生的经济业务登账并结账如图3-7所示。

借	库存现金		贷		借	银行存款		贷	
期初余额	500				期初余额	21 000			
①	5 000	④		500	②	50 000	①		5 000
					⑤	120 000	⑦		77 000
							⑧		12 000
本期发生额	5 000	本期发生额		500	本期发生额	170 000	本期发生额		94 000
期末余额	5 000				期末余额	97 000			

借	固定资产		贷		借	应收账款		贷	
期初余额	340 000				期初余额	25 000			
③	100 000				⑩	150 000			
本期发生额	100 000	本期发生额		—	本期发生额	150 000	本期发生额		—
期末余额	440 000				期末余额	175 000			

借	管理费用		贷		借	短期借款		贷	
期初余额	3 500						期末余额		20 000
④	500				⑦	77 000	②		50 000
							⑥		10 000
本期发生额	4 000	本期发生额		—	本期发生额	77 000	本期发生额		60 000
期末余额	4 000						期末余额		3 000

借	应付账款		贷		借	实收资本		贷	
		期初余额		50 000			期初余额		212 000
⑥	10 000				⑧	12 000	③		100 000
⑨	20 000						⑨		20 000
本期发生额	30 000	本期发生额		—	本期发生额	12 000	本期发生额		120 000
		期末余额		20 000			期末余额		320 000

借	主营业务收入		贷
		期初余额	108 000
		⑤	120 000
		⑩	150 000
本期发生额	—	本期发生额	270 000
		期末余额	378 000

图3-7　7月份经济业务登账结账示意图

注：本例中"①"是指【例3-2】所发生的经济业务，余依次类推。

根据上述账户记录的期初余额，本期借方发生额、本期贷方发生额和期末余额编制的试算平衡表如表 3-4 所示。

表3-4　试算平衡表

账户名称	期初余额		本期发生额		期末余额	
	借方	贷方	借方	贷方	借方	贷方
库存现金	500		① 5 000	④ 500	5 000	
银行存款	21 000		② 50 000 ⑤ 120 000	①5 000 ⑦ 77 000 ⑧ 12 000	97 000	
应收账款	25 000			⑩ 150 000	175 000	
固定资产	340 000		③ 100 000		440 000	
短期借款		20 000	⑦ 77 000	② 50 000 ⑥ 10 000		3 000
应付账款		50 000	⑥ 10 000 ⑨ 20 000			20 000
实收资本		212 000	⑧ 12 000	③ 100 000 ⑨ 20 000		320 000
管理费用	3 500		④ 500		4 000	
主营业务收入		108 000		⑤ 120 000 ⑩ 150 000		378 000
合计	390 000	390 000	544 500	544 500	721 000	721 000

通过编制试算平衡表，可以检查账簿记录正确与否，如果试算平衡，可以大体上推断账户记录或计算基本正确，但不能绝对肯定记账无误，因为有的记账错误并不影响借贷平衡关系；如果试算不平衡，则可以断定账户记录或计算肯定有误，需要对账簿记录重新审查核对。

哪些记账错误不影响借贷平衡关系呢？

不能通过试算平衡发现的记账错误主要有：一是某项经济业务在有关账户中全部漏记、重记、多记或少记，且金额一致，借贷仍然平衡；二是某项经济业务记错账户，而方向无误，借贷仍然平衡；三是某项经济业务记录的应借、应贷账户互相颠倒，借贷仍然平衡；四是账户记录的错误金额一多一少，恰好相互抵消，借贷仍然平衡。

由于以上错误不能通过试算平衡来发现，所以，需要对每项会计记录进行日常或者定期复核，以保证账户记录的正确性。

第四章　会计凭证

4.1　会计凭证的概念和种类

4.1.1　会计凭证的概念

作为一名会计人员，每天要和我们亲密的朋友——会计凭证打交道，下面咱们就来了解了解这位朋友，先来说说它是干什么的吧！会计凭证是记录经济业务、明确经济责任、按一定格式编制的用来登记会计账簿的书面证明。合法地取得、正确地填制和审核会计凭证，是会计核算的基本方法之一，也是会计核算工作的起点。会计凭证在会计核算中不仅能记录经济业务、提供记账依据，还对强化内部控制、监督经济活动、控制经济运行等都有重要意义呢！

4.1.2　会计凭证的种类

由于企业发生的经济业务内容非常复杂丰富，咱们这位朋友也是五花八门、名目繁多呢。为了具体地认识、掌握和运用它，首先就要对会计凭证加以分类。

按照会计凭证的填制程序和用途，一般可以分为原始凭证和记账凭证两类。具体分类情况如图 4-1 所示。

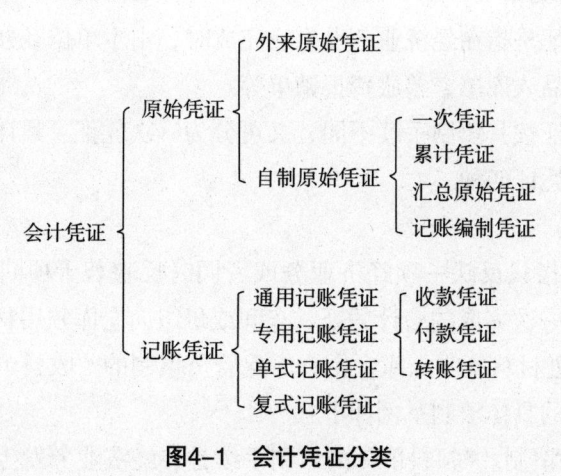

```
                    ┌ 外来原始凭证
          ┌ 原始凭证 ┤           ┌ 一次凭证
          │         │           │ 累计凭证
          │         └ 自制原始凭证┤ 汇总原始凭证
          │                     └ 记账编制凭证
会计凭证 ──┤
          │         ┌ 通用记账凭证  ┌ 收款凭证
          │         │ 专用记账凭证 ─┤ 付款凭证
          └ 记账凭证 ┤ 单式记账凭证  └ 转账凭证
                    └ 复式记账凭证
```

图4-1　会计凭证分类

4.2 原始凭证

4.2.1 原始凭证的概念和内容

(1) 原始凭证的概念

原始凭证是记录已经发生或完成的经济业务,用以明确经济责任,作为记账依据的最初书面证明文件。

(2) 原始凭证的基本内容

原始凭证包括以下基本内容:

A. 凭证名称。

B. 填制凭证的日期。

C. 填制凭证单位名称或填制人姓名。

D. 经办人的签名或盖章。

E. 接受凭证单位的名称。

F. 经济业务内容。

G. 经济业务的数量、单价和金额。

此外,原始凭证一般还需要载明凭证的附件和凭证的编号。

4.2.2 原始凭证的种类和填制

原始凭证按其取得的来源不同,可以分为自制原始凭证和外来原始凭证两类。

(1) 自制原始凭证

自制原始凭证是指在经济业务发生或完成时,由本单位经办人员自行填制的原始凭证,如产品入库单、差旅费报销单等。

自制原始凭证按其填制手续不同,又可分为一次凭证、累计凭证、汇总原始凭证和记账编制凭证四种。

① 一次凭证

一次凭证是指只反映一项经济业务或者同时反映若干项同类性质的经济业务,其填制手续一次完成的会计凭证。车间或班组向仓库领用材料时填制的"领料单";企业购进材料验收入库,由仓库保管员填制的"收料单"等,都是一次凭证。一次凭证的具体填制举例如下:

A. 领料单的填制。"领料单"的填制手续是在经济业务发生或完成时,由经办人员填制的,一般只反映一项经济业务或者同时反映若干项同类性质的经济业务。如企业中车间或其他部门从仓库中领用的各种材料，都应履行出库手续，由领料经办人根据需要材料的情况填写领料单，并经该单位主管领导批准后到仓库领用材料。仓库保管员根据领料单，审核其用途，认真计量发放材料并在领料单上签章。"领料单"一式三联，一联留领料部门备查，一联留仓库，据以登记材料物资明细账和材料卡片，一联转会计部门或月末经汇总后转会计部门，据以进行总分类核算。下面以盛大公司2016年8月发生的有关业务为例说明领料单的填制方法。

【例4-1】2016年8月2日，公司一车间生产A产品需领用25mm圆钢600千克，每千克单价3.40元，由经办人填制"领料单"，经车间有关领导批准后到仓库领料，仓库保管员据以发料。"领料单"一般都一料一单，具体填制如图4-2所示。

领 料 单

部门　第一生产车间　　　　2016年8月2日　　　　　　　第 1 号

编号	品名	规格	单位	数量	单价	金额							
						百	十	万	千	百	十	元	角	分
022	圆钢	25mm	kg	600	3.40				2	0	4	0	0	0
	合计							¥	2	0	4	0	0	0

主管　　　　　会计　　　　　仓库　　　　　经手人　李丽

第三联 保管

图4-2　领料单的填制

B. 收料单的填制。收料单是在外购的材料物资验收入库时填制的凭证、一般一式三联，一联验收人员留底，一联交仓库保管人员据以登记明细账，一联连同发货票交财会部门办理结算。要说明的是，材料运到材料保管员验收后，在收料单上填写收料的日期、材料的名称、计量单位、应收实收等项目，会计人员填写材料的单价、金额运杂费等项目。

【例4-2】2016年8月15日，公司从天华钢板厂购买板材80吨，单价3 900元，价款为312 000元，增值税率17%，材料已验收入库，其收料单的填制如图 4-3 所示。

收料单

供应单位：天华钢板厂　　　　　　　　　　　　　　　收料仓库：1 号仓库
发票号码：0000100　　　　　　2016 年 8 月 15 日　　　第 0009 号

材料编号	材料名称	规格	单位	数量		金额			
				应收	实收	单价	金额	运费	合计
0001	板材	ō9mm	千克	80	80	3 900	312 000		312 000
合计							312 000		312 000

仓库负责人：　　　　　　经办人：　　　　　　收料人：段龙

图4-3　收料单的填制

②累计凭证

累计凭证是指在一定期间内，连续多次记载若干不断重复发生的同类经济业务，直到期末凭证填制手续才算完成，以期末累计数作为记账依据的原始凭证，如工业企业常用的限额领料单等。

限额领料单在有效期（最长 1 个月）内，只要领用数量累计不超过限额就可以连续使用。每月开始以前，应由供应部门根据生产计划、材料消耗定额等有关资料，按照产品和材料分别填制限额领料单。在限额领料单中，要填明领料部门、材料用途、发料仓库、材料名称以及根据本月产品计划产量和材料消耗定额计算确定的全月领料限额等项目。限额领料单一般一式两联，经生产计划部门和供应部门负责人审核签章后，一联送交仓库据以发料，登记材料明细账；一联送交领料部门据以领料。

【例4-3】公司二车间生产 A 产品，8 月份生产 6 000 件，每件产品消耗15mm圆钢 0.1 千克，全月领用限额为 600 千克，单价为 5 元 / 千克。该月份由计划部门下达"限额领料单"，二车间在该月份内领用材料情况如图 4-4 所示。

限额领料单

领料部门：二车间
用　　途：生产A产品　　　　　　　　　　　　　　名称：圆钢
单　　价：5元　　　　　　　　　　　　　　　　计划产量：6 000件

材料编号	材料名称规格	计量单位	计划投产量	单位消耗定额	领用限额	实发		
						数量	单价（百十万千百十元角分）	金额（千百十万千百十元角分）
01314	15mm	千克	6 000	0.1	600	550	￥5 0 0	￥2 7 5 0 0 0

日期	领用			退料			限额结余数量
	数量	领料人	发料人	数量	领料人	发料人	
8.1	130	王新	李文				470
8.10	150	王新	李文				320
8.20	150	王新	李文				170
8.30	120	王新	李文				50

生产计划部门：张娟　　　　供销部门：　　　　　　仓库：李文

图4-4　限额领料单的填制

③汇总原始凭证

汇总原始凭证是指在会计核算工作中，为简化记账凭证的编制工作，将一定时期内若干份记录同类经济业务的原始凭证，按照一定的管理要求汇总编制一张汇总凭证，用以集中反映某项经济业务总括发生情况的会计凭证。"发料凭证汇总表""收料凭证汇总表""现金收入汇总表"等都是汇总原始凭证。

【例4-4】公司根据本企业的发料情况编制8月份的发料凭证汇总表，如图4-5所示。

发料凭证汇总表

2016年8月31日　　　　　　　　　　　　　　　　单位：元

应借科目	应贷科目：原材料					发料合计
	明细科目：主要材料				辅助材料	
	1~10日	11~20日	21~31日	小计		
生产成本	15 000	20 000	20 000	55 000	2 000	57 000
制造费用	1 000	800	1 200	3 000	600	3 600
管理费用		500	1 500	2 000	1 000	3 000
合计	16 000	21 300	22 700	60 000	3 600	63 600

图4-5　发料凭证汇总表的编制

④记账编制凭证

记账编制凭证是根据账簿记录,把某一项经济业务加以归类、整理而重新编制的一种会计凭证。例如在计算产品成本时,编制的"制造费用分配表"就是根据制造费用明细账记录的数字按其在各种产品之间分配结果编制的。

【例4-5】公司一车间2016年度8月1~31日制造费用明细账登记的当月发生额合计为10 000元,该企业一车间生产A、B两种产品,在计算产品生产成本时,制造费用按两者的实际生产工时进行分配,8月份A产品生产工时为2 000小时,B产品生产工时为3 000小时,合计为5 000小时。经计算制造费用分配率为2(10 000/5 000),如表4-1所示。

表4-1 制造费用分配表

2016年8月

应借科目		生产工时	分配率	分配金额
生产成本	A产品	2 000	2	4 000
	B产品	3 000	2	6 000
合计		5 000	2	10 000

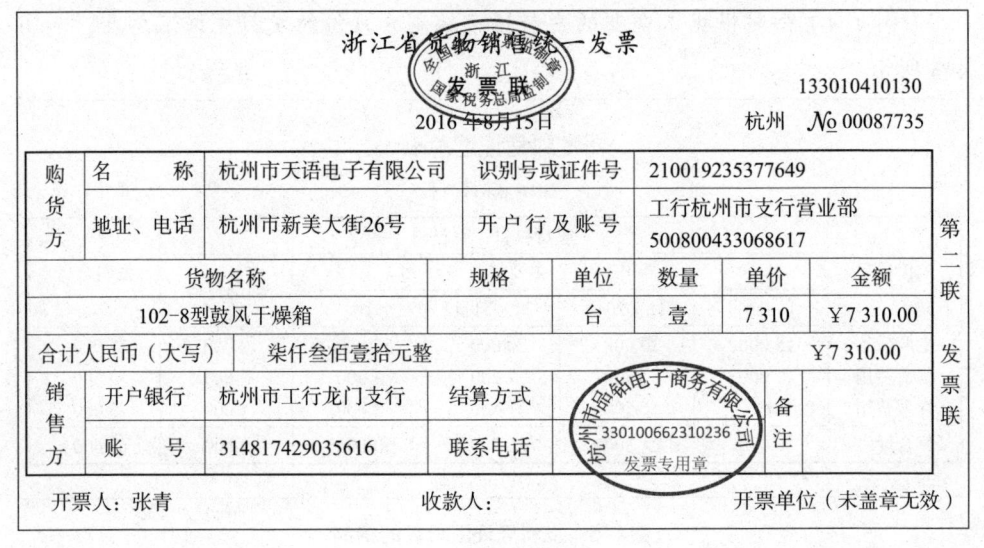

(2)外来原始凭证

外来原始凭证是指在同外单位发生经济往来关系时,从外单位取得的凭证。外来原始凭证都是一次凭证。如企业购买材料、商品时,从供货单位取得的发票、增值税专用发票等,都是外来原始凭证。外来原始凭证举例如图4-6所示。

浙江省货物销售统一发票

133010410130
杭州 №00087735

2016年8月15日

购货方	名 称	杭州市天语电子有限公司	识别号或证件号	210019235377649					第二联发票联
	地址、电话	杭州市新美大街26号	开户行及账号	工行杭州市支行营业部 500800433068617					
货物名称			规格	单位	数量	单价	金额		
102-8型鼓风干燥箱				台	壹	7 310	¥7 310.00		
合计人民币(大写)		柒仟叁佰壹拾元整					¥7 310.00		
销售方	开户银行	杭州市工行龙门支行	结算方式				备注		
	账 号	314817429035616	联系电话						
开票人:张青			收款人:			开票单位(未盖章无效)			

图4-6 外来原始凭证

4.2.3 原始凭证的填制要求

(1) 原始凭证填制的基本要求

俗话说，无规矩不成方圆，咱们这原始凭证的填制也要遵循它的基本要求。而且要求还不少呢，可要仔细地看看啊！

A. 真实可靠，即如实填列经济业务内容，不弄虚作假，不涂改、挖补。原始凭证有错误的，应当由出具单位重开或更正，更正处应当加盖出具单位印章。原始凭证金额有错误的，应当由出具单位重开，不得在原始凭证上更正。

B. 内容完整，即应该填写的项目要逐项填写（接受凭证方应注意逐项验明），不可缺漏，尤其需要注意的是年、月、日要按照填制原始凭证的实际日期填写；名称要写全，不能简化；品名或用途要填写明确，不许含糊不清；有关人员的签章必须齐全。

C. 填制及时，即每当一项经济业务发生或完成，都要立即填制原始凭证，做到不积压、不误时、不事后补制。

D. 顺序使用，即收付款项或实物的凭证要顺序或分类编号，在填制时按照编号的次序使用，跳号的凭证应加盖"作废"戳记，不得撕毁。

E. 凭证书写清楚，即字迹端正、易于辨认，做到数字书写符合会计上的技术要求。

金额数字一律填写到角、分，无角、分的，写"00"或符号"—"；有角无分的，分位写"0"，不得用符号"—"。文字工整，不草、不乱、不"造"；复写的凭证，要不串格、不串行、不模糊。

阿拉伯数字应一个一个地写，阿拉伯金额数字前应当书写货币币种符号（如人民币符号"￥"）。币种符号与阿拉伯金额数字之间不得留有空白。凡在阿拉伯金额数字前面写有币种符号的，数字后面不再写货币单位（如人民币"元"）。

汉字大写金额数字，一律用正楷或行书书写，用零、壹、贰、叁、肆、伍、陆、柒、捌、玖、拾、佰、仟、万、亿等易于辨认、不易涂改的字样，不得用〇、一、二、三、四、五、六、七、八、九、十或另、毛等简化字代替，不得任意自造简化字。

大写金额数字到元或角为止的，在"元"或"角"之后应写"整"或"正"字；大写金额数字有分的，分字后面不写"整"字。如"￥323.00"，大写金额应写为"（人民币）叁佰贰拾叁元整"；"￥323.17"，大写金额应写为"（人民币）叁佰贰拾叁元壹角柒分"。

阿拉伯金额数字中间有"0"时，大写金额要写"零"字，如人民币101.50元，汉字大写金额应写成"（人民币）壹佰零壹元伍角整"。阿拉伯金额数字中间连续有几个"0"时，汉字大写金额中可以只写一个"零"字，如"￥1 004.56"，汉字大写金额应写成"（人民币）壹仟零肆元伍角陆分"。阿拉伯金额数字元位为"0"，或数字中间连续有几个"0"，元位也是"0"，但角位不是"0"时，汉字大写金额可只写一个"零"字，也可不写"零"字。如"￥1 680.32"，汉字大写应写成"（人民币）壹仟陆佰捌拾元叁角贰分"。又如"￥1 600.32"，汉字大写应写成"（人民币）壹仟陆佰元叁角贰分"或"（人民币）壹仟陆佰元零叁角贰分"。

（2）原始凭证填制的其他要求

除上述一些基本要求之外，还有一些要注意的地方哦！

A. 从外单位取得的原始凭证，必须盖有填制单位的公章；从个人处取得的原始凭证，必须有填制人员的签名或者盖章。自制原始凭证必须有经办部门负责人或其指定的人员的签名或者盖章。对外开出的原始凭证，必须加盖本单位的公章。

B. 购买实物的原始凭证，必须有验收证明。实物购入以后，要按照规定办理验收手续，这有利于明确经济责任，保证账实相符，防止盲目采购，避免物资短缺和流失。

C. 一式几联的原始凭证，必须注明各联的用途，并且只能以一联用作报销凭证；一式几联的发票和收据，必须用双面复写纸套写或本身具备复写功能，并连续编号，作废时应加盖"作废"戳记，连同存根一起保存。

D. 发生销货退回及退还货款时，必须填制退货发票，附有退货验收证明和对方单位的收款收据，不得以退货发票代替收据。

E. 职工公出借款的收据，必须附在记账凭证之后。职工公出借款时，应由本人按照规定填制借款单，由所在单位领导人或其指定的人员审核并签名或盖章，然后办理借款。在收回借款时，应当另开收据或者退还借款收据的副本，不得退还原借款收据。

F. 经上级有关部门批准的经济业务，应当将批准文件作为原始凭证附件。如果批准文件需要单独归档的，应当在凭证上注明批准机关名称、日期和文件字号。

最后，原始凭证必须使用钢笔或圆珠笔填写。

4.2.4 原始凭证的审核

会计可是一项非常谨慎的工作，咱们在收到原始凭证之后，还要检查检查这个朋友，来确保会计资料真实、正确和合法，咱们会计上把这个过程叫作审核。

各种原始凭证除由经办业务部门审核以外,还要由会计部门进行审核。基本上是对以下几方面进行审核,切记,切记!

A. 原始凭证所具有的要素是否齐备,包括日期、单位、数量、金额等。

B. 原始凭证所填写的文字、数字是否清楚完整,更正方法是否符合规定。

C. 原始凭证所办理的审批传递手续是否符合规定,有关人员是否全部正式签章,是否盖有财务公章或收讫付讫戳记。

D. 自制原始凭证是否连续编号,其存根与所开具的凭证是否一致。

E. 原始凭证中所反映的经济业务的发生是否符合相关的法规。

F. 有无篡改、伪造、窃取、不如实填写原始凭证或利用废旧原始凭证来将个人所花的费用伪装为单位的日常开支的现象。

4.3 记账凭证

4.3.1 记账凭证的概念和内容

(1) 记账凭证的概念

记账凭证是会计人员根据审核无误的原始凭证或汇总原始凭证,用来确定经济业务应借、应贷的会计科目和金额而填制的,作为登记账簿直接依据的会计凭证。

在登记账簿之前,应按实际发生经济业务的内容编制会计分录,然后据以登记账簿。在实际工作中,会计分录是通过填制记账凭证来完成的。

(2) 记账凭证的基本内容

记账凭证包括以下基本内容:

A. 记账凭证的名称。

B. 填制记账凭证的日期。

C. 记账凭证的编号。

D. 经济业务事项的内容摘要。

E. 经济业务事项所涉及的会计科目及其记账方向。

F. 经济业务事项的金额。

G. 记账标记。

H. 所附原始凭证张数。

I. 会计主管、记账、审核、出纳、制单等有关人员的签章。

4.3.2 记账凭证的种类和填制

(1) 记账凭证按其适用的经济业务分类

记账凭证按其适用的经济业务,分为专用记账凭证和通用记账凭证两类。

①专用记账凭证

专用记账凭证是用来专门记录某一类经济业务的记账凭证,按其所记录的经济业务是否与现金和银行存款的收付有关系,又分为收款凭证、付款凭证和转账凭证三种。

A.收款凭证。收款凭证是用来记录货币资金收款业务的凭证,它是由出纳人员根据审核无误的原始凭证收款后填制的,在凭证左上角填"银行存款"或"库存现金"科目,在凭证内反映的贷方科目,应填列与"库存现金"或"银行存款"相对应的科目。金额栏填列经济业务实际发生的数额,在凭证的右侧填写所附原始凭证张数,并在出纳及制单处签名或盖章。审核无误的收款凭证可据以登记现金和银行存款以及相关总账和明细账,在登账以后,在"记账符号"栏打上"√",表示已经入账,以免重记、漏记。

【例4-6】公司2016年8月23日销售货物一批,价款20 000元,增值税销项税款3 400元,收到购买单位转账支票一张,货款23 400元存入银行。出纳人员根据审核无误的原始凭证填制银行存款收款凭证,其内容与格式见图4-7。

收 款 凭 证

借方科目:银行存款　　　2016年8月23日　　　总字第 57 号　　字 第___号

对方单位	摘要	贷方科目		金额										记账符号	附单据张数
		总账科目	明细科目	亿	千	百	十	万	千	百	十	元	角	分		
	售出产品收到货款	主营业务收入	甲产品					2	0	0	0	0	0	0		原始凭证第2张号
		应交税费	应交增值税(销项税额)						3	4	0	0	0	0		
		合计					¥	2	3	4	0	0	0	0		

厂长　　　会计　　　记账 张晓　　　审核 王强　　　制单 王明

图4-7 收款凭证的填制

B. 付款凭证。付款凭证是用来记录货币资金付款业务的凭证，它是由出纳人员根据审核无误的原始凭证付款后填制的。在借贷记账法下，在付款凭证左上方所填列的贷方科目，应是"库存现金"或"银行存款"科目。在凭证内所反映的借方科目，应填列与"库存现金"或"银行存款"相对应的科目。金额栏填列经济业务实际发生的数额，在凭证的右侧填写所附原始凭证的张数，并在出纳及制单处签名或盖章。审核无误的付款凭证可据以登记现金和银行存款日记账以及相关总账和明细账，在登账以后，在"记账符号"栏打上"√"，表示已经入账，以免重记、漏记。

为了避免重复记账，涉及现金和银行存款之间的划转业务，只填制付款凭证，不填制收款凭证。

【例4-7】公司2016年8月28日购入材料一批，买价50 000元，增值税进项税额8 500元，共计58 500元，开出支票一张支付购料款。出纳人员根据审核无误的原始凭证填制银行存款付款凭证，其内容与格式如图4-8所示。

付 款 凭 证

贷方科目：银行存款　　　2016年8月28日　　　出纳编号_____
　　　　　　　　　　　　　　　　　　　　　制单编号　60

对方单位（或领款人）	摘要	借方科目		金额										记账符号
		总账科目	明细科目	亿	千	百	十	万	千	百	十	元	角	分	
	购入材料一批支付货款	原材料					5	0	0	0	0	0	0	
		应交税费	应交增值税（进项税额）					8	5	0	0	0	0	
合计					¥	5	8	5	0	0	0	0	

附凭证6张

会计主管　　　记账　张晓　　　稽核　王强　　　出纳　　　制单　王明　　　领款人签章

图4-8　付款凭证的填制

C. 转账凭证。转账凭证根据不涉及现金和银行存款收付的转账业务的原始凭证填制。凡是不涉及现金和银行存款增加或减少的业务，都必须填制转账凭证。转账业务没有固定的账户对应关系，因此在转账凭证中，要按"借方科目（或账户）"和"贷方科目（或账户）"分别填列有关总账（一级）科目和明细（二级）

科目。借方科目的金额与贷方科目的金额都在同一列的"金额"栏内填列。

【例4-8】2016年8月30日,公司按照规定的折旧率,计提本月固定资产的折旧费79 400元,其中车间使用的固定资产应提49 400元,企业管理部门应提30 000元。填制的转账凭证如图4-9所示。

转 账 凭 证

2016年8月30日　　　　　　　　　　　总字第____号
　　　　　　　　　　　　　　　　　　转字第____号

摘要	借方科目		贷方科目		金额										记账符号
	总账科目	明细科目	总账科目	明细科目	亿	千	百	十	万	千	百	十	元	角	分	
计提本月折旧	制造费用	生产车间						4	9	4	0	0	0	0	
	管理费用	管理部门						3	0	0	0	0	0	0	
				累计折旧				7	9	4	0	0	0	0	
合计					¥			7	9	4	0	0	0	0	

财务主管　　　　　记账　张晓　　　　复核　　　　制单　王明

附单据2张

图4-9　转账凭证的填制

②通用记账凭证

通用记账凭证的格式,不再分为收款凭证、付款凭证和转账凭证,而是以一种格式记录全部经济业务。

在经济业务比较简单的经济单位,为了简化凭证可以使用通用记账凭证,记录所发生的各种经济业务。

【例4-9】公司2016年8月30日从东风公司购进A材料50千克,单价为100元,合计5 000元,货款未支付。填制的记账凭证如图4-10所示。

(2) 记账凭证按其包括的会计科目是否单一分类

记账凭证按其包括的会计科目是否单一,分为复式记账凭证和单式记账凭证两类。

①复式记账凭证

复式记账凭证又叫多科目记账凭证,是将某项经济业务所涉及的全部会计科目集中填列在一张记账凭证上。

			记 账 凭 证																		
			2016年8月30日								总字第____号 会字第 25 号										
摘要	科目	子、细目或户名	借方金额								贷方金额									分页	附单据1张
			亿	千	百	十	万	千	百	十	元	角	分	亿	千	百	十	万	千	百	十	元	角	分		
购买原材料欠货款	原材料	A材料					5	0	0	0	0	0													
	应付账款	东风公司																5	0	0	0	0	0		
	合计					¥	5	0	0	0	0	0					¥	5	0	0	0	0	0		

会计主管　　　　记账　　　　稽核　　　　出纳　　　　制单 李丽　　　　领缴款人

图4-10 记账凭证的填制

复式记账凭证可以集中反映账户的对应关系，因而便于了解经济业务的全貌，了解资金的来龙去脉，便于查账，同时可以减少填制记账凭证的工作量，减少记账凭证的数量；但是不便于汇总计算每一会计科目的发生额，不便于分工记账。本章前述收款凭证、付款凭证和转账凭证的格式都是复式记账凭证的格式。

②单式记账凭证

单式记账凭证又叫作单科目记账凭证，是将某项经济业务所涉及的每个会计科目，分别填制记账凭证，每张记账凭证只填列一个会计科目，其对方科目只供参考，不据以记账。也就是把某一项经济业务的会计分录，按其所涉及的会计科目，分散填制两张或两张以上的记账凭证。

单式记账凭证便于汇总计算每一个会计科目的发生额，便于分工记账；但是填制记账凭证的工作量变大，而且出现差错不易查找。

4.3.3 记账凭证的填制要求

记账凭证在填制的时候也有基本要求，来看看吧！

(1) 记账凭证填制的基本要求

A. 审核无误，即在对原始凭证审核无误的基础上填制记账凭证。这是内部牵制制度的一个重要环节。

B. 内容完整，即记账凭证应该包括的内容都要具备。应该注意的是：以自制的原始凭证或者原始凭证汇总表代替记账凭证使用的，也必须具备记账凭证所应有的内容；记账凭证的日期，一般为编制记账凭证当天的日期，按权责发生制原则计算收益、分配费用、结转成本利润等调整分录和结账分录的记账凭证，应填写当月月末的日期，以便在当月的账内进行登记。

C. 分类正确，即根据经济业务的内容，正确区别不同类型的原始凭证，正确应用会计科目。在此基础上，记账凭证可以根据每一张原始凭证填制，或者根据若干张同类原始凭证汇总编制，也可以根据原始凭证汇总表填制；但不得将不同内容和类别的原始凭证汇总填制在一张记账凭证上。

D. 连续编号，即记账凭证应当连续编号。这有利于分清会计事项处理的先后顺序，便于记账凭证与会计账簿之间的核对，确保记账凭证的完整。

(2) 填制的其他要求

我们除了要知道以上一些记账凭证填制的基本要求，还要注意一些在填制过程中的小问题。知道了这些小问题，才能出色地完成你的任务哦！

A. 除结账和更正错误之外，我们的记账凭证必须附有原始凭证并注明所附原始凭证的张数，而所附原始凭证张数的计算，一般要以原始凭证的自然张数为准。

B. 如果一张原始凭证所列的支出需要由两个以上的单位共同负担，应当由保存该原始凭证的单位开给其他应负担单位原始凭证分割单。这样关系就搞得清楚喽！

C. 要注意填制记账凭证时如果发生错误，应当重新填制。已经登记入账的记账凭证在当年内发现错误的，可以用红字注销法进行更正。在会计科目应用上没有错误，只是金额错误的情况下，也可以按正确数字同错误数字之间的差额，另编一张调整记账凭证。会计是很谨慎的，所以大家一定要按规矩办事呀！

D. 记账凭证填制完经济业务事项后，如有空行，应当在金额栏自最后一笔金额数字下的空行处至合计数上的空行处划线注销。

E. 我们写的摘要应与原始凭证内容一致，要能正确反映经济业务的主要内容，表述要简短精练，能使阅读的人了解该项经济业务的性质、特征，判断出会计分录的正确与否，那么他们就不必再去翻阅原始凭证或询问有关人员了。

4.3.4 记账凭证的审核

记账人员将编制好的记账凭证交给会计主管人员，由主管人员进行审核。因为记账凭证是登记账簿的依据，为了保证账簿登记的正确性，记账凭证填制完毕必须进行审核。审核的具体内容如下：

A. 填制凭证的日期是否正确，收款凭证和付款凭证的填制日期是否是货币资金的实际收入日期、实际付出日期，转账凭证的填制日期是否是收到原始凭证的日期或者是编制记账凭证的日期。

B. 凭证是否编号，编号是否正确。

C. 经济业务摘要是否正确地反映了经济业务的基本内容。

D. 会计科目的使用是否正确，总账科目和明细科目是否填列齐全。

E. 记账凭证所列金额计算是否准确，书写是否清楚、符合要求。

F. 所附原始凭证的张数与记账凭证上填写的所附原始凭证的张数是否相符。

G. 填制凭证人员、稽核人员、记账人员、会计机构负责人、会计主管人员的签名或盖章是否齐全。

记账凭证必须以原始凭证及有关资料为依据编制，作为记账凭证编制的原始凭证和有关资料必须经过审核无误，以保证记账凭证的质量。

原始凭证与记账凭证之间是什么关系呢？

关于原始凭证和记账凭证我们说了许多，那么，你知道原始凭证与记账凭证之间存在着怎样的联系吗？告诉你：原始凭证是记账凭证的基础，记账凭证要根据原始凭证来编制。在实际工作中，原始凭证附在记账凭证后面，作为记账凭证的附件；而记账凭证是对原始凭证内容的概括和说明，就是把原始凭证的经济内容用会计分录体现在记账凭证上。这下你知道了吧！

第五章 会计账簿

5.1 会计账簿的作用和种类

5.1.1 会计账簿的作用

企业在生产经营活动过程中发生的全部经济业务，已经在发生或完成时记录到会计凭证之中了。为了取得全面系统的会计信息，需要把会计凭证所反映的经济业务内容，分门别类地记载到账簿中各个有关账户，以取得总括的、明细的核算指标。这些记录经济业务的载体就是账簿，也就是日常生活中经常说的账本、账册。它是由具有一定格式、相互联系的账页组成的，以会计凭证为依据，序时、分类、连续、系统、全面记录和反映企事业单位资金运动状况的簿籍。账簿是会计账簿的简称。

设置和登记账簿是会计核算的重要环节，在经济管理中有很重要的作用。会计账簿能为企业日常经营管理提供分类的会计信息和定期编制会计报表的数据，从而为经济活动的分析、考核和审计提供依据。

5.1.2 会计账簿的种类

账簿由具有一定格式、相互联系的若干账页组成，按照不同的标准可以对账簿进行不同的划分。

(1) 会计账簿按用途分类

会计账簿按用途可以分为日记账、分类账和备查账，如图5-1所示。

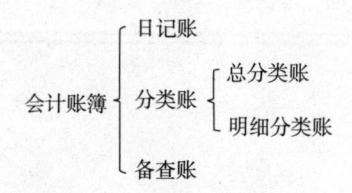

```
              ┌─ 日记账
              │         ┌─ 总分类账
会计账簿 ─────┤─ 分类账 ┤
              │         └─ 明细分类账
              └─ 备查账
```

图5-1 会计账簿按用途的分类

日记账也叫序时账，它是按照经济业务发生或完成时间的先后顺序逐日逐笔进行登记的账簿，也就是我们日常生活中所说的流水账。企业的现金日记账和银行存款日记账属于这一类。

分类账是对经济业务按照会计要素的具体类别而设置的账户进行登记的账簿。按照总分类账户分类登记经济业务的是总分类账，又简称为总账；按照明细分类账户分类登记经济业务的是明细分类账，又简称为明细账。总账提供概括的会计信息，明细账提供详细的会计信息，两者相辅相成，互为补充。

备查账也叫备查登记簿或辅助账簿，是对在序时账和分类账中未能反映和记录的事项进行补充登记的账簿。备查账对完善企业会计核算、加强企业内部控制与管理、强化对重要经济业务事项的监督、明确会计交接责任等都具有重要意义，企业可以根据自己的实际需要来设置这类账簿。

(2) 会计账簿按外表形式分类

会计账簿按照外表形式可以分为订本式账簿、活页式账簿和卡片式账簿，如图5-2所示。

会计账簿 ── 订本式账簿
         ── 活页式账簿
         ── 卡片式账簿

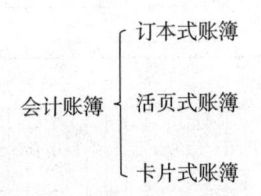

图5-2　会计账簿按外表的分类

订本式账簿是在启用前进行顺序编号、装订成册的账簿。采用订本式账簿，可以避免账页散失或人为抽换账页，但是由于账页的序号和总页数已经固定，所以在账簿中开设账户时必须为每一账户预留账页。它适用于总账和日记账的登记。

活页式账簿是将若干张零散的、格式相同的账页装订在账夹内，可以随时增添或取出账页的账簿。

卡片式账簿是由专门格式、分散的卡片作为账页组成的账簿。在登记卡片式账簿时，必须按顺序编号并装置在卡片箱内，由专人保管。

企业日常用的现金日记账、银行存款日记账、总分类账都是订本式账簿。企业日常用的甲式明细账、乙式明细账、费用账等都是活页式账簿。固定资产明细账一般都采用卡片式账簿登记。

(3) 会计账簿按账页格式分类

会计账簿按照账页格式可以分为三栏式账簿、多栏式账簿和数量金额式账簿，如图5-3所示。

```
              ┌─ 三栏式账簿
     会计账簿 ┼─ 多栏式账簿
              └─ 数量金额式账簿
```

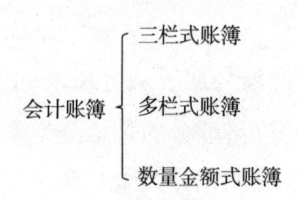

图5-3　会计账簿按账页格式的分类

三栏式账簿是只设有借方、贷方和余额三个基本栏目的账簿，适用于只要求进行金额核算、不要求进行数量核算的账簿，企业的现金、银行存款日记账和总账等一般采用三栏式的账簿。其格式如图 5-4 所示。

银行存款日记账

开户银行名称＿＿＿＿＿＿　账号＿＿＿＿＿＿

年		凭证		对方科目	摘要	支票		借方	贷方	√	余额	√
月	日	字	号			种类	号码	亿千百十万千百十元角分	亿千百十万千百十元角分		亿千百十万千百十元角分	

图5-4　三栏式账簿

多栏式账簿是指在账簿的两个基本栏目借方和贷方按需要分设若干专栏的账簿，但专栏设置在借方还是贷方，或者两方同时设专栏，设多少专栏，则根据需要来确定。企业的成本、费用明细账一般采用多栏式账簿登记，如应交税费、生产成本、管理费用等。其格式如图 5-5 所示。

数量金额式账簿是指账簿的借方、贷方和余额三个栏目内，都分设数量、单价和金额三个小栏，用来反映财产物资的实际数量和价值量。企业的原材料和库存商品等明细账一般采用数量金额式的账簿。其格式如图 5-6 所示。

生产成本明细分类账

科目名称______ 页次______ 总页______

投产日期________ 计划工时________ 生产批号______________________________

完工日期________ 实际工时________ 生产车间______________________________

完成产量________ 数量________ 产品规格________ 产品名称______________________________

年		凭证		摘要	借方发生额										成本项目																																								
月	日	字	号												直接材料										直接工资										制造费用																			
					千	百	十	万	千	百	十	元	角	分	千	百	十	万	千	百	十	元	角	分	千	百	十	万	千	百	十	元	角	分	千	百	十	万	千	百	十	元	角	分	千	百	十	万	千	百	十	元	角	分

图5–5 多栏式账簿

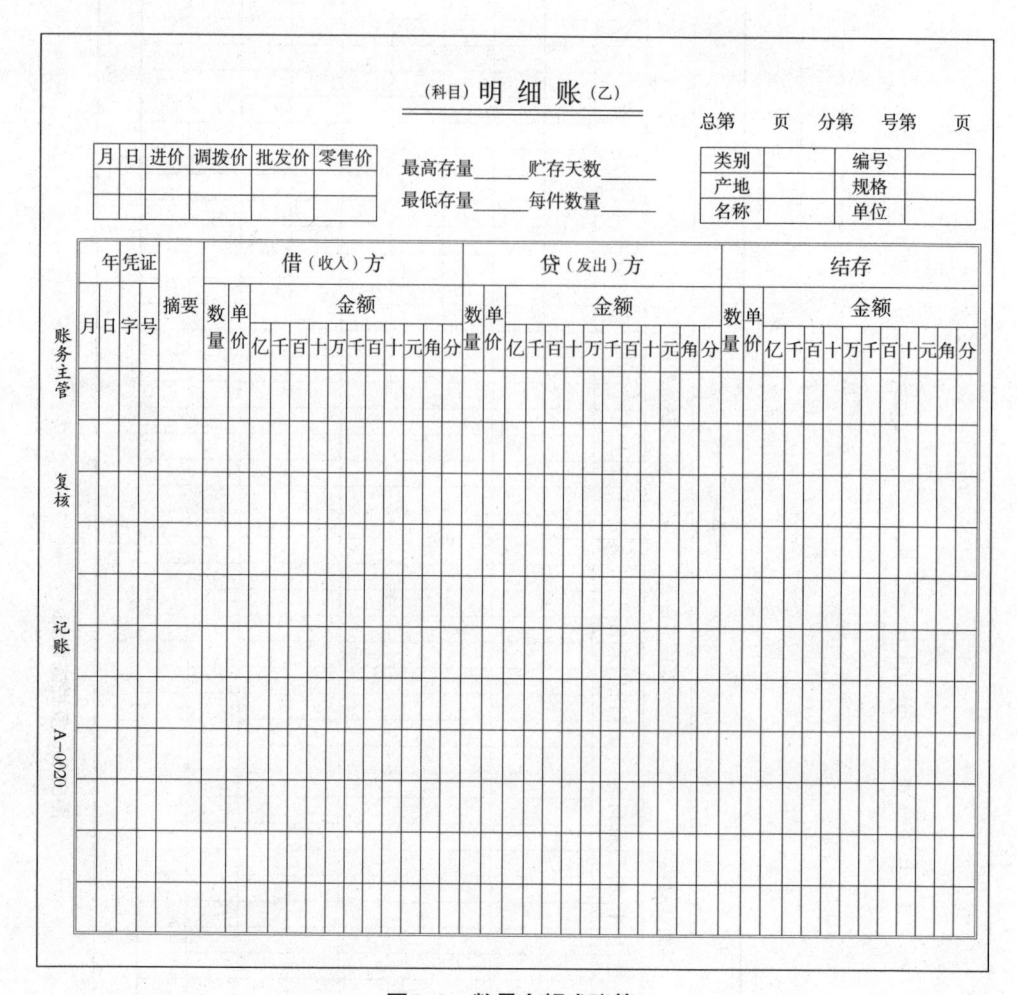

图5-6 数量金额式账簿

5.2 会计账簿的设置和建立

5.2.1 会计账簿的设置原则

会计账簿的设置应该做到组织严密、层次分明、相互联系、相互制约，同时要防止复杂化和简单化。总之，应在遵守国家相关法规的基础上，以全面、清晰反映企业经济业务为原则。

(1) 合法性原则

合法性原则是指企业要按照国家统一规定的会计法规、制度设置账簿，不允许不设账簿或在法定规定之外另设账簿。

(2) 完整性原则

完整性原则是指设置账簿要能够全面、系统地反映企业经济活动的全貌，为经营管理提供所需的核算资料，不能遗漏。

(3) 合理性原则

合理性原则是指设置账簿时既要根据不同账簿的作用特点，做到账簿结构严密、科学，还要考虑企业规模的大小、业务的繁简以及管理的需要，力求合理、简明、适用。

5.2.2 会计账簿的建立

企业一般按以下步骤建账：

(1) 设置账簿

根据企业日常的经济业务涉及的会计账户，准备的账簿有日记账、总账和明细账，其中总账和日记账采用订本式账簿，明细账可以根据实际需要采用订本式和活页式账簿。

(2) 启用账簿

在账簿启用表上填写单位名称、账簿名称、册数、编号、起止页数、启用日期、记账人员和会计主管人员的姓名。

启用会计账簿时，应首先在账簿的封面上写明单位名称、账簿名称和使用年度，然后认真填写账簿扉页上的"账簿启用及交接登记表"，写明单位名称、账簿名称、册数、编号、起止页数、启用日期以及记账人员和会计主管人员姓名，并加盖名章和单位公章。中途更换记账人员时，应办理交接手续。账簿启用表样式如图5-7所示。

(3) 建立总账账户，二三级明细账账户

启用账簿后，就要开设账户，订本式账簿要开设总账账户，活页式的账簿一般登记的是二三级的明细账户。为了方便记账，我们可以去会计用品商店购买一些口曲纸，将不同的账户名称登记在上面贴在账页衔接的地方。

(4) 将活页账簿按顺序编号、编制账户目录、贴上账户标签

启用订本式账簿，应从第一页起到最后一页止顺序编定号码，不得跳页、缺号；使用活页式账簿，应按账簿顺序编号，并需定期装订成册，装订后再按实际使用的账页顺序编号。各账户编列号码后，应填"账户目录"，将账户名称页次登入目录内，并粘贴索引纸（账户标签），写明账户名称，以便检索。其格式如图5-8所示。

账簿启用表

单位名称		单位公章
账簿名称		
账簿编号	字第　　号第　　册共　　册	
账簿页数	本账簿共计　　页	
启用日期	年　　月　　日	

经管人员		接管			移交			会计负责人		印花税票粘贴处
姓名	盖章	年	月	日	年	月	日	姓名	盖章	

货号：2502-100　　　货名：总分类账

邢台市敬业印刷有限责任公司印制

图5-7　账簿启用表

账户目录

顺序	编号	名称	页号	顺序	编号	名称	页号	顺序	编号	名称	页号	顺序	编号	名称	页号
1				26				51				76			
2				27				52				77			
3				28				53				78			
4				29				54				79			
5				30				55				80			
6				31				56				81			
7				32				57				82			
8				33				58				83			
9				34				59				84			
10				35				60				85			
11				36				61				86			
12				37				62				87			
13				38				63				88			
14				39				64				89			
15				40				65				90			
16				41				66				91			
17				42				67				92			
18				43				68				93			
19				44				69				94			
20				45				70				95			
21				46				71				96			
22				47				72				97			
23				48				73				98			
24				49				74				99			
25				50				75				100			

图5-8　账户目录

> **每个单位至少应设置哪些账簿呢?**
>
> 根据我国《会计法》的规定,各单位必须依法设置会计账簿,并保证其真实、完整。为此,各单位要根据企业的规模大小、经济业务的繁简程度、会计人员多少来确定。一般应该设置以下账簿,即一本现金日记账、一本银行存款日记账、一本总分类账和几本明细分类账,包括三栏式明细账、多栏式明细账和数量金额式明细账。明细账的数量多少要根据企业需要来确定。

5.3 会计账簿的登记方法

5.3.1 日记账的登记方法

各企业单位一般设置库存现金日记账和银行存款日记账,用以逐日核算和监督现金和银行存款的收入、付出和结存情况。库存现金日记账和银行日记账由会计人员保管并根据现金、银行存款的收款凭证和付款凭证逐日逐笔顺序登记。

(1) 库存现金日记账的登记方法

库存现金日记账是用来核算和监督库存现金每天的收入、支出和结存情况的账簿。库存现金日记账一般采用订本式账簿,由会计人员根据与现金收付有关的记账凭证,按时间顺序逐日逐笔进行登记,并根据"上日余额+本日收入-本日支出=本日余额"逐日结出现金余额,与库存现金实存数比较,检查每日现金收付是否正确无误。

下面以盛大公司2016年9月份发生的业务为例,说明账簿登记方法。

【例5-1】2016年8月份库存现金期末余额4 200.19元,9月份发生如下经济业务:

9月3日,购买办公用品,用现金支付150元;

9月5日,从银行提取现金2 000元备用;

9月10日,用现金支付本月生产一车间的水电费1 000元。

以上业务全部取得了合法规范的原始凭证,该企业的会计人员已经根据原始凭证填制了记账凭证,并根据记账凭证登记了库存现金日记账,如图5-9所示。由于篇幅原因在此略去了记账凭证的列示。

现金日记账

2016年		凭证		摘要	对方科目	类页	借方 亿千百十万千百十元角分	贷方 亿千百十万千百十元角分	借或贷	余额 亿千百十万千百十元角分
月	日	字	号							
9	1			期初余额					借	4 2 0 0 1 9
9	3	现付	1	购买办公用品	管理费用			1 5 0 0 0	借	4 0 5 0 1 9
				本日合计			0	1 5 0 0 0		4 0 5 0 1 9
9	5	银付	1	提取现金备用	银行存款		2 0 0 0 0 0		借	6 0 5 0 1 9
				本日合计			2 0 0 0 0 0	1 5 0 0 0		6 0 5 0 1 9
9	10	现付	2	支付一生产车间水电费	制造费用			1 0 0 0 0 0	借	5 0 5 0 1 9
				本日合计			2 0 0 0 0 0	1 1 5 0 0 0	借	5 0 5 0 1 9

图5-9 库存现金日记账

(2) 银行存款日记账的登记方法

银行存款日记账是用来核算和监督银行存款每日的收入、支出和结余情况的账簿。银行存款日记账采用订本式账簿,应按企业在银行开立的账户和币种分别设置,每个银行账户设置一本日记账。由会计人员根据与银行存款收付业务有关的记账凭证,按时间先后顺序逐日逐笔进行登记。根据银行存款收款凭证和有关的库存现金付款凭证登记银行存款日记账的借方栏,根据银行存款付款凭证登记其贷方栏,每日结出银行存款余额,银行存款日记账的登记方法和现金日记账的登记方法相同。

【例5-2】公司8月份银行存款日记账余额47 200元,9月份企业发生如下经济业务:

9月4日,销售A产品100件,单价55元,价款计5 500元,增值税935元,货款和税款已收到并存入银行;

9月5日,从银行提取现金2 000元备用;

9月6日,以银行存款支付广告费1 500元;

9月12日，从银行取得短期借款50 000元，并存入银行；

9月13日，收到鑫源公司上月欠款20 000元，存入银行；

9月25日，以银行存款支付本月职工工资60 000元。

该企业的会计人员已经根据原始凭证填制了记账凭证，并根据记账凭证登记了银行存款日记账，如图5-10所示。由于篇幅原因在此略去了记账凭证的列示。

银行存款日记账

开户银行名称：工商银行府西路支行　账号：03452177650-45877

2016年		凭证		对方科目	摘要	支票种类	支票号数	借方 亿千百十万千百十元角分	贷方 亿千百十万千百十元角分	√		余额 亿千百十万千百十元角分	√
月	日	字	号										
9	1				期初余额	略				借		4 7 2 0 0 0 0	
	4	银收	1	主营业务收入	销售商品		0192	6 4 3 5 0 0		借		5 3 6 3 5 0 0	
	5	银付	1	库存现金	提取现金		0979		2 0 0 0 0 0	借		5 1 6 3 5 0 0	
	6	银付	2	销售费用	支付广告费		0980		1 5 0 0 0 0	借		5 0 1 3 5 0 0	
	12	银收	2	短期借款	取得短期借款			5 0 0 0 0 0 0		借		1 0 0 1 3 5 0 0	
	13	银收	3	应收账款	收到前欠货款		2304	2 0 0 0 0 0 0		借		1 2 0 1 3 5 0 0	
	25	银付	3	应付职工薪酬	支付工人工资		0785		6 0 0 0 0 0 0	借		6 0 1 3 5 0 0	
					本月合计			7 6 4 3 5 0 0	6 3 5 0 0 0 0	借		6 0 1 3 5 0 0	

图5-10　银行存款日记账

5.3.2　明细分类账的登记方法

明细分类账是根据明细账户开设账页，分类、连续地登记经济业务，用来提供明细核算资料的账簿，它是总账的明细记录。明细分类账是根据记账凭证及其所附的原始凭证登记,一般采用活页式账簿或卡片式账簿,其格式一般有三栏式、数量金额式和多栏式三种。

【例5-3】8月份公司的应付账款和原材料明细账余额分别为50 000元和800元,公司9月份发生的经济业务如下:

9月9日,从滨河公司购入甲材料1 000千克,单价10元,价款计10 000元,增值税款1 700元,材料已验收入库,货款尚未支付;

9月20日,采购员王林预借差旅费2 000元,以现金支付;

9月26日,以银行存款归还前欠滨河公司的货款;

9月26日,从汾河公司购入甲材料500千克,单价9元,价款计4 500元,增值税款765元,材料已验收入库,货款通过银行存款支付;

9月29日,采购员王林出差归来,报销差旅费2 000元。

该企业的会计人员已经根据原始凭证填制了记账凭证,并根据记账凭证登记了有关明细账簿,如图5-11～图5-14所示。由于篇幅原因在此略去了记账凭证的列示。

5.3.3 总分类账的登记方法

总分类账能全面、概括反映和记录经济业务引起的资金运动和财务收支情况,每个单位都必须设置,一般采用三栏式,只能使用货币作为计量指标。登记总账的方法,由于各单位采用的账务处理程序不同而有所不同,既可以根据记账凭证逐笔登记,也可以根据科目汇总表或汇总记账凭证登记,一般的单位都是采用科目汇总表账务处理程序的。

【例5-4】9月30日盛大公司的会计人员编制了9月份的科目汇总表,如图5-15所示。

根据科目汇总表以原材料、短期借款(期初余额为14 000元)、应付账款三个账户为例,说明总分类账的登记,如图5-16～图5-18所示。

第五章 会计账簿

原材料明细账（乙）

(科目) 原材料明细账　　储存天数_____
最高存量_____　　每件存量_____

		进价	调拨价	批发价	零售价
月	日				

类别_____　编号_____　总第____页　第____页
产地_____　规格_____　分第____号
名称 甲材料　单位_____

2016年		凭证		摘要	借（收入）方				贷（发出）方				结存		
月	日	字	号		数量	单价	金额		数量	单价	金额		数量	单价	金额
9	1			期初余额									100	8	80000
9	3	转		购进甲材料款未付	1000	10.00	1000000						1100		1080000
9	26	银付	5	购进甲材料款已付	500	9.00	450000						1600	9.56	1530000
9	30			本期发生额及余额	1500		1450000						1600		1530000

账务主管_____　复核_____

图5-11　原材料明细账

(科目) 应付账款 明 细 账 (甲)

应付账款明细账　　总第　　页
分第　　号第　　页
子目 应付滨河公司 户名

2016年 月	日	凭证 字	号	摘要	借方 亿千百十万千百十元角分	贷方 亿千百十万千百十元角分	借或贷	余额 亿千百十万千百十元角分
9	1			期初余额			贷	5 0 0 0 0 0
9	9	转	2	购进甲材料款未付		1 1 7 0 0 0 0	贷	6 1 7 0 0 0 0
9	26	银付	4	偿还甲材料货款	1 1 7 0 0 0 0		贷	5 0 0 0 0 0
9	30			本期发生额及余额	1 1 7 0 0 0 0	1 1 7 0 0 0 0	贷	5 0 0 0 0 0

图5-12　应付账款明细账

总第 ___ 页 分第 ___ 页
一级科目编号及名称 __管理费用__
二级科目编号及名称 _____

2016年		凭证号数	摘要	借方										贷方										借或贷	余额										（借）方																												
																																			办公费										差旅费										招待费										折旧费							
月	日			千	百	十	万	千	百	十	元	角	分	千	百	十	万	千	百	十	元	角	分		千	百	十	万	千	百	十	元	角	分	千	百	十	万	千	百	十	元	角	分	千	百	十	万	千	百	十	元	角	分	千	百	十	万	千	百	十	元	角	分
9	3	现付1号	购进办公用品					1	5	0	0	0																											1	5	0	0	0																					
9	29	转2号	报销差旅费				2	0	0	0	0	0																																					2	0	0	0	0	0											
9	30		本月合计				2	1	5	0	0	0																											1	5	0	0	0							2	0	0	0	0	0											

图5-13 管理费用明细账

(科目) **其他应收款** 明细账（甲）

总第　　　页
分第　号第　页

子目 __王林__ 户名_____

2016年		凭证字号	摘要	借方 亿千百十万千百十元角分	√	贷方 亿千百十万千百十元角分	借或贷	金额 亿千百十万千百十元角分	√
月	日								
9	10	现付3	王林预借差旅费	200000			借	200000	
9	29	转2	王林报销差旅费			200000	平	0	
			本期发生额及余额	200000		200000	平	0	

图5-14　其他应收款明细账

科目汇总表

凭证	至号	号	张
凭证	至号	号	张
凭证	至号	号	张

2016年9月1日 至30日　编号 1

会计科目	账页	本期发生额			
		借方 亿千百十万千百十元角分	√	贷方 亿千百十万千百十元角分	√
库存现金		200000		315000	
银行存款		764350 0		804650 0	
应收账款		0		200000	
原材料		145000 0			
其他应收款		200000		200000	
制造费用		100000			
管理费用		215000			
销售费用		150000			
短期借款				500000	
应交税费		246500		9350 0	
应付账款		117000		117000	
应付职工薪酬		600000			
主营业务收入		0		550000	
合计		¥ 　　1737500 0		¥ 　　1737500 0	

会计主管　王刚　　记账　　　审核　　　制单　李丽

图5-15　科目汇总表

总 分 类 账

科目 __原材料__ 编号（　　　）

2016年		凭证		摘要	借方 亿千百十万千百十元角分	贷方 亿千百十万千百十元角分	借或贷	余额 亿千百十万千百十元角分	核对号
月	日	字	号						
9	1			期初余额			借	8 0 0 0 0	
9	30	科汇	1	本月发生额	1 4 5 0 0 0 0		借	1 5 3 0 0 0 0	
9	30			本期发生额及余额	1 4 5 0 0 0 0		借	1 5 3 0 0 0 0	

图5-16　原材料总分类账

总 分 类 账

科目 __应付账款__ 编号（　　　）

2016年		凭证		摘要	借方 亿千百十万千百十元角分	贷方 亿千百十万千百十元角分	借或贷	余额 亿千百十万千百十元角分	核对号
月	日	字	号						
9	1			期初余额			贷	5 0 0 0 0 0 0	
9	30	科汇	1	本月发生额	1 1 7 0 0 0 0	1 1 7 0 0 0 0	贷	5 0 0 0 0 0 0	
9	30			本期发生额及余额	1 1 7 0 0 0 0	1 1 7 0 0 0 0	贷	5 0 0 0 0 0 0	

图5-17　应付账款总分类账

总 分 类 账

科目 __短期借款__ 编号（　　　）

2016年		凭证		摘要	借方 亿千百十万千百十元角分	贷方 亿千百十万千百十元角分	借或贷	余额 亿千百十万千百十元角分	核对号
月	日	字	号						
9	1			期初余额			贷	1 4 0 0 0 0 0 0	
9	30	科汇	1	本月发生额		5 0 0 0 0 0 0	贷	1 9 0 0 0 0 0 0	
9	30			本期发生额及余额		5 0 0 0 0 0 0	贷	1 9 0 0 0 0 0 0	

图5-18　短期借款总分类账

5.3.4 总账与明细账的平行登记

平行登记是指在经济业务发生后根据会计凭证,一方面要登记有关的总账账户,另一方面要登记该总分类账户所属的各有关明细分类账户。平行登记的规则如下:

A. 双方登记。对于需要提供其详细指标的每一项经济业务,应根据审核无误后的记账凭证,一方面记入有关的总分类账户,另一方面要计入同期总账所属的有关明细账户。

B. 同向登记。登记总账及其所属的明细账的方向应当相同。

C. 等额登记。记入总账的金额与记入其所属的各明细账的金额相等。

D. 同期登记。总账和其明细账对同一项经济业务的登记应在同一会计期间内完成。

E. 相同依据。登记总账和其明细账依据的原始凭证和记账凭证应相同。

【例5-5】盛大公司9月份原材料的期初余额为190 000元,其中A材料120 000元,B材料70 000元,本月发生额为50 000元,其中A材料本月购入1 000公斤,单价30元,B材料购进100公斤,单价200元,根据以上资料登记总账和明细账。登记总账和明细账如图5-19~图5-21所示。

遵照账簿登记方法将每期发生的经济业务全部计入总账和其所属的明细账以后,在会计期末为了全面了解记账结果正确与否,还需要根据账簿记录,编制总账和明细账发生额及余额对照表,如表5-1所示。

总 分 类 账

科目 __原材料__ 编号( )

2016年		凭证		摘要	借方									贷方									借或贷	余额									核对号
月	日	字	号		亿	千	百	十	万	千	百	十	元	角	分	亿	千	百	十	万	千	百	十	元	角	分		亿	千	百	十	万	千	百	十	元	角	分	
9	1			期初余额																								借			1	9	0	0	0	0	0	0	
9	30	科汇	1	本月发生额				5	0	0	0	0	0	0													借			2	4	0	0	0	0	0	0	
9	30			本期发生额及余额				5	0	0	0	0	0	0													借			2	4	0	0	0	0	0	0	

图5-19 原材料总分类账

(科目) 原材料 明细账(乙)

总第　页　分第　号第　页

类别		编号		最高存量_____储存天数_____
产地		规格		最低存量_____每件数量_____
名称	A材料	单位	kg	

2016年		凭证字号	摘要	借(收入)方		金额(亿千百十万千百十元角分)	贷(发出)方		金额(亿千百十万千百十元角分)	结存		金额(亿千百十万千百十元角分)
月	日			数量	单价		数量	单价		数量	单价	
9	1		期初余额							4 000	30.00	1 2 0 0 0 0 0 0
9	6	转 1	购入A材料	1 000	30.00	3 0 0 0 0 0 0				5 000	30.00	1 5 0 0 0 0 0 0
9	30		本期发生额及余额	1 000	30.00	3 0 0 0 0 0 0				5 000	30.00	1 5 0 0 0 0 0 0

图5-20 原材料(A材料)明细账

(科目) 原材料 明细账(乙)

总第　页　分第　号第　页

类别		编号		最高存量_____储存天数_____
产地		规格		最低存量_____每件数量_____
名称	B材料	单位	kg	

2016年		凭证字号	摘要	借(收入)方		金额(亿千百十万千百十元角分)	贷(发出)方		金额(亿千百十万千百十元角分)	结存		金额(亿千百十万千百十元角分)
月	日			数量	单价		数量	单价		数量	单价	
9	1		期初结存							500	140	7 0 0 0 0 0 0
9	6	转 1	购入B材料	100	200	2 0 0 0 0 0 0				600	150	9 0 0 0 0 0 0
9	30		本期发生额及余额	100	200	2 0 0 0 0 0 0				600	150	9 0 0 0 0 0 0

图5-21 原材料(B材料)明细账

表5-1　总账和明细账发生额及余额对照表

账户名称	月初余额		本期发生额		月末余额	
	借方	贷方	借方	贷方	借方	贷方
A材料明细账	120 000		30 000		150 000	
B材料明细账	70 000		20 000		90 000	
原材料总分类账	190 000		50 000		240 000	

上例反映了总账和明细账之间的关系，企业在登记明细账和总账时一定要遵循"双方登记、同向登记、等额登记、同期登记"的十六字原则。同时，会计人员应在期末对总账和明细账的余额进行核对，检查账簿并更正错账，以保证账簿的记录正确无误。

5.3.5　会计账簿的登记规则

不同的会计账簿有不同的登记方法，但是不论登记哪种会计账簿都应遵循以下登记原则：

A. 记账依据必须是审核无误的会计凭证。

B. 记账时应当将会计凭证日期、编号、业务内容摘要、金额和其他有关资料逐项记入账簿内，做到数字准确、摘要清楚、登记及时、字迹工整。

C. 账簿中书写的文字和数字上面要留有适当的空格，不要写满格，一般应占格距的二分之一。这样，一旦发生登记错误，能够比较容易更正。

D. 记账时按连续编号的账页逐页逐行填写，不得隔页跳行或在行上行下任意书写。

E. 登记账簿必须用蓝色或黑色墨水书写，不能用铅笔或圆珠笔书写，更不能用红笔，红笔只能用于结账、改错冲销账簿记录。

F. 账簿记录的文字、数字应清晰、整洁。

G. 凡需结出余额的账户，结出余额后，应在"借或贷"栏内注明"借"或"贷"字样，表示余额的方向；对于没有余额的账户，应在"借或贷"栏内记"平"字，同时在余额栏内用"0"表示。

H. 每页账的第一行是承前页，最后一行是过次页。

I. 账簿登记完毕，应在记账凭证上盖章或签名，并在记账凭证的过账栏内注明账簿页数或"√"，表明记账完毕，避免重记、漏记。

J. 账簿记录不得涂改挖补，改错应按规定的方法。

5.4 错账更正

在账簿的登记过程中,由于各种原因,难免发生记账错误,一般称为错账。对于错账,会计人员必须按规定的更正错账方法进行更正,不准涂改、挖补、刮擦或用药水消除字迹。产生记账错误的原因很多,出现的记账错误也各不相同,对于不同的记账错误,更正的方法也不相同。常见的错账更正方法有划线更正法、红字更正法和补充登记法三种。

5.4.1 划线更正法

划线更正法,即红线更正法,是指将原账簿记录上的错误数字用红线划掉,再用蓝黑字填上正确数字的一种更正方法。

在结账前,如果发现账簿记录有错误,而记账凭证无错误,即过账时发生数字或文字上的笔误或数字计算有错误,应采用划线更正法。

【例5-6】会计人员过账时误将金额3 540元在账簿中记为5 340元,应做如图5-22所示更正。

2016年		凭证		摘要	借方											贷方											借或贷	余额											核对号
月	日	字	号		亿	千	百	十	万	千	百	十	元	角	分	亿	千	百	十	万	千	百	十	元	角	分		亿	千	百	十	万	千	百	十	元	角	分	
9	1			期初余额																							借			3	5	4	0	0	0	0		李强
																														5	3	4	0	0	0	0		

科目__应收账款__ 编号(　　　)

总 分 类 账

图5-22 划线更正

如果将正确的数字误认为是错误的加以更正了,如经检查发现此类情况,就应将错误数字划销,用红笔在正确的数字两旁各划"△"表示正确,并在错误处盖章。

5.4.2 红字更正法

红字更正法是指用红字冲销原有错误账户名称或数字,以更正或调整原账簿记录的方法。红字更正法一般适用于以下两种情况:

A. 记账后发现据以登记的记账凭证中应借、应贷的账户名称或金额有错误，因此，账簿记录也出现错误，可用本法更正。

【例 5-7】生产车间一般耗用材料 6 000 元，应记入"制造费用"，但会计人员在编制记账凭证时，误记入"生产成本"账户，并已经登记入账，事后发现。

　a. 原错误记录为：

　借：生产成本　　　　　　　　　　　　　　　　　　　　　　　　　6 000
　　贷：原材料　　　　　　　　　　　　　　　　　　　　　　　　　　6 000

　b. 用红字填制一张内容与错误凭证一样的凭证并登记入账，冲销原错误记录（方框内数字代表红字）：

　借：生产成本　　　　　　　　　　　　　　　　　　　　　　　　　|6 000|
　　贷：原材料　　　　　　　　　　　　　　　　　　　　　　　　　　|6 000|

　c. 用蓝字填制一张正确的记账凭证并登记入账：

　借：制造费用　　　　　　　　　　　　　　　　　　　　　　　　　6 000
　　贷：原材料　　　　　　　　　　　　　　　　　　　　　　　　　　6 000

上述分录在账户中登记后的情况如图 5-23 所示。

借	原材料	贷		借	生产成本	贷
		6 000 ← a.错误记录 →	6 000			
		|6 000| ← b.红字冲销 →	|6 000|			

借	制造费用	贷
6 000 ← c.蓝字更正 → 6 000		

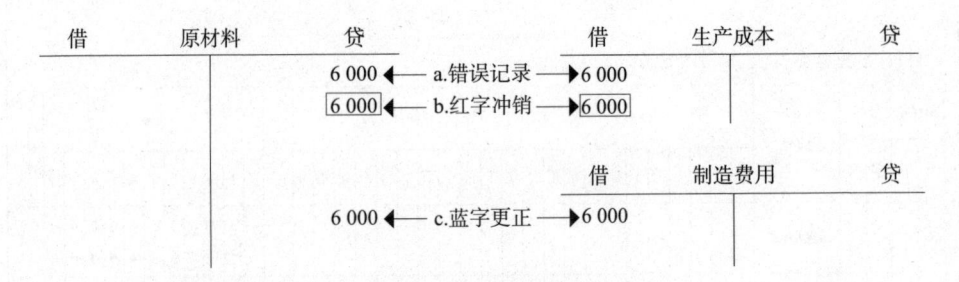

图5-23　红字更正程序

B. 记账后发现据以登记的记账凭证中应借、应贷的账户名称没错，而金额有错，且所记金额大于应记金额，可用红字更正法冲销多记金额。

【例 5-8】生产 A 产品领用原材料 9 000 元，误记为 90 000 元，而所记账户无错。

　a. 原错误记录为：

　借：生产成本　　　　　　　　　　　　　　　　　　　　　　　　90 000
　　贷：原材料　　　　　　　　　　　　　　　　　　　　　　　　　90 000

　b. 用红字填制一张与原错误凭证科目相同，但金额为多记部分的凭证并登记入账，冲销多记部分的金额。

　　借：生产成本　　　　　　　　　　　　　　　81 000
　　　　贷：原材料　　　　　　　　　　　　　　　　　81 000

上述分录在账户中登记后的情况如图 5-24 所示。

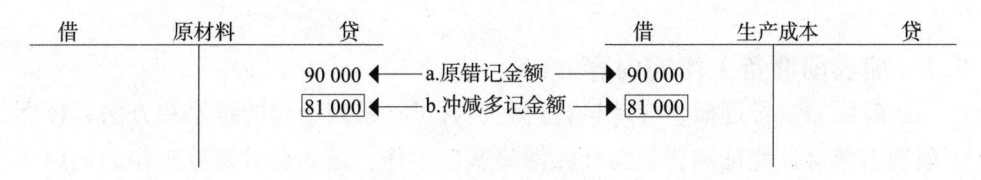

```
   借      原材料      贷              借     生产成本     贷
          90 000 ← a.原错记金额 → 90 000
          81 000 ← b.冲减多记金额 → 81 000
```

图5-24　红字更正程序

5.4.3　补充登记法

记账后，发现据以登记的记账凭证应借、应贷账户未错，所记金额有错，且所记金额小于应记金额，可用此法补充登记。

【例 5-9】生产车间一般耗用原材料 4 000 元，误记为 400 元，而所记账户无错。

A. 原错误记录为：

　　借：制造费用　　　　　　　　　　　　　　　　400
　　　　贷：原材料　　　　　　　　　　　　　　　　　400

B. 用蓝字填制一张与原凭证科目相同，但金额为少记部分的凭证并登记入账，补足少记部分的金额 3 600 元。

　　借：制造费用　　　　　　　　　　　　　　　3 600
　　　　贷：原材料　　　　　　　　　　　　　　　　3 600

上述分录在账户中登记后的情况如图 5-25 所示。

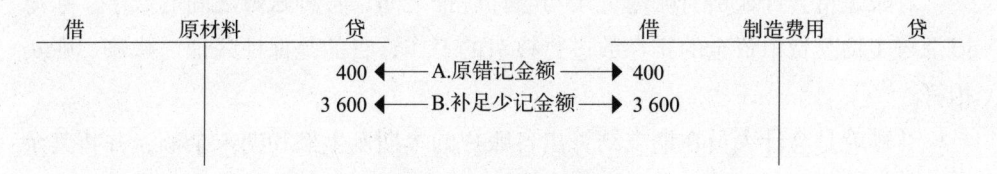

```
   借      原材料      贷              借     制造费用     贷
           400 ← A.原错记金额 → 400
          3 600 ← B.补足少记金额 → 3 600
```

图5-25　补充更正程序

第六章 编表前的准备工作

6.1 编表前准备工作的内容

从前面的学习可知，会计核算过程包含了一系列专门的技术和方法，经历了填制审核会计凭证和登记会计账簿等基础工作，进入会计核算工作的最后环节，即编制财务报表。财务报表是反映企业财务状况、经营成果和现金流量的书面文件，也是企业向报表使用者提供会计信息的一个重要手段，为了保证财务报表的真实、可靠、准确，满足使用者的要求，编制报表前应做好下列准备工作。

6.1.1 期末账项调整

如前所述，会计日常记录的都是存在明显证据的交易，而许多没有明显证据的隐含事项也会对企业的财务状况产生影响，如果不予揭示，则仅根据明显交易产生的会计信息势必不能全面反映企业经济活动的真实情况。如果平时加以记录，则不符合效益成本原则。一般情况下，对与期间损益有关的隐含事项，平时不必计算，但是在期末必须揭示。为此，企业在会计期末需要按照权责发生制原则，对有关平时没有记录的隐含事项，正确划分收入、费用应归属的会计期间，并据以对账簿记录的有关账项做出必要调整，这个过程就叫作期末账项调整。

6.1.2 对账和结账

对账是指会计人员对账簿记录与会计凭证之间、各种账簿之间的数字、账簿记录与实物及货币资金的实存数进行核对的工作，目的是保证账证、账账、账实相符。

结账就是会计人员在期末结算出各账户的本期发生额和期末余额，并将其余额转入按规定应转入的账户或结转至下期，从而根据账簿记录编制会计报表。

6.1.3 财产清查

财产清查是指对企业全部资产的清查和债权债务的核实，具体包括：结算款项是否存在，是否与债权债务单位的债务、债权一致，各项存货的实存数与账存数是否一致，是否有报废损失和积压物资等，各项固定资产的实存数与账存数是否一致，是否按照国家统一的会计准则进行确认、计量以及需要清查、核实的其他内容等。

6.2 账项调整

在实际的会计工作中，企业交易或者事项的发生时间与相关货币的收支时间有时并不完全一致。有时商品尚未发出但是货款已经提前收到；有时款项已经支付，但并不是本期而有可能是全年或是下期的费用或支出；有时有些费用虽然尚未在本期内支付，却应归属于本期等。为了更加真实、公允地反映特定会计期间的财务状况和经营成果，在期末结账之前，必须对那些收支期和归属期不相一致的收入和费用进行调整。通过调整，使未收到款项的应计收入和未付出款项的应计费用以及已收到款项而不属于本期的收入和已经付出款项而不属于本期的费用，归属于相应的会计期间，使各期收入和费用在相关的基础上进行配比，从而比较准确地计算盈亏。

账项调整是指将属于本期已经发生而尚未入账的收入和费用，按照权责发生制的原则调整入账。账项调整的内容有应计收入、应计费用、预收收入和预付费用等。

6.2.1 应计收入的计提

应计收入是指那些按权责发生制标准销售已经实现，但本期尚未收到款项的收入。企业的应计收入主要有未收到货款的商品销售收入，应收已对外提供劳务的劳务费收入，根据财产转让租赁契约应收的财产转让、租赁收入，应收的银行存款或带息票据的利息收入等。应计收入表明：在资产负债表日，如果不调整记录本期已经赚取的收入，则企业的收入和资产会被低估，因此，按照权责发生制调整应计收入时，产生了借记一个资产账户和贷记一个收入账户的分录。

【例6-1】2016年9月20日盛大公司与某单位签订合约，为该单位提供物业管理服务，从本年第4季度开始，合同期一年，物业管理费全年10万元分两次支付。合同约定第一次支付日为2017年4月1日。因此，该公司在2016年12月

31 日存在一笔应计未计的营业收入，在年末进行如下调整。

  A．2016 年年末，确认当年的业务收入：

借：应收账款　　　　　　　　　　　　　　　　　　　　　25 000

  贷：主营业务收入　　　　　　　　　　　　　　　　　　25 000

  B．2017 年 4 月 1 日，收到对方单位第一次支付的物业费时：

借：银行存款　　　　　　　　　　　　　　　　　　　　　50 000

  贷：应收账款　　　　　　　　　　　　　　　　　　　　25 000

    主营业务收入　　　　　　　　　　　　　　　　　　25 000

6.2.2　应计费用的计提

  应计费用是指企业本期内已经耗用或者本期内已经受益，应由本期负担但尚未实际支付的各项费用，这部分费用在日常的账簿记录中尚未登记入账，期末在确定本期费用时，必须对应计费用进行账项调整。企业的应计费用主要有应付租赁费、应付保险费、应付借款利息、应付债券利息等。

  应计费用作为一项在资产负债表日现存的义务和应归属当期的费用，如果在编表日不确认，则会导致低估负债和费用（同时高估所有者权益），因此，应该在编表日按照权责发生制进行调整，作借记一个费用账户和贷记一个负债账户的分录。

  【例 6-2】2016 年 1 月 4 日，盛大公司与奥西公司签订一项广告合同，由奥西公司为其进行为期两年的广告宣传，公司到期一次性支付全部广告费 24 000 元。该公司在年末虽然未支付广告费，但按照权责发生制已经存在需要支付一年费用 12 000 元的义务，因此，年末需做如下调整。

  A．2016 年 12 月 31 日，确认本年度应负担的广告费。

借：销售费用　　　　　　　　　　　　　　　　　　　　　12 000

  贷：应付账款　　　　　　　　　　　　　　　　　　　　12 000

  B．服务期满，实际支付全部广告费时：

借：销售费用　　　　　　　　　　　　　　　　　　　　　12 000

  应付账款　　　　　　　　　　　　　　　　　　　　　12 000

  贷：银行存款　　　　　　　　　　　　　　　　　　　　24 000

6.2.3　预收收入的递延

  预收收入是指企业按规定出售商品或劳务或提供资产使用权时，预先向对方收取的不属于本期收入的款项，比如有根据商品购销合同预收的销货款、根据劳务合同预收的出租固定资产和包装物的租金及押金等。

【例6-3】2016年11月13日盛大公司与鑫源公司签订销售协议，约定2017年1月销售产品500 000元，公司于11月15日收到鑫源公司的预付款500 000元，货物将于下年的1月20日发出。

A. 2016年11月15日收到预付货款时：

借：银行存款　　　　　　　　　　　　　　　　　　500 000
　　贷：预收账款　　　　　　　　　　　　　　　　500 000

B. 2017年1月20日发出货物时，销售才实现：

借：预收账款　　　　　　　　　　　　　　　　　　500 000
　　贷：主营业务收入　　　　　　　　　　　　　　500 000

6.2.4　预付费用的摊销

企业在经营过程中会因为各种原因出现大量的先支付、后受益的事项，这些支付在先、受益在后的费用就是预付费用，应当按费用的受益期进行分摊。在确定本期费用时，必须对预付费用进行账项调整。

企业的预付费用主要有预付的财产物资保险费、预付的财产物资租赁费、待摊的租入固定资产改良支出、低值易耗品摊销、出租出借包装物摊销、固定资产折旧等。

【例6-4】2015年1月盛大公司租入一处门面房，租用期限为5年，假设在租入的第3年年初需要进行装修，预计耗用装修材料390 000元，耗用装修人工费60 000元。

A. 第三年支付装修材料费时：

借：在建工程　　　　　　　　　　　　　　　　　　390 000
　　贷：银行存款　　　　　　　　　　　　　　　　390 000

B. 支付装修人工费时：

借：在建工程　　　　　　　　　　　　　　　　　　60 000
　　贷：银行存款　　　　　　　　　　　　　　　　60 000

C. 装修工程完毕验收后：

借：长期待摊费用　　　　　　　　　　　　　　　　450 000
　　贷：在建工程　　　　　　　　　　　　　　　　450 000

D. 第 3 年～第 5 年年末摊销装修费用时：

借：销售费用　　　　　　　　　　　　　　　　150 000
　　贷：长期待摊费用　　　　　　　　　　　　　　150 000

除了以上的应计收入、应计费用、预收收入、预付费用之外，企业还应对分期计算定期缴纳的税金、坏账准备、累计折旧等项目进行期末的账项调整，以正确计算企业当期的成本费用。

6.3 对账与结账

6.3.1 对账

对账是指在结账前，会计人员对账簿记录与会计凭证之间、各种账簿之间的数字、账簿记录与实物及货币资金的实存数进行核对的工作，目的是保证账证、账账、账实相符，为编制会计报表提供真实可靠的会计信息。对账包括账证核对、账账核对和账实核对。

对账工作包括日常核对和定期核对两方面。日常核对是在记账前对日常填制的记账凭证所做的审核。这项工作要随时进行，一旦发现差错，在记账之前就可查明更正。定期核对一般在月末、季末、年末与结账之前进行，以查明记账工作是否账实相符。定期对账的内容主要包括以下几方面：

(1) 账证核对

账证核对就是将账簿记录与记账凭证及其所附的原始凭证进行核对。这种核对一般是在编制记账凭证和日常记账过程中进行，主要核对会计账簿记录和原始凭证、记账凭证的时间、编号、内容和金额是否一致，记账的方向是否相同。月终发现账账不符时，也应进行账证核对。

(2) 账账核对

账账核对是指将各种账簿之间的有关数字进行核对。应每月月末进行一次，核对的内容包括下列各项：

A. 总分类账户自身的核对。即全部总分类账户借方发生额合计数与贷方发生额合计数核对，期末借方余额合计数与贷方余额合计数核对。

B. 总账与库存现金日记账、银行存款日记账直接核对。

C. 总账发生额与所属明细账发生额合计数核对，总账期末余额与所属明细账期末余额合计数核对，一般通过编制总账和明细账发生额和余额对照表（参见第五章）来进行核对。

D. 会计部门的财产物资明细账与财产物资保管部门的财产物资明细账核对。

(3) 账实核对

账实核对是指将账簿记录与各项财产物资、货币性资产实存数核对。一般在年终财产清查时进行核对，平时也可以通过盘点进行核对。账实核对具体包括以下几个方面：

A. 库存现金日记账的余额与库存现金实际数核对。

B. 银行存款日记账的余额与银行对账单核对。

C. 财产物资明细账的结存数与财产物资实存数核对。

D. 各种应收款项、应付款项明细账的余额与有关往来单位核对。

对账的内容也可参见图 6-1。

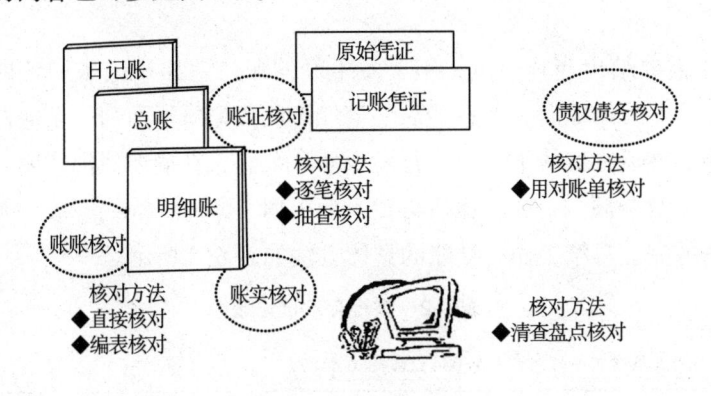

图6-1 对账的内容

6.3.2 结账

结账就是会计人员在期末（月末、季末、年末）将一定时期内所发生经济业务全部登记入账的基础上，结算出各账户的本期发生额和期末余额，并将其余额转入按规定应转入的账户或结转至下期，从而根据账簿记录编制会计报表。

结账时应根据不同的账户记录分别采用如下不同的方法：

A. 对于不需要按月结计本期发生额的账户，如各项应收款明细账和各项财产物资明细账等，每次记账以后，都要随时结出余额，每月最后一笔余额即为月末余额。也就是说，月末余额就是本月最后一笔经济业务记录的同一行内的余额。月末结账时，只需要在最后一笔经济业务记录之下划一单红线，不需要再结计一次余额。结账的具体方法如表 6-1 所示。

表6-1 应收账款明细表

2016年		凭证号		摘要	借方金额	贷方金额	借或贷	余额
月	日	类别	号					
9	1			期初余额			借	8 100.00
9	3	转	1	赊销商品	100 000.00		借	108 100.00
9	13	银收	3	收到鑫源公司前欠货款		20 000.00	借	88 100.00

注：表中粗线表示结账所划的红线，下同。

B. 对于需要结出当月（季、年）发生额的账户，如日记账和各项收入、费用等明细账，每月结账时，要在最后一笔经济业务记录下面划一条通栏红线，表示本月结束；然后在红线下结出本月发生额和余额，在摘要栏内注明"本月合计或本月发生额及余额"字样，最后再在下面再划一条通栏红线，表示与下月的经济业务分清并完成月结工作。结账的具体方法如表6-2所示。

表6-2 银行存款日记账

户名：工商银行府西路支行　　账户：03452177650-45877

2016年		凭证号	摘要	对方科目	现金支票号码	转账支票号码	借方	贷方	借或贷	金额
月	日									
9	1		期初余额						借	47 200.00
9	4	银收1	销售商品	主营业务收入		0192	6 435.00		借	53 635.00
9	5	银付1	提取现金	库存现金	0979			2 000.00	借	51 635.00
9	6	银付2	支付广告费	销售费用		0980		1 500.00	借	50 135.00
9	12	银收2	取得短期借款	短期借款			50 000.00		借	100 135.00
9	13	银收3	收到前欠货款	应收账款		2304	20 000.00		借	120 135.00
9	25	银付3	支付工人工资	应付职工薪酬		0785		60 000.00	借	60 135.00
			本月合计				76 435.00	63 500.00	借	60 135.00

在最后一笔业务下一行计算出本期发生额余额，"摘要"栏注明"本月合计"

在其下划一条单红线

表6-3 主营业务收入明细账

2016年		凭证号		摘要	借方金额	贷方金额	借或贷	余额
月	日	类别	号					
12	1			期初余额			贷	50 000.00
				……		……		
12	31			本月合计			贷	15 000 000.00
12	31			本年累计				

注：——表示单红线；══表示双红线。

C. 需要结计本年累计发生额的某些明细账户，如产品销售收入、成本明细账等，每月结账时，应在"本月合计"行下结计自年初起至本月末止的累计发生额，登记在月份发生额下面，在摘要栏内注明"本年累计"字样，并在下面再划一单红线。12月末的"本年累计"就是全年累计发生额，并在全年累计发生额下划通栏双红线。结账的具体方法如表6-3所示。

D. 总账账户平时只需结计月末余额。年终结账时，为了反映全年各项资产、负债及所有者权益增减变动的全貌，便于核对账目，要将所有总账账户结计全年发生额和年末余额，在摘要栏内注明"本年发生额及余额"字样，并在年结数下面通栏划双红线；在此基础上，将年初借（贷）方余额抄列于全年合计数下一行的借（贷）方栏内，并在摘要栏内注明"年初余额"字样，同时将年末借（贷）方余额列入下一行的贷（借）方栏内，并在摘要栏内注明"结转下年"字样；最后加计借贷两方合计数相等，并在合计数下划一通栏双红线，表示封账，完成年结工作。年度终了后更换新账时，要将本年期末余额结转到下年，在下年度新账各个账户的第一行"摘要"栏内注明"上年结转"字样，并将上年的年末余额以同方向计入新账的余额栏内。新旧账有关账户余额的转记事项，不编制记账凭证。结账的具体方法如表6-4所示。

E. 需要结计本月发生额的某些账户，如果本月只发生一笔经济业务，由于这笔记录的金额就是本月发生额，结账时，只要在此行记录下划一单红线，表示与下月的发生额分开就可以了，无须另结出"本月合计"数。

6.4 财产清查

财产清查是指企业通过对库存现金等财产物资的实地盘点和对银行存款、债权债务的查对，来确定财产物资、货币资金和债权债务的实存数，并查明账面结存数和实存数是否一致的一种方法。

表6-4 总分类账

会计科目：原材料

2016年		凭证号		摘要	借方金额	贷方金额	借或贷	余额
月	日	类别	号					
1	1			年初余额			借	12 500.00
	31			1月份发生额及余额	10 000.00	12 000.00	借	10 500.00
2	1							
	28			2月份发生额及余额	8 000.00	6 000.00	借	12 500.00
12	31			12月份发生额及余额	9 000.00	1 400.00	借	2 500.00
	31			年度发生额及余额	100 000.00	110 000.00	借	2 500.00
				年初余额	12 500.00			
				结转下年		2 500.00		
				合计	112 500.00	112 500.00	平	

注：——表示单红线；══表示双红线；〰〰表示省略。

6.4.1 财产清查的意义

通过财产清查可以确定各项财产的实存数，并将其与账存数比较，确定财产物资的盘盈、盘亏数及其原因和责任，及时对相关责任人做出处理，促使经办人员自觉遵守国家政策，保证企业财产安全，便于企业的财产管理；同时调整相关财产物资的账面价值，为编制会计报表和决策提供真实、可靠的会计信息。

6.4.2 财产清查的种类

财产清查的范围和对象不同，在清查的时间上也有差别，总的来说有以下几种分类：

(1) 按清查的对象和范围分为全面清查和局部清查

A. 全面清查就是企业对全部财产进行盘点和核对。比如工业企业全面清查的对象包含库存现金、银行存款、存货、固定资产以及各项债权债务等。

B. 局部清查就是企业根据需要对一部分财产物资进行的清查，清查的对象主要是库存现金、原材料等流动性较大的财产。比如库存现金的日清月结就属于这类清查，此外，企业还应每月与银行核对银行存款和借款、每月清点贵重的财产物资、一年两次检查债权债务等。

(2) 按清查的时间分为定期清查和不定期清查

A. 定期清查是企业根据管理制度的规定或预先的计划对财产进行的清查。清查的目的主要是保证会计信息的真实、可靠，一般在月末、季末、年末结账时进行，这种清查的对象可以是全面清查，也可以是局部清查。

B. 不定期清查是企业根据需要进行的临时清查。清查的目的在于分清责任，一般在更换仓库保管员、出纳等财产物资责任人时进行，这种清查的对象是局部清查。

6.4.3 财产清查的内容和方法

由于企业的财产种类繁多、形态各异，所以在进行财产清查时应采用不同的方式，具体有：

(1) 实物的清查

实物清查是指对原材料、在产品、产成品等财产物资的清查，具体可以采用实地盘点法和技术推算法。实地盘点法是对各项物资通过逐一清点或者用计量工具确定实存数量的方法。技术推算法是通过量方、计尺（煤、油等）等技术方法推算有关财产物资实有数量。实物清查应按如下步骤进行。

A. 由清查人员协同实物保管人员在现场对实物进行盘点，确定其实存数量。

B. 对盘点的结果如实的登记在盘存单上，并由盘点人员和实物保管人员签章，以明确经济责任。

C. 根据"盘存单"和相应的材料物资账簿的记录情况填制"实存账存对比表"。盘存单和实存账存对比表的样式如表6-5和表6-6所示。

(2) 库存现金的清查

库存现金清查是采用实地盘点法，确定库存现金的实存数，再与库存现金日记账的账存数进行核对。库存现金的清查应由清查人员会同出纳同时出面清点。库存现金的清查应按如下步骤进行：

A. 在盘点前出纳人员应先将现金收、付款凭证全部登记入账，并结出余额。

B. 清查人员和出纳人员除了查明账实相符外，还要查明有无违反现金管理制度规定，如有无"白条抵库"，现金库存是否超过银行核定的限额、有无坐支现金等。

C. 盘点结束后，应根据盘点结果填制"库存现金盘点报告表"，并由检查人员和出纳人员签名盖章。库存现金查点报告表如表6-7所示。

表6-5　盘存单

单位名称：　　　　　　　　　　　　　　　　　　　　　　　　　　编号：
盘点时间：　　　　　　　　　　财产类别：　　　　　　　　　　存放地点：

编号	名称	计量单位	数量	单价	金额	备注

盘点人签章＿＿＿＿＿＿＿　　　　　　　实物保管人签章＿＿＿＿＿＿＿

表6-6　实存账存对比表

单位名称：　　　　　　　　　　　　　年　　月　　日

编号	类别及名称	计量单位	单价	实存		账存		差异				备注
								盘盈		盘亏		
				数量	金额	数量	金额	数量	金额	数量	金额	

主管人员：　　　　　　　　　　　　　　　　　会计：

表6-7　库存现金查点报告表

单位名称：　　　　　　　　　　20××年×月×日

实存金额	账存金额	对比结果		备注
		盘盈	盘亏	

盘点人（签章）：　　　　　　　　　　　　　　出纳员（签章）：

（3）银行存款的清查

银行存款清查采用与银行核对账目的方法。即将单位的银行存款日记账和银行送来的银行对账单进行核对。通过核对，往往发现双方项目不一致，原因可能是由"未达账项"产生的，也有可能是会计人员漏记错记产生的。如果是前者，需编制"银行存款余额调节表"；如果是后者，要参考本书第五章第五节对错账进行更正。银行存款余额调节表如表6-8所示。

表6-8 银行存款余额调节表

单位名称：　　　　　　　　　　20××年×月×日　　　　　　　　　　单位：元

银行存款日记账	金额	银行对账单	金额
账面存款余额		银行对账单余额	
加：银行已收单位未收的款项		加：单位已收银行未收的款项	
减：银行已付单位未付的款项		减：单位已付银行未付的款项	
调节后的存款余额		调节后的存款余额	

（4）往来款项的清查

往来款项的清查采取与对方单位核对账目的方法。往来款项主要包括应收款、应付款、暂收款等款项。往来款项的清查应按如下步骤进行：

A.将本单位的账目核对清楚，确认无误后向对方填发对账单。

B.在收到对方单位的回单后，应填制往来账项清查表。往来账项清查表的样式如表6-9所示。

表6-9 往来账项清查表

总分类账户名称：　　　　　　　　　20××年×月×日

明细分类账户		清查结果		核对不符原因分析			备注
名称	账面余额	核对相符余额	核对不符余额	未达账项金额	有争议账项金额	其他	

主管人员：　　　　　　　　　　会计：

C.通过往来款项的清查，及时催收应收款，偿还应付款，对呆账和坏账也应及时研究处理。

6.4.4 财产清查结果的处理

财产清查结果的处理是指对账实不符的处理，即盘盈、盘亏、毁损等。为了做到账实相符，保证报表编制数据的真实、可靠，财会部门应就财产清查所发现的差异，对账簿进行及时调整、记录。具体分以下两个步骤：

第一步，根据"实存账存对比表"编制记账凭证，然后根据记账凭证登记、调整有关账簿，使各项财产的账存数和实存数保持一致。

第二步，待查明出现差异的原因、明确责任后，再根据审批后的处理决定编制记账凭证，分别计入有关的账户。

企业应设置"待处理财产损溢"账户对财产清查的结果进行账务处理，根据财产清查的具体结果，该账户下设"待处理流动资产损溢"和"待处理非流动资产损溢"两个明细账户。企业的财产损溢，即财产清查的结果，应查明原因，在期末结账前处理完毕，结账后本科目无余额。

(1) 库存现金清查结果的处理

【例 6-5】盛大公司 2016 年 9 月 30 日进行现金清查，发现库存现金实存数小于账存数 100 元，账务处理如下：

借：待处理财产损溢——待处理流动资产损溢　　　100
　　贷：库存现金　　　　　　　　　　　　　　　　100

经检查，属于出纳人员张莉的责任，应由其赔偿，账务处理如下：

借：其他应收款——张莉　　　　　　　　　　　　100
　　贷：待处理财产损溢——待处理流动资产损溢　　100

收到张莉赔款后，账务处理如下：

借：库存现金　　　　　　　　　　　　　　　　　100
　　贷：其他应收款——张莉　　　　　　　　　　　100

(2) 存货清查结果的处理

【例 6-6】盛大公司在 2016 年 12 月 30 日进行的财产清查中，发现甲材料盘盈 10 千克，单价 40 元，账务处理如下：

借：原材料——甲材料　　　　　　　　　　　　　400
　　贷：待处理财产损溢——待处理流动资产损溢　　400

经检查，盘盈是由于计量不准造成的，报经批准冲减"管理费用"，账务处理如下：

借：待处理财产损溢——待处理流动资产损溢　　　400

贷：管理费用　　　　　　　　　　　　　　　　　　　　　　　　　400

【例6-7】盛大公司在2016年12月30日进行的财产清查中，发现乙材料盘亏100千克，单价20元，假设不考虑税金因素，账务处理如下：

　　借：待处理财产损溢——待处理流动资产损溢　　　　　　　　　2 000
　　　贷：原材料——乙材料　　　　　　　　　　　　　　　　　　　2 000

经检查，乙材料的盘亏具体原因：自然损耗50千克，火灾损耗40千克，保管人王峰责任毁损10千克。报经批准，应做如下处理：

　　借：管理费用（自然损耗）　　　　　　　　　　　　　　　　　　1 000
　　　营业外支出——非常损失（火灾）　　　　　　　　　　　　　　800
　　　其他应收款——王峰（保管人）　　　　　　　　　　　　　　　200
　　贷：待处理财产损溢——待处理流动资产损溢　　　　　　　　　2 000

(3) 固定资产清查结果的处理

【例6-8】盛大公司在2016年12月30日进行的财产清查中，发现盘亏一台原价10 000元的固定资产，该固定资产已提折旧6 000元，账务处理如下：

　　借：待处理财产损溢——待处理非流动资产损溢　　　　　　　　4 000
　　　累计折旧　　　　　　　　　　　　　　　　　　　　　　　　　6 000
　　贷：固定资产　　　　　　　　　　　　　　　　　　　　　　　　10 000

经检查，该固定资产盘亏系火灾导致，由于公司购买了财产险，保险公司同意支付保险赔款2 000元，其余损失列入营业外支出，账务处理如下：

　　借：其他应收款——保险公司　　　　　　　　　　　　　　　　　2 000
　　　营业外支出——盘亏损失　　　　　　　　　　　　　　　　　　2 000
　　贷：待处理财产损溢——待处理非流动资产损溢　　　　　　　　4 000

企业的固定资产如有盘盈，应作为前期的差错记入"以前年度损益调整"账户。

(4) 往来款项清查结果的处理

【例6-9】盛大公司在2016年12月30日进行的财产清产中，发现一笔2 000元的应付账款长期无法支付，经核实该债权人已经解散，报经批准作为营业外收入，账务处理如下：

　　借：应付账款　　　　　　　　　　　　　　　　　　　　　　　　2 000
　　　贷：营业外收入　　　　　　　　　　　　　　　　　　　　　　2 000

第七章 财务报表的编制

财务报告是指企业对外提供的反映企业某一特定日期财务状况和某一会计期间经营成果、现金流量的文件。财务报告包括财务报表和财务报表附注。财务报表由资产负债表、利润表、现金流量表、所有者权益变动表和相关附表组成，它是财务报告的核心。

7.1 资产负债表的编制
7.1.1 资产负债表概述
(1) 资产负债表的概念

资产负债表是反映企业在某一特定日期财务状况的会计报表。它是以会计等式"资产=负债+所有者权益"为基础的，反映企业在某一特定日期所拥有的经济资源（资产）、所承担的现时义务（负债）和对净资产的要求权（所有者权益），是企业的一张主要的静态报表。

(2) 资产负债表的作用

①有助于评价企业的资产状况、资产的构成情况以及企业偿债能力

通过资产负债表的资产项目不仅可以了解企业拥有的资产数量和种类，还可以了解其构成情况。通过计算流动资产、固定资产等各项资产占总资产的比重，可以分析资产的构成是否合理，从而评价企业的偿债能力。

②有助于衡量企业的财务风险和财务实力

通过资产负债表的负债项目，可以显示企业所承担债务的不同偿还期限，了解企业面临的财务风险，掌握企业急需偿还的负债数额；通过计算流动负债和长期负债占总负债的比重，可以分析企业偿还债务的风险；通过所有者权益项目，可以了解企业自有资本的来源和构成情况以及对债务的保障程度，把握企业的财务实力。

③有助于预测企业未来的财务趋势

通过比较资产负债表中列示年初和期末两栏资料，可以了解相同项目的增减变动情况，通过比较数期资产负债表的相关资料，可以对企业财务状况的发展趋势做出判断。

7.1.2 资产负债表的结构

资产负债表是以会计等式"资产 = 负债 + 所有者权益"为编制基础的,因此,其结构也是按照资产、负债和所有者权益的排列形式不同划分的。目前国际上采用的资产负债表格式主要有账户式和报告式两种。我国企业的资产负债表一般采用账户式结构,账户式结构的资产负债表将资产列示在左边,将负债和所有者权益列示在右边,反映了资产、负债和所有者权益的内在关系,易于理解。具体的格式如表7-1所示。

表7-1 资产负债表

会企:01表

编制单位: _____年__月__日 单位:元

资产	期末余额	年初余额	负债和所有者权益（或股东权益）	期末余额	年初余额
流动资产:			流动负债:		
货币资金			短期借款		
以公允价值计量且其变动计入当期损益的金融资产			以公允价值计量且其变动计入当期损益的金融负债		
应收票据			应付票据		
应收账款			应付账款		
预付款项			预收款项		
应收利息			应付职工薪酬		
应收股利			应交税费		
其他应收款			应付利息		
存货			应付股利		
持有待售资产			其他应付款		
一年内到期的非流动资产			持有待售负债		
其他流动资产			一年内到期的非流动负债		
流动资产合计			其他流动负债		
非流动资产:			流动负债合计		
可供出售金融资产			非流动负债:		
持有至到期投资			长期借款		
长期应收款			应付债券		
长期股权投资			长期应付款		
投资性房地产			专项应付款		

续表

资产	期末余额	年初余额	负债和所有者权益（或股东权益）	期末余额	年初余额
固定资产			预计负债		
在建工程			递延收益		
工程物资			递延所得税负债		
固定资产清理			其他非流动负债		
生产性生物资产			非流动负债合计		
油气资产			负债合计		
无形资产			所有者权益（或股东权益）：		
开发支出			实收资本（或股本）		
商誉			资本公积		
长期待摊费用			减：库存股		
递延所得税资产			其他综合收益		
其他非流动资产			盈余公积		
非流动资产合计			未分配利润		
			所有者权益（或股东权益）合计		
资产总计			负债和所有者权益总计		

为什么资产负债表是按照各个项目的流动性排列的？

资产负债表中，资产、负债的各个项目是按照流动性排列的，流动资产、流动负债排在前面，非流动资产和非流动负债排在后面，即流动性强的排在前面，流动性弱的排在后面，这样的排列顺序更能清晰地反映企业的偿债能力和财务结构，使会计报表使用者通过左右方的对比，较容易地了解企业的财务状况和财务实力，从而有利于做出投资和信贷决策。

7.1.3 资产负债表的编制方法

编制资产负债表首先要将报表名称、报表编号、编制单位、编制日期和计量单位填写清楚，这些要素组成了资产负债的表首。资产负债表的正表就是其主表部分，年度报表按"年初余额"和"期末余额"填列，其中，"年初余额"栏的数字应根据上期资产负债表各项目的"期末余额"栏内所列的数字填列。资产负债表各项目的期末余额一般有如下几种填制方法：

(1) 根据总账科目的期末余额直接填列

根据总账科目的期末余额填列的项目主要有：以公允价值计量且其变动计入当期损益的金融资产、应收股利、应收利息、固定资产清理、短期借款、应付票据、应付职工薪酬、应付利息、应付股利、预计负债、实收资本、资本公积、库存股、盈余公积等。

(2) 根据明细分类账户的期末余额计算填列

根据明细分类账户的期末余额计算填列的主要有：应收账款、预收账款、应付账款、预付账款等。

应收账款是企业的一项资产，总账余额一般在借方。当应收账款的某一个明细科目出现贷方余额时，则表示企业预收往来单位的款项，其性质是企业一项待偿还的负债，企业的预收账款情况不多的可以将其合并在应收账款里核算。在编制资产负债表时，应将该项目列入负债"预收账款"项目。同样，当预收账款的某一明细科目出现借方科目时，则表示企业应由购货单位补付的款项，其性质是企业的一项资产，在编制资产负债表时，应将该项目列入资产"应收账款"项目。具体填列计算方式如下：

"应收账款"项目的期末余额＝"应收账款"所属明细科目的期末借方余额合计＋"预收账款"所属明细科目的期末借方余额合计－"坏账准备"科目贷方余额
（根据应收账款计提的坏账准备）

"预收账款"项目的期末余额＝"预收账款"所属明细科目的期末贷方余额合计＋"应收账款"所属明细科目的期末贷方余额合计

"应付账款"项目的期末余额＝"应付账款"所属明细科目的期末贷方余额合计＋"预付账款"所属明细科目的期末贷方余额合计

"预付款项"项目的期末余额＝"预付账款"所属明细科目的期末借方余额合计＋"应付账款"所属明细科目的期末借方余额合计

【例 7-1】某企业 2016 年 12 月 31 日有关账户资料如表 7-2 所示。

根据以上账户记录，则在资产负债表中下列项目的金额计算如下：

应收账款项目 = 2 400 + 200 = 2 600

预付账款项目 = 4 600 + 300 = 4 900

应付账款项目 = 2 800 + 600 = 3 400

预收账款项目 = 1 200 + 400 = 1 600

表7-2　有关账户余额调节表

总分类账户	借方	贷方	所属明细分类账户	借方	贷方
应收账款	2 000		A公司	2 400	
			B公司		400
预付账款	4 000		C公司	4 600	
			D公司		600
应付账款		2 500	甲公司	300	
			乙公司		2 800
预收账款		1 000	丙公司		1 200
			丁公司	200	

(3) 根据两个或两个以上总分类账户的期末余额合计数填列

如"货币资金"项目，根据"库存现金""银行存款""其他货币资金"账户的期末余额的合计数填列。

"货币资金"项目的期末余额＝"库存现金"科目的期末借方余额＋"银行存款"科目的期末借方余额＋"其他货币资金"科目的期末借方余额

"存货"项目的期末余额＝["原材料"科目的期末借方余额＋"材料采购"科目的期末借方余额＋"包装物"科目的期末借方余额＋"低值易耗品"科目的期末借方余额＋"委托加工物资"科目的期末借方余额＋"生产成本"科目的期末借方余额＋"库存商品"科目的期末借方余额＋"发出商品"科目的期末借方余额－"存货跌价准备"科目的期末贷方余额＋"材料成本差异"科目的期末借方余额－"材料成本差异"科目的期末贷方余额]－"存货跌价准备"

【例7-2】某企业2016年12月31日有关总分类账户余额如表7-3所示。

表7-3　总分类账户余额表

科目	借方	贷方
库存现金	500	
银行存款	100 000	
原材料	3 000	
生产成本	5 400	
库存商品	82 000	
存货跌价准备		3 000

根据以上账户记录，12月31日资产负债表中下列项目的数额为：

货币资金项目 =500 + 100 000=100 500

存货项目 =3 000 + 5 400 + 82 000−3 000=87 400

(4) 根据总分类账户和明细分类账户的期末余额分析计算填列

资产负债表上某些项目不能根据有关总账的期末余额直接填列，也不能根据有关账户所属相关明细账的期末余额填列，需要根据总账和明细账余额分析计算填列，相关账户及其期末余额填列方式如下：

"一年内到期的非流动资产"项目的期末余额＝"持有至到期投资"内自资产负债表日起1年内到期的持有至到期投资的金额＋"长期应收款"内自资产负债表日起1年内到期的长期应收款的金额

"持有至到期投资"项目的期末余额＝"持有至到期投资"科目的期末借方余额－"一年内到期的非流动资产"项目内持有至到期投资的部分－"持有至到期投资减值准备"科目的期末贷方余额

"长期应收款"项目的借方余额＝"长期应收款"科目的期末借方余额－"一年内到期的非流动资产"项目内长期应收款的部分

"一年内到期的非流动负债"项目的期末余额＝"长期借款"项目内自资产负债表日起1年内到期的长期借款的金额＋"应付债券"项目内自资产负债表日起1年内到期的应付债券的金额＋"长期应付款"项目内自资产负债表日起1年内到期的长期应付款的金额＋"专项应付款"项目内自资产负债表日起1年内到期的专项应付款的金额

"长期借款"项目的期末余额＝"长期借款"科目的期末贷方余额－"一年内到期的非流动负债"项目内长期借款的部分

"应付债券"项目的期末余额＝"应付债券"科目的期末贷方余额－"一年内到期的非流动负债"项目内应付债券的部分

"长期应付款"项目的期末余额＝"长期应付款"科目的期末贷方余额－"一年内到期的非流动负债"项目内长期应付款的部分

"专项应付款"项目的期末余额＝"专项应付款"科目的期末贷方余额－"一年内到期的非流动负债"项目内专项应付款的部分

(5) 根据有关资产科目与其备抵科目抵销后的净额填列

这类账户及其净额的填列方式如下：

"应收账款""其他应收款"项目的期末余额＝"应收账款""其他应收款"科目的期末借方余额－"坏账准备"科目的期末贷方余额

"可供出售金融资产"项目的期末余额="可供出售金融资产"项目的期末借方余额-可供出售金融资产计提的减值准备

"长期股权投资"项目的期末余额="长期股权投资"科目的期末借方余额-"长期股权投资减值准备"科目的期末贷方余额

"投资性房地产"项目的期末余额="投资性房地产"科目的期末借方余额-"投资性房地产累计折旧"科目的期末贷方余额-"投资性房地产减值准备"科目的期末贷方余额

"固定资产"项目的期末余额="固定资产"科目的期末借方余额-"固定资产减值准备"科目的期末贷方余额-"累计折旧"科目的期末贷方余额

"在建工程"项目的期末余额="在建工程"科目的期末借方余额-"在建工程减值准备"科目的期末贷方余额

"工程物资"项目的期末余额="工程物资"科目的期末借方余额-"工程物资减值准备"科目的期末贷方余额

"生产性生物资产"项目的期末余额="生产性生物资产"科目的期末借方余额-"生产性生物资产累计折旧"科目的期末贷方余额-"生产性生物资产减值准备"科目的期末贷方余额

"油气资产"项目的期末余额="油气资产"科目的期末借方余额-"累计折耗"科目的期末贷方余额-"油气资产减值准备"科目的期末贷方余额

"无形资产"项目的期末余额="无形资产"科目的期末借方余额-"累计摊销"科目的期末贷方余额-"无形资产减值准备"科目的贷方余额

"商誉"项目的期末余额="商誉"科目的期末借方余额-商誉计提的减值准备

7.1.4 资产负债表编制举例

为了使读者对资产负债表的编制有身临其境的体验,下面以盛大公司为例演示,请读者对照本章前面所讲的理论,细心揣摩练习资产负债表中各项目的填列方法。

【例7-3】盛大公司为增值税一般纳税人,该公司2015年12月31日的资产负债表如表7-4所示,2016年发生的经济业务已经汇总(表7-5),根据表7-4和表7-5提供的资料,编制盛大公司2016年12月31日的资产负债表,如表7-6所示。

表7-4 资产负债表

编制单位：盛大公司　　　　2015年12月31日　　　　　　　　　　　　会企：01表　单位：元

资产	期末余额	年初余额	负债和所有者权益（或股东权益）	期末余额	年初余额
流动资产：		略	流动负债：		略
货币资金	350 000		短期借款	235 000	
以公允价值计量且其变动计入当期损益的金融资产	0		以公允价值计量且其变动计入当期损益的金融负债	0	
应收票据	35 000		应付票据	21 000	
应收账款	208 950		应付账款	100 000	
预付款项	17 500		预收款项	0	
应收利息	0		应付职工薪酬	58 000	
应收股利	0		应交税费	25 200	
其他应收款	1 050		应付利息	0	
存货	280 000		应付股利	0	
持有待售资产			其他应付款		
一年内到期的非流动资产	0		持有待售负债	11 800	
其他流动资产	0		一年内到期的非流动负债	0	
流动资产合计	892 500		其他流动负债	314 000	
非流动资产：			流动负债合计	765 000	
可供出售金融资产	0		非流动负债：		
持有至到期投资	0		长期借款	392 000	
长期应收款	0		应付债券	20 000	
长期股权投资	255 500		长期应付款	35 000	
投资性房地产	0		专项应付款	0	
固定资产	1 044 000		预计负债	0	
在建工程	105 000		递延收益	0	
工程物资	0		递延所得税负债	0	
固定资产清理	0		其他非流动负债	0	
生产性生物资产	0		非流动负债合计	447 000	
油气资产	0		负债总计	1 212 000	
无形资产	357 500		所有者权益（或股东权益）：		
开发支出	0		实收资本（或股本）	1 050 000	
商誉	0		资本公积	175 000	
长期待摊费用	17 500		减：库存股	0	

续表

资产	期末余额	年初余额	负债和所有者权益（或股东权益）	期末余额	年初余额
递延所得税资产	0		其他综合收益	0	
其他非流动资产	0		盈余公积	140 000	
非流动资产合计	1 779 500		未分配利润	95 000	
			所有者权益（或股东权益）合计	1 460 000	
资产总计	2 672 000		负债和所有者权益总计	2 672 000	

表7-5 科目汇总表

单位：元

本期借方发生额	科目名称	本期贷方发生额
28 800	库存现金	31 740
509 500	银行存款	369 300
304 600	原材料	113 000
127 000	库存商品	252 000
409 500	应收账款	409 500
0	坏账准备	1 000
50 000	应收股利	50 000
142 000	生产成本	127 000
15 000	制造费用	15 000
3 000	其他应收款	3 000
122 500	固定资产	0
0	累计折旧	10 000
0	在建工程	105 000
0	长期待摊费用	17 500
0	累计摊销	35 750
0	短期借款	50 000
61 000	应付账款	121 680
72 680	应交税费	78 153
28 500	应付职工薪酬	28 500
3 000	应付利息	3 000
350 000	主营业务收入	350 000
252 000	主营业务成本	252 000
1 800	税金及附加	1 800
11 000	营业外收入	11 000
2 000	营业外支出	2 000
56 590	管理费用	59 590

续表

本期借方发生额	科目名称	本期贷方发生额
3 000	财务费用	3 000
20 000	销售费用	20 000
1 000	资产减值损失	1 000
18 653	所得税费用	18 653
50 000	投资收益	50 000
411 000	本年利润	411 000
0	实收资本	50 000
50 000	资本公积	0
11 192	利润分配	61 553
0	盈余公积	5 596
3 115 315	合计	3 115 315

表7-6 资产负债表

编制单位：盛大公司　　　　2016年12月31日　　　　会企：01表
　　　　　　　　　　　　　　　　　　　　　　　　　单位：元

资产	期末余额	年初余额	负债和所有者权益（或股东权益）	期末余额	年初余额
流动资产：			流动负债：		
货币资金	487 260	350 000	短期借款	285 000	235 000
以公允价值计量且其变动计入当期损益的金融资产	0	0	以公允价值计量且其变动计入当期损益的金融负债	0	0
应收票据	35 000	35 000	应付票据	21 000	21 000
应收账款	207 950	208 950	应付账款	160 680	100 000
预付款项	17 500	17 500	预收款项	0	0
应收利息	0	0	应付职工薪酬	58 000	58 000
应收股利	0	0	应交税费	30 673	25 200
其他应收款	1 050	1 050	应付利息	0	0
存货	361 600	280 000	应付股利	0	0
持有待售资产			其他应付款		
一年内到期的非流动资产	0	0	持有待售负债	11 800	11 800
其他流动资产	0	0	一年内到期的非流动负债	0	0
流动资产合计	1 110 360	892 500	其他流动负债	314 000	314 000
非流动资产：			流动负债合计	881 153	765 000
可供出售金融资产	0	0	非流动负债：		
持有至到期投资	0	0	长期借款	392 000	392 000

续表

资产	期末余额	年初余额	负债和所有者权益（或股东权益）	期末余额	年初余额
长期应收款	0	0	应付债券	20 000	20 000
长期股权投资	255 500	255 500	长期应付款	35 000	35 000
投资性房地产	0	0	专项应付款	0	0
固定资产	1 156 500	1 044 000	预计负债	0	0
在建工程	0	105 000	递延收益	0	0
工程物资	0	0	递延所得税负债	0	0
固定资产清理	0	0	其他非流动负债	0	0
生产性生物资产	0	0	非流动负债合计	447 000	447 000
油气资产	0	0	负债总计	1 328 153	1 212 000
无形资产	321 750	357 500	所有者权益（或股东权益）：		
开发支出	0	0	实收资本（或股本）	1 050 000	1 050 000
商誉	0	0	资本公积	175 000	175 000
长期待摊费用	0	17 500	减：库存股	0	0
递延所得税资产	0	0	其他综合收益	0	0
其他非流动资产	0	0	盈余公积	145 596	140 000
非流动资产合计	1 733 750	1 779 500	未分配利润	145 361	95 000
			所有者权益（或股东权益）合计	1 515 957	1 460 000
资产总计	2 844 110	2 672 000	负债和所有者权益总计	2 844 110	2 672 000

7.2 利润表的编制

7.2.1 利润表概述

(1) 利润表的概念

利润表也叫损益表，是反映企业一定期间生产经营成果的会计报表。利润表把一定期间的收入与其同一会计期间相关的费用进行配比，以计算出企业一定时期的净利润（或净亏损）。利润表以"利润＝收入－费用"为基础，是企业对外编报的主要报表之一，是动态报表。利润表不仅反映企业在一定经营期间内取得全部收入和发生的全部费用，还反映企业全部收入与费用相抵计算出的一定期间内实现的利润总额、净利润以及每股收益。

(2) 利润表的作用

①可以反映企业的盈利水平，评价企业的盈利能力

利润表反映的是企业在一定的会计期间内的经营成果，投资者可以通过利润

表了解企业的经营状况以及企业盈利的水平。

②可以预测企业在未来期间的发展趋势

通过利润表内"上期数"和"本期数"的比较，可以反映企业盈利水平的变动情况，以便经营者和报表使用者做出合理的有利于自身发展的决策。

③可以分析企业利润形成的原因

通过利润表还可以进一步掌握企业盈利或亏损产生的重要原因，综合反映企业利润形成和分配情况等。

7.2.2 利润表的结构

利润表由表首、正表构成。利润表的表首包括报表名称、报表编号、编制单位、编制日期和计量单位等。利润表的正表是其主表部分，主表部分有两种格式，即单步式和多步式。

单步式利润表是将汇总的本期各项收入的合计数与各项成本、费用的合计数相抵后，一次计算求得本期最终损益的报表。这种格式比较简单，缺少利润构成情况的详细资料，不利于企业不同时期利润表与行业间利润表的纵向和横向的比较。

多步式利润表按照利润形成的主要环节将各项收入与相关成本费用项目按不同性质归类，形成各种净收入，最后计算企业的净利润或净亏损数额。这种格式注重了收入与成本费用配比的层次性，能够提供更为丰富的信息，有利于利润表的纵向和横向比较。我国会计准则明确规定利润表应采用多步式结构，其格式如表 7-7 所示。

何为基本每股收益、稀释每股收益？

每股收益是衡量股份公司盈利能力的指标，是指企业净收益与加权平均普通股股数的比率。我们这里所说的基本每股收益就是指每股收益。

稀释每股收益是以基本每股收益为基础，假设企业所有发行在外的稀释性潜在普通股均已转换为普通股，从而分别调整归属于普通股股东的当期净利润以及发行在外普通股的加权平均数计算而得的每股收益。

表7-7 利润表

会企：02表
单位：元

编制单位： _____年_____月

项目	本期金额	上期金额
一、营业收入		
减：营业成本		
税金及附加		
销售费用		
管理费用		
财务费用		
资产减值损失		
加：公允价值变动收益（损失以"-"号填列）		
投资收益（损失以"-"号填列）		
其中：对联营企业和合营企业的投资收益		
二、营业利润（亏损以"-"号填列）		
加：营业外收入		
其中：非流动资产处置利得		
减：营业外支出		
其中：非流动资产处置损失		
三、利润总额（亏损总额以"-"号填列）		
减：所得税费用		
四、净利润（净亏损以"-"号填列）		
五、其他综合收益的税后净额		
（一）以后不能重分类进损益的其他综合收益		
1.重新计量设定受益计划净负债或净资产的变动		
2.权益法下在被投资单位不能重分类的其他综合收益中享有的份额		
……		
（二）以后将重分类进损益的其他综合收益		
1.权益法下在被投资单位以后将重分类进损益的其他综合收益中享有的份额		
2.可供出售金融资产公允价值变动损益		
3.持有至到期投资重分类为可供出售金融资产损益		
4.现金流量套期损益的有效部分		
5.外币财务报表折算差额		
……		
六、综合收益总额		
七、每股收益		
（一）基本每股收益		
（二）稀释每股收益		

7.2.3 利润表的编制方法

利润表各项目具体内容和填列方法如下：

"营业收入"项目的本期金额＝"主营业务收入"科目本期贷方发生额＋"其他业务收入"科目本期贷方发生额。如果出现销售退回和销售折让等情况，引起"主营业务收入"和"其他业务收入"减少的，应将减少额从贷方发生额中抵减。

"营业成本"项目的本期金额＝"主营业务成本"科目本期借方发生额＋"其他业务成本"科目本期借方发生额。如果出现销售退回和销售折让等情况，引起"主营业务成本"和"其他业务成本"减少的，应将减少额从借方发生额中抵减。

"税金及附加"项目的本期金额应根据"税金及附加"科目的本期借方发生额分析填列，该项目反映的是企业销售商品、提供劳务的过程中发生的消费税、城市维护建设税、教育费附加和资源税等相关的税费。

"管理费用"项目的本期金额应根据"管理费用"科目本期转入"本年利润"的转出数填列。

"销售费用"项目的本期金额应根据"销售费用"科目本期转入"本年利润"的转出数填列。

"财务费用"项目的本期金额应根据"财务费用"科目本期转入"本年利润"的转出数填列。

"资产减值损失"项目的本期金额应根据"资产减值损失"科目本期转入"本年利润"的转出数填列。

"公允价值变动收益"项目，反映企业交易性金融资产、交易性金融负债以及采用公允价模式计量的投资性房地产等公允价值变动形成的应计入当期损益的利得和损失。该项目应根据"公允价值变动损益"科目的借方发生额和贷方发生额的差额分析填列，如果是借方差额，金额前加"-"号，表示损失；如果是贷方差额，是正数，表示收益。

"投资收益"项目反映企业以各种方式对外投资所取得的收益或发生的损失。该项目应根据"投资收益"科目的借方发生额和贷方发生额的差额分析填列。如果是借方差额，金额前加"-"号，表示损失；如果是贷方差额，是正数，表示收益。同时在利润表中，要求单独列示对联营企业和合营企业的投资收益的金额。

"营业外收入"项目的本期金额应根据"营业外收入"科目本期转入本年利润的转出数填列。

"营业外支出"项目的本期金额应根据"营业外支出"科目本期转入本年利润的转出数填列。

"利润总额"项目的本期金额根据本期营业利润＋本期营业外收入－本期营业外支出计算填列。

"所得税费用"项目反映企业实现的利润总额中属于本企业应承担的所得税费用,应根据该账户本期借方发生额填列。

"净利润"项目的本期金额＝本期利润总额－本期所得税费用。如果出现负数,则表示净亏损。

"其他综合收益的税后净额"项目反映企业根据企业会计准则规定未在损益中确认的各项利得和损失扣除所得税影响后的净额,本期金额应根据"其他综合收益"科目计算填列。

"综合收益总额"项目,反映企业净利润与其他综合收益的合计金额。

"每股收益"项目,包括基本每股收益和稀释每股收益两项指标,反映普通股或潜在普通股已公开交易的企业,以及正处在公开发行普通股或潜在普通股过程中的企业的每股收益信息。

7.2.4 利润表编制举例

下面以盛大公司为例,对利润表的编制进行说明。

【例7-4】沿用【例7-3】的资料,2016年盛大公司的利润表编制如表7-8所示。

表7-8 利润表

会企:02表
单位:元

编制单位:盛大公司　　　　　　　　　2016年度

项目	本期金额	上期金额
一、营业收入	350 000	
减:营业成本	252 000	
税金及附加	1 800	
销售费用	20 000	
管理费用	56 590	
财务费用	3 000	
资产减值损失	1 000	

续表

项目	本期金额	上期金额
加：公允价值变动收益（损失以"-"号填列）	0	
投资收益（损失以"-"号填列）	50 000	
其中：对联营企业和合营企业的投资收益		
二、营业利润（亏损以"-"号填列）	65 610	
加：营业外收入	11 000	
其中：非流动资产处置利得	0	
减：营业外支出	2 000	
其中：非流动资产处置损失	0	
三、利润总额（亏损总额以"-"号填列）	74 610	
减：所得税费用	18 653	
四、净利润（净亏损以"-"号填列）	55 957	
五、其他综合收益的税后净额	（略）	
（一）以后不能重分类进损益的其他综合收益		
（二）以后将重分类进损益的其他综合收益		
六、综合收益总额	（略）	
七、每股收益	（略）	
（一）基本每股收益		
（二）稀释每股收益		

7.3 现金流量表的编制
7.3.1 现金流量表概述
（1）现金流量表的概念

现金流量表是反映企业一定时期内的现金以及现金等价物流入与流出，表明企业获取现金及其等价物的能力的报表，是动态的会计报表。

（2）现金与现金流量的概念

现金流量表中的现金是指库存现金、可随时用于支付的银行存款、其他货币资金等现金等价物。

现金等价物是指企业持有的期限短、流动性强、易于转化为已知金额的现金且价值变动风险很小的投资。一般是指从购买之日起3个月到期的债券投资。

现金流量是指某一段时间内企业现金流入和流出的数量，现金流入量与流出量的差额是现金净流量。现金流量表将企业主要经营活动产生的现金流量分为三类：经营活动产生的现金流量、投资活动产生的现金流量和筹资活动产生的现金流量。

(3) 现金流量表的作用

A. 有助于了解企业当期实际现金流入、流出相抵后的净额，分析利润表中本期净利润与现金流量之间的差异，从而正确评价企业的经营成果。

B. 有助于分析企业的收益质量及影响现金净流量因素。

C. 有助于评价企业的偿债能力、支付能力、周转能力、获取现金和对外筹资的能力。

D. 有助于潜在投资者分析预测企业未来产生的现金流量的能力，做出正确的投资决策。

7.3.2 现金流量表的结构

现金流量表是以会计现金的流入和流出为编制基础的，我国企业的现金流量表一般采用报告式结构，分类反映经营活动产生的现金流量、投资活动产生的现金流量、筹资活动产生的现金流量，最后汇总反映企业现金及现金等价物净增加额，易于理解。现金流量表的具体格式如表7-9所示。

表7-9 现金流量表

编制单位：＿＿＿＿＿年度　　　　　　　　　　　　　　会企：03表
单位：元

项目	本期金额	上期金额
一、经营活动产生的现金流量：		
销售商品、提供劳务收到的现金		
收到的税费返还		
收到其他与经营活动有关的现金		
经营活动现金流入小计		
购买商品、接受劳务支付的现金		
支付给职工以及为职工支付的现金		
支付的各项税费		
支付其他与经营活动有关的现金		
经营活动现金流出小计		

续表

项目	本期金额	上期金额
经营活动产生的现金流量净额		
二、投资活动产生的现金流量：		
收回投资收到的现金		
取得投资收益收到的现金		
处置固定资产、无形资产和其他长期资产收回的现金净额		
处置子公司及其他营业单位收到的现金净额		
收到其他与投资活动有关的现金		
投资活动现金流入小计		
购建固定资产、无形资产和其他长期资产支付的现金		
投资支付的现金		
取得子公司及其他营业单位支付的现金净额		
支付其他与投资活动有关的现金		
投资活动现金流出小计		
投资活动产生的现金流量净额		
三、筹资活动产生的现金流量：		
吸收投资收到的现金		
取得借款收到的现金		
收到其他与筹资活动有关的现金		
筹资活动现金流入小计		
偿还债务支付的现金		
分配股利、利润或偿付利息支付的现金		
支付其他与筹资活动有关的现金		
筹资活动现金流出小计		
筹资活动产生的现金流量净额		
四、汇率变动对现金及现金等价物的影响		
五、现金及现金等价物增加额		
加：期初现金及现金等价物余额		
六、期末现金及现金等价物余额		

7.3.3 现金流量表的编制方法

(1) 现金流量表的编制方法分类

①直接法和间接法

编制现金流量表时，列报经营活动现金流量的方法有两种：一种是直接法，一种是间接法。

在直接法下，一般以利润表中的营业收入为起点，调节与经营活动有关项目的增减变动，然后计算出经营活动产生的现金流量。在间接法下，则是以净利润为起算点，调整不涉及现金的收入、费用、营业外收支等有关项目，实际上就是将按权责发生制原则确定的净利润调整为现金净流入，并剔除投资活动、筹资活动对现金流量的影响，据此计算出经营活动产生的现金流量。

我国企业会计准则规定，企业应当采用直接法列示经营活动产生的现金流量。同时要求在附注中提供以净利润为基础调节到经营活动现金流量的信息。

②工作底稿法、T型账户法和分析填列法

在采用直接法具体编制现金流量表时，工作底稿法或T型账户法，也可以根据有关科目记录分析填列。

工作底稿法是以工作底稿为手段，以资产负债表和利润表的数据为基础，结合有关科目的记录，对现金流量表的每一个项目进行分析并编制调整分录，从而编制出现金流量表的一种方法。具体的步骤如下：

第一步，将资产负债表的期初数和期末数过入工作底稿的期初数栏和期末数栏。

第二步，对当期业务进行分析并编制调整分录。在调整分录中，有关现金及现金等价物的事项分别计入"经营活动产生的现金流量""投资活动产生的现金流量""筹资活动产生的现金流量"等项目，借记表现金流入，贷记表明现金流出。

第三步，将调整分录过入工作底稿中相应部分。

第四步，核对调整分录，借贷合计应当相等。资产负债表项目期初数加减调整分录中的借贷金额以后，应当等于期末数。

第五步，根据工作底稿内各项目的金额编制成正式的现金流量表。

T型账户法是以T型账户为手段，以资产负债表和利润表数据为基础，对每一项目进行分析并编制调整分录，从而编制现金流量表。

分析填列法是直接根据资产负债表、利润表和有关会计科目明细账的记录，分析计算出现金流量表各项目的金额，并据以编制现金流量表的一种方法。

(2)现金流量表主要项目填列说明

现金流量一般分为经营活动产生的现金流量、投资活动产生的现金流量和筹资活动产生的现金流量三类。

①经营活动产生的现金流量

经营活动是指企业投资活动和筹资活动以外的所有交易和事项，包括销售商品、提供劳务、购买商品、接受劳务、收到返还的税费、经营性租赁、支付工资、支付广告费用、缴纳各项税费等。

"销售商品、提供劳务收到的现金"项目，反映企业本期销售商品、提供劳务收到的现金，以及前期销售商品、提供劳务本期收到的现金（包括应向购买方收取的增值税销项税额）和本期预收的款项，减去本期销售本期退回商品和前期销售本期退回商品支付的现金。企业销售材料和代购代销业务收到的现金，也在本项目反映。

"收到的税费返还"项目，反映企业收到返还的所得税、增值税、消费税、关税和教育费附加等各种税费的返还款。

"收到的其他与经营活动有关的现金"项目，反映企业经营租赁收到的租金等其他与经营活动有关的现金流入，金额较大的应当单独列示。

"购买商品、接受劳务支付的现金"项目，反映企业本期购买商品、接受劳务实际支付的现金（包括增值税进项税额），以及本期支付前期购买商品、接受劳务的未付款项和本期预付款项，减去本期发生的购货退回收到的现金。企业购买材料和代购代销业务支付的现金，也在本项目反映。

"支付给职工及为职工支付的现金"项目，反映企业实际支付给职工的工资、资金、各种津贴和补贴等职工薪酬（包括代扣代缴的职工个人所得税）。

"支付的各项税费"项目，反映企业发生并支付、前期发生本期支付以及预交的各项税费，包括所得税、增值税、消费税、房产税、土地增值税、车船使用税、印花税、教育费附加等。

"支付其他与经营活动有关的现金"反映企业经营租赁支付的租金、支付的差旅费、业务招待费、保险费、罚款支出等其他与经营活动有关的现金流出，金额较大的应当单独列示。

②投资活动产生的现金流量

投资活动是指企业长期资产的购建和不包括在现金等价物范围内的投资及其处置活动，包括取得和收回投资、购建和处置固定资产、购买和处置无形资产等。

"收回投资所收到的现金"项目，反映企业出售、转让或到期收回除现金等价物以外的对其他企业长期股权投资等收到的现金，但处置子公司及其他营业单位收到的现金净额除外。

"取得投资收益收到的现金"项目，反映企业除现金等价物以外的对其他企业的长期股权投资等分回的现金股利和利息。

"处置固定资产、无形资产和其他长期资产收到的现金"项目，反映企业出售、报废固定资产、无形资产和其他长期资产所取得的现金（包括因资产毁损而收到的保险赔款收入），减去为处置这些资产而支付的有关费用后的净额。

"处置子公司及其他营业单位收到的现金净额"项目，反映企业处置子公司及其他营业单位所取得的现金，减去相关处置费用以及子公司及其他营业单位持有的现金和现金等价物后的净额。

"购建固定资产、无形资产和其他长期资产支付的现金"项目，反映企业购买、建造固定资产、取得无形资产和其他长期资产所支付的现金（包含增值税款等），以及用现金支付的应由在建工程和无形资产负担的职工薪酬。

"投资所支付的现金"项目，反映企业取得除现金等价物以外的对其他企业的长期股权投资等支付的现金以及支付的佣金、手续费等附加费用。但取得子公司及其他营业单位支付的现金净额除外。

"取得子公司及其他营业单位支付的现金净额"项目，反映企业购买子公司及其他营业单位购买出价中以现金支付的部分，减去子公司及其他营业单位持有的现金和现金等价物后的净额。

"收到其他与投资活动有关的现金""支付的其他与投资活动有关的现金"反映除以上投资活动各项目外收到或支付的其他与投资活动有关的现金，金额较大的应当单独列示。

③筹资活动产生的现金流量

筹资活动是指导致企业资本及债务规模的构成发生变化的活动，包括发行股票或接受投入资本、分派现金股利、取得和偿还银行借款、发行和偿还公司债券等。

"吸收投资所收到的现金"项目，反映企业发行股票、债券等方式筹集资金实际收到的款项（包括收入减去支付的佣金等发行费用后的金额）。

"取得借款收到的现金"项目，反映企业举借各种短期借款、长期借款而收到的现金。

"偿还债务支付的现金"项目，反映企业为偿还债务本金而支付的现金。

"分配股利、利润或偿付利息所支付的现金"项目，反映企业实际支付的现金股利、支付给其他投资单位的利润或用现金支付的借款利息、债务利息。

"收到其他与筹资活动有关的现金""支付其他与筹资活动有关现金"项目，反映企业除以上筹资活动各项目外收到或支付的其他与筹资活动有关的现金，金额较大的应当单独列示。

④利率变动对现金及现金等价物的影响

"汇率变动对现金及现金等价物的影响"项目，反映企业外币现金流量和境外子公司的现金流量折算为人民币时，所采用的现金流量发生日的汇率或平均汇率折算的人民币金额与"现金及现金等价物净增加额"中外币现金净增加额按期末汇率折算的人民币金额之间的差额。

7.3.4 现金流量表编制举例

现金流量表的编制不仅需要依据资产负债表、利润表的资料，而且还需要根据有关账簿记录的资料，下面根据盛大公司2016年的资产负债表和利润表提供的有关资料，并根据相关账簿资料，编制该公司2016年的现金流量表。由于篇幅的限制，本章将具体的记录经济业务的凭证以及相关总账、明细账省略，现将主要项目的计算过程说明如下。

销售商品、提供劳务收到的现金 =350 000（1+17%）+（208 950-207 950）-1 000=409 500

购买商品、接受劳务支付的现金 =252 000（1+17%）+（361 600-280 000）+（100 000-160 680）-32 000=283 760

其中：32 000 分别为包含在库存商品中的折旧费和工人工资。

支付的各项税费 =6 000 + 15 000=21 000

其中：6 000 和 15 000 分别为交纳的所得税和增值税。

支付的其他与经营活动有关的现金 =2 000 + 20 000 + 13 980=35 980

其中：2 000 为罚款支出，20 000 为销售商品发生的销售费用，13 980 为发生的付现管理费用合计，其中包括业务招待费 8 040、报刊费 240、差旅费 2 700、保险费 3 000。

编制 2016 年盛大公司的现金流量表如表 7-10 所示。

表7-10 现金流量表

编制单位：盛大公司　　　　　　　　2016年度　　　　　　　　会企：03表
　　　　　　　　　　　　　　　　　　　　　　　　　　　　　　单位：元

项目	本期金额	上期金额
一、经营活动产生的现金流量：		（略）
销售商品、提供劳务收到的现金	409 500	
收到的税费返还	0	
收到其他与经营活动有关的现金	0	
经营活动现金流入小计	409 500	
购买商品、接受劳务支付的现金	283 760	
支付给职工以及为职工支付的现金	28 500	
支付的各项税费	21 000	
支付其他与经营活动有关的现金	35 980	
经营活动现金流出小计	369 240	
经营活动产生的现金流量净额	40 260	
二、投资活动产生的现金流量：		
收回投资收到的现金	0	
取得投资收益收到的现金	50 000	
处置固定资产、无形资产和其他长期资产收回的现金净额	0	
处置子公司及其他营业单位收到的现金净额	0	
收到其他与投资活动有关的现金	0	
投资活动现金流入小计	50 000	
购建固定资产、无形资产和其他长期资产支付的现金	0	
投资支付的现金	0	
取得子公司及其他营业单位支付的现金净额	0	
支付其他与投资活动有关的现金	0	
投资活动现金流出小计	0	
投资活动产生的现金流量净额	50 000	
三、筹资活动产生的现金流量：		
吸收投资收到的现金	0	

续表

项目	本期金额	上期金额
取得借款收到的现金	50 000	
收到其他与筹资活动有关的现金	0	
筹资活动现金流入小计	50 000	
偿还债务支付的现金	0	
分配股利、利润或偿付利息支付的现金	3 000	
支付其他与筹资活动有关的现金	0	
筹资活动现金流出小计	3 000	
筹资活动产生的现金流量净额	47 000	
四、汇率变动对现金及现金等价物的影响	0	
五、现金及现金等价物净增加额	137 260	
加：期初现金及现金等价物余额	350 000	
六、期末现金及现金等价物余额	487 260	

7.4 所有者权益变动表的编制

7.4.1 所有者权益变动表概述

(1) 所有者权益变动表的概念

所有者权益变动表是指反映构成所有者权益的各组成部分当期增减变动情况的会计报表。当期损益、直接计入所有者权益的利得和损失，以及与所有者的资本交易导致的所有者权益的变动，应当分别列示。

(2) 所有者权益变动表的作用

A. 全面反映企业的股东权益在年度内的变化情况，从而提供对决策有用的信息。

B. 有助于会计信息使用者深入分析企业股东权益的增减变化情况。

C. 有助于管理者对企业资本保值增值情况做出判断。

7.4.2 所有者权益变动表的结构

在所有者权益变动表上，企业至少应当单独列示反映下列信息：综合收益总额；会计政策变更和差错更正的累计影响金额；所有者投入资本和向所有者分配利润等；提取的盈余公积；实收资本或资本公积、盈余公积、未分配利润的期初和期末余额及其调节情况。

所有者权益变动表以矩阵的形式列示：一方面，列示导致所有者权益变动的交易或事项，即所有者权益变动的来源，对一定时期所有者权益的变动情况进行全面反映；另一方面，按照所有者权益各组成部分列示交易或事项对所有者权益各部分的影响。我国所有者权益变动表的格式如表7-11所示。

表7-11 所有者权益变动表

会企：04表

编制单位：_____年度　　　　　　　　　　　　　　　单位：元

项目	本年金额						上年金额					
	实收资本（或股本）	资本公积	减：库存股	其他综合收益	盈余公积	未分配利润	所有者权益合计	实收资本（或股本）	资本公积	减：库存股	其他综合收益	盈余公积	未分配利润	所有者权益合计
一、上年年末余额													
加：会计政策变更													
前期差错更正													
二、本年年初余额													
三、本年增减变动金额（减少以"-"号填列）													
（一）综合收益总额													
（二）所有者投入和减少资本													
1.所有者投入资本													
2.股份支付计入所有者权益的金额													
3.其他													
（三）利润分配													
1.提取盈余公积													
2.对所有者（或股东）的分配													
3.其他													
（四）所有者权益内部结转													
1.资本公积转增资本（或股本）													
2.盈余公积转增资本（或股本）													
3.盈余公积弥补亏损													
4.其他													
四、本年年末余额													

7.4.3 所有者权益变动表的编制方法

(1) 所有者权益变动表项目的填列方法

所有者权益变动表各项目均需填列"本年金额"和"上年金额"两栏。

所有者权益变动表"上年金额"栏内各数字，应根据上年度所有者权益变动表"本年金额"栏内所列数字填列。上年度所有者权益变动表规定的各个项目的名称和内容同本年度不一致的，应对上年度所有者权益变动表各项目的名称和数字按照本年度的规定进行调整，填入所有者权益变动表的"上年金额"栏内。

所有者权益变动表"本年金额"栏内各项数字一般应根据"实收资本（或股本）""资本公积""盈余公积""利润分配""库存股""以前年度损益调整"科目的发生额分析填列。

企业的净利润及其分配情况作为所有者权益变动的组成部分，不需要单独编制利润分配表列示。

(2) 所有者权益变动表主要项目说明

A. "上年年末余额"项目，反映企业上年资产负债表中实收资本（或股本）、资本公积、库存股、其他综合收益、盈余公积、未分配利润的年末余额。

B. "会计政策变更""前期差错更正"项目，分别反映企业采用追溯调整法处理的会计政策变更的累积影响金额和采用追溯重述法处理的会计差错更正的累积影响金额。

C. "本年增减变动金额"项目：

a. "综合收益总额"项目，反映净利润和其他综合收益扣除所得税影响后的净额相加后的合计金额。

b. "所有者投入和减少资本"项目，反映企业当年所有者投入的资本和减少的资本。

c. "利润分配"项目，反映企业当年的利润分配金额。

d. "所有者内部结转"项目，反映企业构成所有者权益的组成部分之间的增减变动情况。

7.4.4 所有者权益变动表编制举例

沿用【例7-3】的资料，编制2016年盛大公司的所有者权益变动表，如表7-12所示。

表7-12 所有者权益（或股东权益）变动表

编制单位：盛大公司　　　　　　2016年度　　　　　　会企：04表　　单位：元

项目	本年金额						
	实收资本（或股本）	资本公积	减：库存股	其他综合收益	盈余公积	未分配利润	所有者权益合计
一、上年年末余额	1 050 000	175 000			140 000	95 000	1 460 000
加：会计政策变更							
前期差错更正							
二、本年年初余额	1 050 000	175 000			140 000	95 000	1 460 000
三、本年增减变动金额（减少以"-"号填列）							
（一）综合收益总额						55 957	55 957
（二）所有者投入和减少资本							
1.所有者投入资本							
2.股份支付计入所有者权益的金额							
3.其他							
上述（一）和（二）小计							
（三）利润分配							
1.提取盈余公积					5 596	-5 596	0
2.对所有者（或股东）的分配							
3.其他							
（四）所有者权益内部结转							
1.资本公积转增资本（或股本）	50 000	-50 000					
2.盈余公积转增资本（或股本）							
3.盈余公积弥补亏损							
4.其他							
四、本年年末余额	1 100 000	125 000			145 596	145 361	1 515 957

7.5 财务报表附注

7.5.1 财务报表附注的概念

财务报表附注是对资产负债表、利润表、现金流量表和所有者权益变动表等报表中列示项目的文字描述或明细资料，以及未能在这些报表中列示项目的说明等。财务报表附注是企业财务会计报告的不可或缺的重要组成部分。

7.5.2 财务报表附注应披露的主要内容

A. 企业的基本情况。
B. 财务报表的编制基础。
C. 遵循企业会计准则的声明。
D. 重要会计政策和会计估计。
E. 会计政策和会计估计变更以及差错更正的说明。
F. 报表重要项目的说明。
G. 其他需要说明的重大事项。

财务报表附注是报表的重要组成部分，是对报表本身无法或难以充分表达的内容和项目所做的补充说明和详细解释。报表附注拓展了企业财务信息的内容，突破了揭示项目必须用货币加以计量的局限性，增进了会计信息的可理解性，提高了会计信息的可比性。

7.5.3 财务报表附注的编制形式

财务报表附注的编制形式灵活多样，常见的有五种。

A. 括弧说明。常用于为财务报表主体内提供补充信息，因为它把补充信息直接纳入报表主体，所以比起其他形式来显得更直观，不易被人忽视，缺点是它包含的内容过短。

B. 尾注说明。这是附注的主要编制形式，一般适用于说明内容较多的项目。

C. 脚注说明。指在报表下端进行的说明，例如，说明已贴现的商业承兑汇票和已包括在固定资产原价内的融资租入的固定资产原价等。

D. 补充说明。有些无法列入财务报表主体中的详细数据、分析资料，可用单独的补充报表进行说明，如可利用补充报表的形式来揭示关联方的关系和交易等内容。

7.5.4 财务报表附注的编制内容

A. 企业的一般情况。包括企业概况、经营范围和企业结构等内容,必要时还可对诸如上市改组时资产的剥离情况进行说明。

B. 企业的会计政策。包括企业执行的会计制度、会计期间、记账原则、计价基础、利润分配办法等内容,对于需要编制合并报表的企业来说,还要说明其合并报表的编制方法;对于会计政策与上年相比发生变化的企业,应说明其变更的情况、原因及对企业财务状况和经营成果的影响。

C. 财务报表主要项目附注。包括对主要报表项目的详细说明,如应收账款的账龄分析、报表项目的异常变化及其产生原因的说明。

D. 分行业资料。如果企业的经营涉及不同的行业,且行业收入占主营业务收入的10%(含10%)以上的,应提供分行业的有关数据。

E. 重要事项的揭示。主要包括对承诺事项、或有事项、资产负债表日后事项和关联方交易等内容的说明。

随着报表内容的日益复杂化,财务报表附注的内容也进一步增加。

第二篇 会计实务篇

理论与实际融会贯通，一学即会，带你走上成功人士的金光大道！

- ◇ 第八章　资金筹集业务的核算
- ◇ 第九章　货币资金业务的核算
- ◇ 第十章　金融资产业务的核算
- ◇ 第十一章　购入业务的核算
- ◇ 第十二章　生产业务的核算
- ◇ 第十三章　销售业务的核算
- ◇ 第十四章　利润形成与分配的核算

第八章　资金筹集业务的核算

8.1　投入资本的核算
8.1.1　投入资本概述

想要创办企业，投资者就要投入相应的资本。投入资本是指所有者在企业注册资本的范围内实际投入的资本。所有者向企业投入的资本，在一般情况下无须偿还，并可以长期周转使用。所有者投入资本大于或小于其在注册资本中所占份额的差额就产生了资本公积。

在不同类型的企业中，投入资本的表现形式有所不同。在股份有限公司，投入资本表现为实际发行股票的面值，称为股本；在其他企业，如有限责任公司等的投入资本表现为所有者在注册资本范围内的实际出资额，称为实收资本。

所有者投入资本的方式，可以是货币、实物资产，也可以是工业产权等无形资产。不论以何种方式出资，投资者如在投资过程中违反投资合约、不按规定如期缴付出资额或不如期缴足规定的出资额，企业可以依法追究投资者的违约责任。企业接受投资者投入资本的详细情况，可以通过注册资本实收情况明细表取得。

8.1.2　投入资本的账务处理

为了反映企业投入资本的取得情况，除股份有限公司外，其他各类企业，需要设置"实收资本"账户，股份有限公司要设置"股本"账户来核算。该账户属于所有者权益类，贷方登记实收资本的增加数，借方登记实收资本的减少数，期末余额在贷方，反映企业期末实收资本的实有数额。账户需按不同所有者设置明细账户，反映企业各所有者在企业投资中的构成和变动情况。

(1) 接受货币资金投资的账务处理

企业收到投资者作为资本投入的人民币时，应当以实际收到或存入企业开户银行的金额借记"库存现金"或"银行存款"科目，贷记"实收资本"科目。若实际收到或者存入企业开户银行的金额超过投资合约中规定的其在该企业注册资本中所占的份额，应按两者之间的差额贷记"资本公积"科目。

在本篇中，除了特别说明外，我们将以山西省金泰有限公司2016年10～12月发生的经济业务为例，说明会计的账务处理过程，为了简便，略称为公司。

【例 8-1】2016 年 10 月 8 日，公司收到天和公司按合同约定的投入的货币资本 200 万元；款项已全部存入本公司开户银行，公司收到银行的收账通知，如图 8-1 所示。

中国建设银行进账单（收账通知）3
2016年10月8日

出票人	全称	天和公司	收款人	全称	山西省金泰有限公司
	账号	3688852		账号	915123006789654
	开户银行	建行太原市南大街支行		开户银行	建设银行太原市建设路支行

金额 人民币（大写）贰佰万元整 2 0 0 0 0 0 0

票据种类 转账支票 票据张数 1
票据号码

收款人开户银行签章
中国建设银行
太原市建设路支行
2016.10.08
结算专用章

复核：　　　记账：

此联是收款人的收账通知收款人开户银行交给

图8-1　收账通知

根据以上原始凭证，编制会计分录如下：

借：银行存款　　　　　　　　　　　　　　　　　2 000 000
　　贷：实收资本——天和公司　　　　　　　　　　2 000 000

(2) 接受非货币资产投资的账务处理

根据我国《公司法》的规定，股东可以用货币出资，也可以用实物、知识产权、土地使用权等可以用货币估价并可以依法转让的非货币财产作价出资。对作为出资的非货币财产应当评估作价，核实财产，不得高估或者低估作价。企业接受非货币资产投资时，应按投资合同或协议约定价值确定非货币资产价值（但投资合同或协议约定价值不公允的除外）和在注册资本中应享有的份额。

①接受不动产投资的账务处理

企业接受投资者作价投入的房屋、建筑物等固定资产，应按投资合同或协议约定价值确定固定资产价值（但投资合同或协议约定价值不公允的除外），借记"固定资产"科目，按其在注册资本中的应享有的份额，贷记"实收资本"科目。

【例 8-2】2016 年 10 月 20 日，公司收到美新设备有限公司作为资本投入的办公楼一栋，经评估确认的价值为 50 万元，合同约定的固定资产价值与公允价值一致。企业根据原始凭证编制会计分录如下：

借：固定资产　　　　　　　　　　　　　　　500 000
　　贷：实收资本——美新公司　　　　　　　　　500 000

②接受机器设备等投资的账务处理

企业接受投资者作价投入的机器设备等固定资产，应按投资合同或协议约定价值确定固定资产价值（但投资合同或协议约定价值不公允的除外），借记"固定资产"科目，按其在注册资本中的应享有的份额，贷记"实收资本"科目。

如果投资转入的机器设备附有专用发票，应按照专用发票上注明的增值税额，借记"应交税费——应交增值税（进项税额）"科目，按照确认的固定资产价值，借记"固定资产""工程物资"等科目，按照增值税与固定资产价值的合计数，贷记"实收资本"等科目。

【例 8-3】2016 年 10 月 23 日，公司接受立信公司以一台全新的设备进行投资，该设备的价值 500 000 元，专用发票上注明的增值税额为 85 000 元。合同约定价值与公允价值一致，该进项税额可以抵扣，公司的账务处理为：

借：固定资产　　　　　　　　　　　　　　　500 000
　　应交税费——应交增值税（进项税额）　　　 85 000
　　贷：实收资本——立信公司　　　　　　　　　585 000

③接受原材料投资的账务处理

企业接受投资者作价投入的材料物资，应按投资合同或协议约定价值确定材料物资价值（但投资合同或协议约定价值不公允的除外），借记"原材料"科目和"应交税费——应交增值税"科目，按照增值税与原材料价值的合计数，贷记"实收资本"等科目。

【例 8-4】2016 年 10 月 28 日，公司收到万达公司作为资本投入的原材料一批，经评估确认的不含税价值为 100 万元，增值税专用发票列明的税款为 17 万元，合同约定价值与公允价值一致，该进项税额可以抵扣，根据有关原始凭证，企业编制如下会计分录：

借：原材料　　　　　　　　　　　　　　　　　　　　1 000 000
　　应交税费——应交增值税（进项税额）　　　　　　170 000
　　贷：实收资本——万达公司　　　　　　　　　　　1 170 000

（3）接受无形资产投资的账务处理

企业接受投资者作价投入的各种无形资产（专利权、非专利技术、著作权、商标权及土地使用权等），应按投资合同或协议约定价值确定无形资产价值（但投资合同或协议约定价值不公允的除外），借记"无形资产"科目，按其在注册资本中应享有的份额，贷记"实收资本"科目。

【例8-5】2016年11月1日，公司取得明华公司的一项专利技术投资，经评估机构确认其价值为60万元，合同约定价值与公允价值一致，不考虑其他因素。如图8-2所示。

根据上面的原始凭证，企业编制如下会计分录：

借：无形资产——专利技术　　　　　　　　　　　　600 000
　　贷：实收资本——明华公司　　　　　　　　　　　600 000

无形资产投资交接单

单位名称：金泰有限公司　　　　　　　　2016年11月1日

投资者名称	投入日期	凭证号数	无形资产名称	有效状况或面积	有效年限	投资原币	
						币别	金额
明华公司	2016年11月1日		专利技术			人民币	600 000.00
	合计						600 000.00
投资单位负责人：王新强				受资单位负责人：李希光			
经办人：张月民				经办人：王大海			

图8-2　无形资产投资交接单

8.2　借款业务的核算

企业自有资金不足以满足经营运转需要时，可以通过从银行或其他金融机构借款的方式筹集资金，并按借款协议约定的利率承担支付利息及到期归还借款本金的义务。因此，企业借入资金时，一方面银行存款增加，另一方面负债也相应增加。为核算企业因借款而形成的负债，企业应设置"短期借款"和"长期借款"两个账户。

8.2.1 短期借款的核算

（1）短期借款的含义

想要学习短期借款的核算，咱们就得从它的含义说起。短期借款是指企业向银行或其他金融机构等借入的期限在一年以下（含一年）的各种借款。短期借款一般是企业为维持正常的生产经营所需的资金而借入的或者为抵偿某项债务而借入的款项。

（2）短期借款的种类

短期借款有很多种，包括经营周转借款、临时借款、结算借款、票据贴现借款、卖方信贷、预购定金借款等。下面详细说说它们的具体内容：

①经营周转借款

经营周转借款也称生产周转借款或商品周转借款。企业因流动资金不能满足正常生产经营需要，而向银行或其他金融机构取得的借款。办理该项借款时，企业应按有关规定向银行提出年度、季度借款计划，经银行核定后，根据借款借据办理借款。

②临时借款

企业因季节性和临时性客观原因，正常周转的资金不能满足需要，超过生产周转或商品周转款额划入的短期借款。临时借款实行"逐笔核贷"的办法，借款期限一般为3～6个月，按规定用途使用，并按核算期限归还。

③结算借款

在采用托收承付结算方式办理销售货款结算的情况下，企业为解决商品发出后至收到托收货款前所需要的在途资金而借入的款项。企业在发货后的规定期间（一般为3天，特殊情况最长不超过7天）内向银行托收的，可申请托收承付结算借款。借款金额通常按托收金额和商定的折扣率进行计算，大致相当于发出商品销售成本加代垫运杂费。企业的货款收回后，银行将自行扣回其借款。

④票据贴现借款

持有银行承兑汇票或商业承兑汇票的，发生经营周转困难时申请票据贴现的借款，期限一般不超过3个月。借款额一般是票据的票面金额扣除贴现息后的金额，贴现借款的利息即为票据贴现息，由银行办理贴现时扣除。

⑤卖方信贷

产品列入国家计划,质量在全国处于领先地位的企业,经批准采取分期收款销售引起生产经营资金不足而向银行申请的借款。这种借款应按货款收回的进度分次归还,期限一般为1～2年。

⑥预购定金借款

商业企业为收购农副产品发放预购定金而向银行借入的款项。这种借款按国家规定的品种和批准的计划指标发放,实行专户管理,借款期限最长不超过1年。

(3)短期借款的利息结算方式

俗话说,天下没有免费的午餐。既然是借款,那么就一定要支付利息啦!

短期借款的利息结算方式分为按月支付、按季支付、按半年支付和到期一次还本付息方式。

如果企业的短期借款利息按月支付或者利息是在借款到期归还本金时一并支付、且数额不大的,可以在实际支付或收到银行的计息通知时,直接计入当期损益。

如果短期借款的利息按期支付(如按季)或者利息是在借款到期归还本金时一并支付、且数额较大的,为了正确计算各期的盈亏,可以采用预提的办法,先按月预提,计入当期损益,到期再进行支付。

(4)短期借款的账务处理

为了反映和监督短期借款的取得和归还情况,需要设置"短期借款"账户。该账户贷方登记取得的借款金额,借方登记归还的借款金额,期末余额在贷方,反映企业尚未归还的短期借款本金。本账户应当按照借款的种类、贷款人和币种进行明细核算。

好,下面咱们正式来学习它的账务处理吧!短期借款的处理有以下三个步骤:

①取得短期借款时

借:银行存款

　　贷:短期借款

②借款利息的处理

A.直接支付借款利息时:

借:财务费用

　　贷:银行存款

B. 预提短期借款利息时：

借：财务费用
　　贷：应付利息

③归还短期借款时

借：短期借款
　　应付利息
　　贷：银行存款

下面举个例子来学习一下吧。

【例8-6】公司于2016年10月1日向银行借入60万元，期限9个月，年利率6%，该借款的利息按季支付，本金到期归还。有关账务处理如下。

10月1日借入款项时：

借：银行存款	600 000
贷：短期借款	600 000

10月末预提当月利息600 000×6%/12=3 000（元）时：

借：财务费用	3 000
贷：应付利息	3 000

11月末预提当月利息的处理相同。

12月末支付本季度应付利息时：

借：财务费用	3 000
应付利息	6 000
贷：银行存款	9 000

若借款利息数额不大，也可以在每季度末支付利息时，一次计入当期损益：

借：财务费用	9 000
贷：银行存款	9 000

以后两个季度的账务处理同上。

到期偿还借款本金时：

借：短期借款	600 000
贷：银行存款	600 000

8.2.2　长期借款的核算

(1) 长期借款的含义

长期借款是指企业向银行或其他金融机构借入的期限在一年以上的各种借

款。一般用于固定资产的购建、改扩建工程、大修理工程、对外投资以及为了保持长期经营能力等方面。目前，我国企业的长期借款主要是向金融机构借入的，如从各专业银行、商业银行取得的贷款；除此之外，还包括向财务公司、投资公司等金融企业借入的款项。

(2) *长期借款的种类*

长期借款的分类有好多种呢，要知道哦！

长期借款按照借款用途的不同，可以分为基本建设借款、技术改造借款和生产经营借款三类。

长期借款按照偿还方式的不同，可以分为定期一次性偿还的长期借款和分期偿还的长期借款两类。

长期借款按照涉及货币种类的不同，可以分为人民币长期借款和外币长期借款。

长期借款按照来源的不同，可以分为从银行借入的长期借款和从其他金融机构借入的长期借款等。

(3) *长期借款利息的处理*

①长期借款利息的计算

对长期借款利息的计算目前有单利和复利两种方法。

单利就是只按本金计算利息，其所生成利息不再加入本金重复计算利息。计算公式为：

$$借款本利和 = 本金 + 本金 \times 利率 \times 期数$$

复利是指不仅按本金计算利息，对尚未支付的利息也要计算应付利息，俗称"利滚利"。在西方国家，长期借款利息一般按复利计算。在我国，国内企业的长期借款利息一贯采用单利；外商投资企业、中外合营企业的长期借款利息则一般按复利计算。

【例8-7】金泰公司为购建一条生产线，于2016年年初向银行借入长期借款500 000元，借款合同规定：年利率为10%，5年到期，到期一次还本付息，不计复利。则：

每年的借款利息均为：500 000 × 10% = 50 000（元）

五年利息之和为：50 000 × 5 = 250 000（元）

第5年年末的本息合计为：500 000 + 250 000 = 750 000（元）

【例8-8】接【例8-7】的资料，如果借款合同规定，每年计息一次，到期一次还本付息，则：

第一年应付利息：500 000×10%=50 000（元）

第二年应付利息：550 000×10%=55 000（元）

第三年应付利息：605 000×10%=60 500（元）

第四年应付利息：665 500×10%=66 550（元）

第五年应付利息：732 050×10%=73 205（元）

五年利息之和：305 255（元）

第五年年末本息合计为：500 000 + 305 255=805 255（元）

②长期借款利息的入账原则

长期借款利息费用应当在资产负债表日按照实际利率法计算确定。长期借款计算确定的利息费用应当按照以下原则计入成本、费用：属于筹建期间的，计入管理费用；属于生产经营期间的，计入财务费用；属于与购建固定资产有关的专门借款的借款费用，在所购建固定资产达到预定可使用状态前按规定应予以资本化的，计入有关固定资产的购建成本；固定资产达到预定可使用状态后发生的借款费用以及按规定不能予以资本化的借款费用，计入财务费用。借款利息可以分期支付，也可在借款到期还本时一起偿付，具体应视贷款合同的规定。

(4) 长期借款的账务处理

为了反映和监督长期借款的取得和归还情况，需要设置"长期借款"账户。该账户贷方登记借入的本金及应计利息；借方反映归还借款的本息；期末余额在贷方，表示尚未偿还的长期借款本息额。该科目应按贷款单位和贷款种类，分别按"本金""利息调整""应计利息"等进行明细核算。

【例8-9】公司为建造一幢厂房，2015年1月1日借入期限为两年的长期借款1 000 000元，款已存入银行。借款利率为6%，每年年末付息一次，期满后一次还清本金。工程采用出包方式，2015年年初，以银行存款支付工程价款共计1 000 000元，该厂房于2016年8月底达到使用状态并交付使用。根据上述业务编制有关会计分录如下：

A. 2015年1月1日，取得借款时：

借：银行存款　　　　　　　　　　　　　　　1 000 000

　　贷：长期借款　　　　　　　　　　　　　　　　1 000 000

B. 2015年年初，支付工程款时：

借：在建工程　　　　　　　　　　　　　　　1 000 000

　　贷：银行存款　　　　　　　　　　　　　　　　1 000 000

C. 2015年12月31日，计算应计入在建工程的利息时：

利息资本化金额 =1 000 000×6%=60 000（元）

借：在建工程　　　　　　　　　　　　　　　　　60 000
　　贷：应付利息　　　　　　　　　　　　　　　　　60 000

D. 2015 年 12 月 31 日支付借款利息时：

借：应付利息　　　　　　　　　　　　　　　　　60 000
　　贷：银行存款　　　　　　　　　　　　　　　　　60 000

E. 2016 年 8 月末计算资产达到预定可使用状态前应计入在建工程的利息：

利息资本化金额 =（1 000 000×6%÷12）×8=40 000（元）

借：在建工程　　　　　　　　　　　　　　　　　40 000
　　贷：应付利息　　　　　　　　　　　　　　　　　40 000

F. 资产完工交付使用时：

固定资产入账成本 =1 000 000 + 60 000 + 40 000=1 100 000（元）

借：固定资产　　　　　　　　　　　　　　　　　1 100 000
　　贷：在建工程　　　　　　　　　　　　　　　　　1 100 000

G. 2016 年 9 月，资产达到预定可使用状态后，按月计算应计入财务费用的利息：

按月预提借款利息 =（1 000 000×6%÷12）=5 000（元）

借：财务费用　　　　　　　　　　　　　　　　　5 000
　　贷：应付利息　　　　　　　　　　　　　　　　　5 000

H. 2016 年 10、11、12 月按月计算借款利息的会计分录同 G。

I. 2016 年 12 月 31 日支付利息的会计分录同 D。

J. 2017 年 1 月 1 日到期还本时：

借：长期借款　　　　　　　　　　　　　　　　　1 000 000
　　贷：银行存款　　　　　　　　　　　　　　　　　1 000 000

上述是人民币借款，企业如果向银行或其他金融机构取得外汇借款，则应按规定的汇率将外币折合成人民币记账。还款时由于汇率变动所引起多付或少付的人民币，计入财务费用。

第九章 货币资金业务的核算

货币资金是指在企业生产经营过程中以货币形态存在的资产，是企业资产中流动性较强的一种资产，根据货币资金的存放地点和用途的不同可以分为库存现金、银行存款和其他货币资金三类。

9.1 库存现金的核算
9.1.1 库存现金的含义

现金是公司中流动性最强的一种货币性资产，是立即可以投入流通的交换媒介，可以随时用其购买所需的物资、支付有关费用、偿还债务，也可以随时存入银行。在会计核算中，现金分为狭义现金与广义现金两个不同层次的含义。

狭义的现金是指企业的库存现金，也就是咱们会计上所指的现金，包括人民币现金和外币现金。

广义的现金是指企业库存现金和存入银行或其他金融机构并可以随时用于支付的款项，以及企业所持有的原定期限等于或短于三个月的债券投资等约当现金。

9.1.2 库存现金的使用范围

A. 职工工资、各种工资性津贴。

B. 个人劳务报酬，包括稿费、支付给外聘教师的讲课费，以及设计费、装潢费、制图费、化验费、表演费、咨询费等。

C. 根据国家规定颁发给个人的科学技术、文化艺术、体育等各种奖金。

D. 各种劳保、福利费用以及国家规定的对个人的其他支出，例如退休金、抚恤金、学生助学金、职工困难生活补助等。

E. 向个人收购农副产品和其他物资的价款，如金银、工艺品废旧物资的价款。

F. 出差人员必须携带的差旅费。

G. 零星支出，如果超过结算起点（1 000元），应用银行转账方式。

H. 中国人民银行确定需要支付现金的其他支出，如因采购地点不确定、交通不便、抢险救灾等特殊原因不能进行转账结算的，可以使用现金。

凡不属于上述现金结算范围的支出，企业应当通过银行进行转账结算。

9.1.3 现金收支的规定

(1) 现金限额

现金限额是为了保证企业日常零星开支的需要，按规定允许留存现金的最高数额。这一限额由开户银行根据企业的实际需要核定。一般按照企业 3～5 天日常零星开支的需要确定。远离银行和交通不便地区的企业的现金限额，可按多于 5 天但不超过 15 天的日常零星开支需要确定。核定后的现金限额，企业必须严格遵守，超过限额的现金应于当日终了前存入银行。

(2) 现金收支的规定

开户单位现金收支应当按照下列规定办理：

A. 开户单位现金收入应当于当日送存开户银行，当日送存确有困难的，由开户银行确定送存时间。

B. 开户单位支付现金，可以从本单位库存现金限额中支付或从开户银行提取，不得从本单位的现金收入中直接支付（即坐支）。因特殊情况需要坐支现金的，应当事先报经开户银行审查批准，由开户银行核对坐支范围和限额。坐支单位应当定期向开户银行报送坐支金额和使用情况。

C. 开户单位从开户银行提取现金时，应当写明用途，由本单位财会部门负责人签字盖章，经开户银行审核后，予以支付。

D. 因采购地点不确定，交通不便，生产或市场急需，抢险救灾以及其他特殊情况必须使用现金的，开户单位应向开户银行提出申请，由本单位财会部门负责人签字盖章，经开户银行审核后，予以支付。

9.1.4 库存现金的账务处理

现金收支业务的核算是通过设置"库存现金"账户进行的，该账户属于资产类账户，借方登记库存现金的增加，贷方登记库存现金的减少，期末余额在借方，反映企业实际持有的库存现金的金额。

企业各项现金的收入与支出，必须以合法的原始凭证为依据，经主管人员审核和授权批准人员审批后，才能据以收支款项。

(1) 现金收入的账务处理

现金收入的来源主要有：从银行提取现金、职工出差报销时交回剩余借款、收取结算起点以下的零星销售收入款、收取对个人的罚款等。收取现金时，借记"库存现金"科目，贷记有关科目。

【例9-1】2016年10月10日，金泰公司出纳人员签发现金支票一张，提取3 000元现金以备日常开支，票据格式如图9-1所示。

```
              中国建设银行
              现金支票存根
              No.33889990
               附加信息
            出票日期2016年10月10日

  收款人：山西省金泰有限公司
  金额：3 000元
  用途：备用
       单位主管        会计
```

图9-1　现金支票

根据现金支票存根编制如下会计分录：

借：库存现金   3 000
　　贷：银行存款   3 000

【例9-2】2016年10月10日，金泰公司仓库处理不需用的材料，取得现金收入2 000元。

根据发票存根编制如下会计分录：

借：库存现金   2 000
　　贷：其他业务收入   2 000

(2)现金支出的账务处理

企业支出现金必须遵守国家有关现金管理制度的规定。支出现金时，借记有关科目，贷记"库存现金"科目。

【例9-3】2016年10月10日，金泰公司技术人员王云预借差旅费2 500元，以现金支付，10月20日，王云出差归来报销差旅费2 400元。

A. 10月10日，根据王云填制的借款单（表9-1）支付差旅费。

表9-1 借款单

2016年10月10日

单位	技术部	姓名	王云
原因	出差		
需用金额（大写）	贰仟伍佰元整		
借款日期	2016年10月10日		

经理：张亮　　　　　会计主管：　　　　　借款人：王云

根据借款单编制如下会计分录：

借：其他应收款——王云　　　　　　　　　2 500
　　贷：库存现金　　　　　　　　　　　　　　　　2 500

B. 王云报销差旅费时，冲销原借款后，交回现金100元，填制的差旅费报销单如表9-2所示。

表9-2 差旅费报销单

部门（单位）：技术部　　　　填报日期2016年10月20日

姓名	王云	行政职务	技术员	出差目的地	北京					
技术职称		年龄35周岁		出差日期：自2016年10月10日至2016年10月17日						
出差事由	学习			随同人员						
日期			起讫地址		车船机票费	住宿费		行李托运费	市内交通补助	误餐补助	卧铺补助	住宿下限补助	伙食补助		备注
年	月	日	起	讫		天	金额						天	金额	
2016	10	10	晋原	北京	600.00	7	1 050.00		400.00				7	350.00	
会计人员核准金额					600.00	7	1 050.00		400.00				7	350.00	

金额大写：贰仟肆佰元整　　　　　¥ 2 400.00　　　　　单据　5　张

负责人：　　　　　审核人：张红　　　　　经领人：王云

根据差旅费报销单编制如下会计分录：

借：库存现金　　　　　　　　　　　　　　　　　　　　　100
　　管理费用　　　　　　　　　　　　　　　　　　　　　2 400
　　贷：其他应收款——王云　　　　　　　　　　　　　　2 500

【例9-4】2016年10月23日公司行政管理部门购置办公用品240元，取得办公用品公司发票，到财务部门报销。

根据发票编制如下会计分录：

借：管理费用　　　　　　　　　　　　　　　　　　　　　240
　　贷：库存现金　　　　　　　　　　　　　　　　　　　240

(3) 现金日记账的设置和登记

为了加强对现金的管理，并按照现金收付业务发生的先后顺序，了解和掌握现金的收支动态和结存余额，企业应设置和登记现金日记账，进行现金的序时核算。

现金日记账由出纳人员根据收付款凭证，按照业务发生顺序逐笔登记。每日终了应当在现金日记账上计算出当日的现金收入合计数、现金支出合计数和结存余额，并将现金日记账的账面余额与实际库存现金额相核对，保证账款相符；月度终了，现金日记账的余额应当与现金总账的余额核对，做到账账相符。

(4) 现金清查的账务处理

【例9-5】2016年10月23日，公司在现金清查中，发现现金短缺350元，原因待查。

借：待处理财产损溢——待处理流动资产损溢　　　　　　350
　　贷：库存现金　　　　　　　　　　　　　　　　　　350

如为现金溢余则编制相反会计分录。

由于现金清查的工作是由出纳来完成，所以，如果你是一名出纳人员，那么，你就要注意了，如果发生现金短缺，要仔细查找原因，查对账单，看看是不是账记错了，或者是少收了钱、多付了钱，还有就是检查一下是不是把钱放到了别处；当你发现现金溢余的时候，不要高兴太早哦，不要以为是捡了个便宜！这时，一定要认真查账，检查每一个细节，看是不是记账或是结账有错误。

现金清查中，查明原因并按管理权限报经批准后，视情况做如下处理：

A. 如为现金短缺，属于应由责任人或保险公司赔偿的部分，应借记"其他应收款"科目，贷记"待处理财产损溢——待处理流动资产损溢"科目；属于无法查明的其他原因，根据企业的管理权限经批准后，借记"管理费用"科目，贷记"待处理财产损溢——待处理流动资产损溢"科目。

【例9-6】2016年10月24日,查明上例短缺的原因,其中200元是由出纳人员张红工作失误造成,由其本人赔偿;剩余150元原因无法查明,经批准转作管理费用。

借:其他应收款——应收现金短缺款——张红　　　　200
　　管理费用——现金短缺　　　　　　　　　　　　150
　　贷:待处理财产损溢——待处理流动资产损溢　　　　　350

B. 如为现金溢余,属于应支付给有关单位或个人的,应借记"待处理财产损溢——待处理流动资产损溢"科目,贷记"其他应付款"科目;属于无法查明原因的现金溢余,应借记"待处理财产损溢——待处理流动资产损溢"科目,贷记"营业外收入"科目。

【例9-7】2016年10月31日,金泰公司月终清查现金发现多余200元,原因待查。由于原因无法查明,经批准转作营业外收入。该笔业务应分两步来处理:

批准前:

借:库存现金　　　　　　　　　　　　　　　　　　200
　　贷:待处理财产损溢——待处理流动资产损溢　　　　　200

批准后:

借:待处理财产损溢——待处理流动资产损溢　　　　200
　　贷:营业外收入——现金溢余　　　　　　　　　　　　200

9.2 银行存款的核算

银行存款是指企业存放在银行和其他金融机构的货币资金。企业应当根据业务需要,按照规定在其所在地银行开设账户,称为结算户存款,用来办理存款、取款和转账结算。

9.2.1 银行结算账户

(1)银行结算账户的概念

银行结算账户是指存款人在经办银行开立的办理资金收付结算的人民币活期存款账户。这里的存款人是指在中国境内开立银行结算账户的机关、团体、部队、企业、事业单位、其他组织、个体工商户和自然人;银行是指在中国境内经中国人民银行批准经营支付结算业务的政策性银行、商业银行(含外资独资银行、中外合资银行、外国银行分行)、城市商业银行、城市信用社、农村信用合作社。

(2)银行结算账户的分类

银行结算账户按存款人不同,分为单位银行结算账户和个人银行结算账户。

个人银行结算账户是指个人客户凭个人有效身份证件以自然人名称开立的,用于办理资金收付结算的人民币活期存款账户。

单位银行结算账户是指存款人以单位名称开立的银行结算账户。个体工商户凭营业执照以字号或经营者姓名开立的银行结算账户纳入单位银行结算账户管理。

单位银行结算账户按用途分为基本存款账户、一般存款账户、专用存款账户和临时存款账户。开立基本存款账户、临时存款账户和预算单位开立专用存款账户须经中国人民银行核准。

符合《人民币银行结算账户管理办法》相关规定的,还可以开立异地结算账户。

(3)银行结算账户的特点

①办理人民币业务

这与外币存款账户不同,外币存款账户办理的是外币业务,其开立和使用要遵守国家外汇管理局的有关规定。

②办理资金收付结算业务

这是与储蓄账户的明显区别。储蓄的基本功能是存取本金和支取利息,但是不能办理资金的收付。

③是活期存款账户

这与单位的定期存款账户不同,单位的定期存款账户不具有结算功能。

9.2.2 银行支付结算方式

(1)支票

①概念

支票是出票人签发的,委托办理支票存款业务的银行在见票时无条件支付确定的金额给收款人或持票人的票据。

支票的出票人,限于在中国人民银行批准办理支票业务的银行或者金融机构开立可以使用支票的人民币结算存款账户的单位和个人。

②种类

A.现金支票。只能支取现金,且只能在出票人开户银行支取现金,其样式如图9-2所示。

B. 转账支票。只能用于转账，其样式如图 9-3 所示。

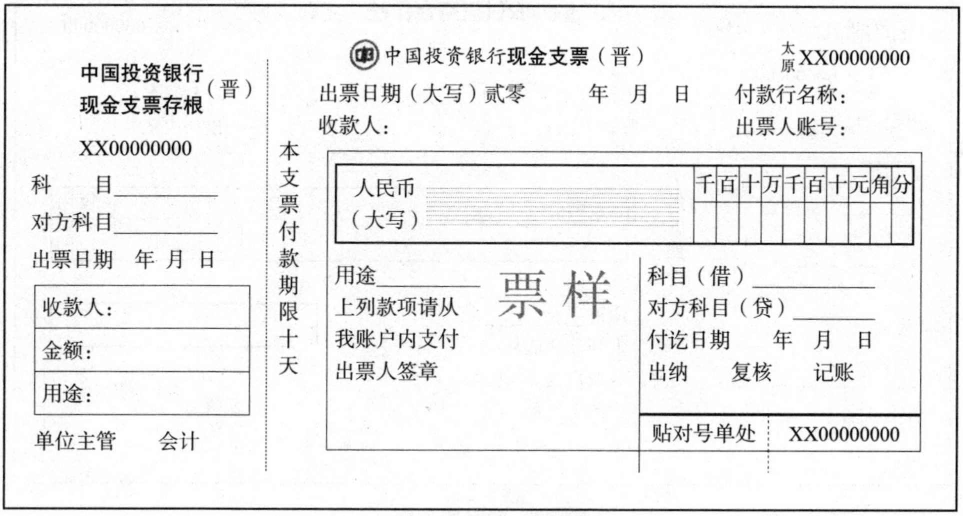
中国投资银行（晋）
现金支票存根
XX00000000
科　目
对方科目
出票日期　年　月　日
收款人：
金额：
用途：
单位主管　会计

本支票付款期限十天

中国投资银行现金支票（晋）　太原 XX00000000
出票日期（大写）贰零　年　月　日　付款行名称：
收款人：　出票人账号：
人民币（大写）　千 百 十 万 千 百 十 元 角 分
用途
上列款项请从
我账户内支付
出票人签章
票样
科目（借）
对方科目（贷）
付讫日期　年　月　日
出纳　复核　记账
贴对号单处　XX00000000

图9-2　现金支票票样

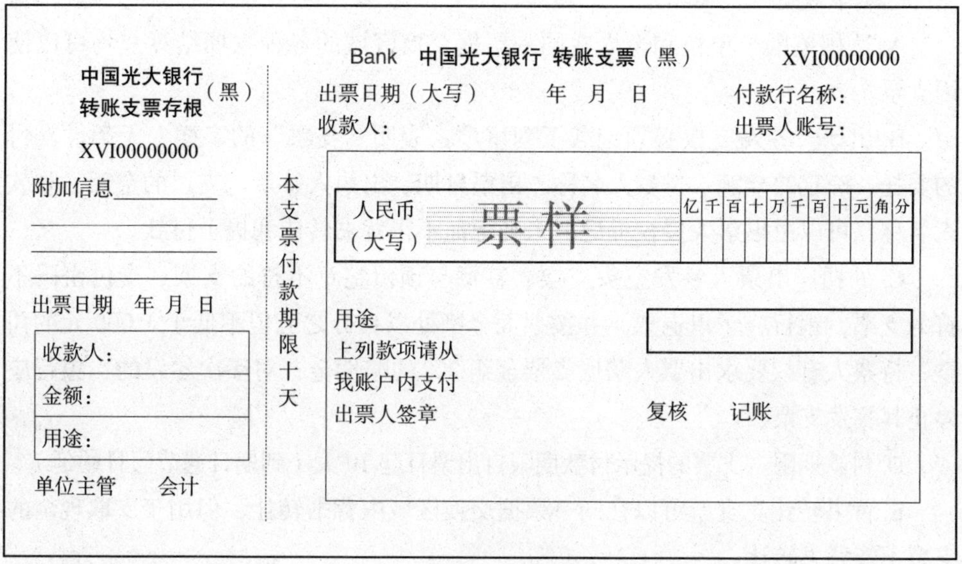
中国光大银行（黑）
转账支票存根
XVI00000000
附加信息
出票日期　年　月　日
收款人：
金额：
用途：
单位主管　会计

本支票付款期限十天

Bank 中国光大银行 转账支票（黑）　XVI00000000
出票日期（大写）　年　月　日　付款行名称：
收款人：　出票人账号：
人民币（大写）　票样　亿 千 百 十 万 千 百 十 元 角 分
用途
上列款项请从
我账户内支付
出票人签章
复核　记账

图9-3　转账支票票样

C. 普通支票。可以用于现金支取，也可用于转账，但画线后的支票只能用于转账，其样式如图 9-4 所示。

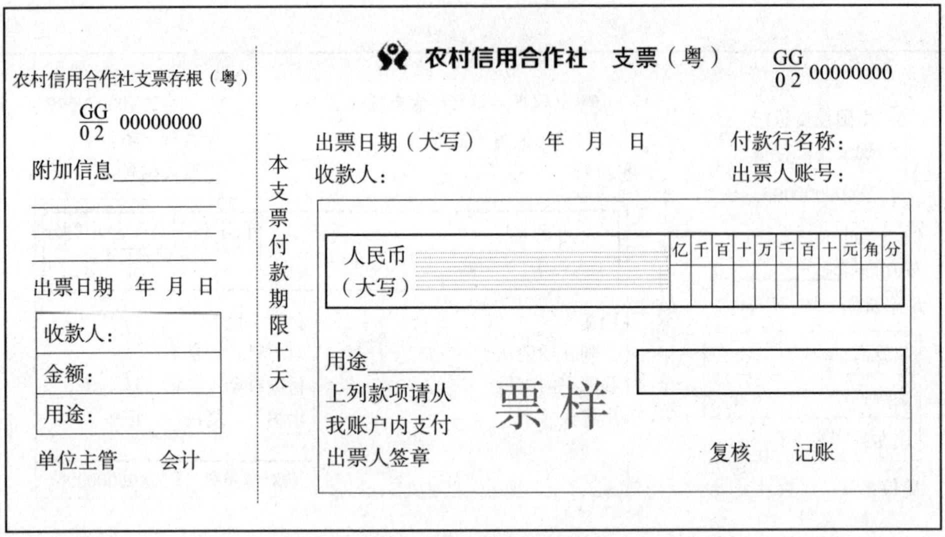
农村信用合作社支票存根（粤）
GG/02 00000000
附加信息
出票日期 年 月 日
收款人：
金额：
用途：
单位主管 会计

本支票付款期限十天

农村信用合作社 支票（粤） GG/02 00000000
出票日期（大写） 年 月 日 付款行名称：
收款人： 出票人账号：
人民币（大写） 亿 千 百 十 万 千 百 十 元 角 分
用途
上列款项请从
我账户内支付
出票人签章
票样
复核 记账

图9-4 普通支票票样

③基本规定

A. 适用范围。单位和个人在同一票据交换区域的各种款项结算，均可以使用支票。

B. 出票。签发支票必须记载下列事项：表明“支票”的字样、无条件支付的委托、确定的金额、付款人名称、出票日期、出票人签章。支票的金额、收款人名称，可以由出票人授权补记，未补记前不得背书转让和提示付款。

C. 处罚。出票人签发空头支票、签章与预留签章不符的支票、支付密码不符的支票，银行应予以退票，并按票面金额处以百分之五但不低于 1 000 元的罚款；持票人有权要求出票人赔偿支票金额 2% 的赔偿金；对屡次签发的，银行应停止其签发支票。

D. 付款期限。支票的提示付款期限自出票日起 10 天（到期日遇节假日顺延）。

E. 背书转让。支票可以在同一票据交换区域内背书转让，但用于支取现金的支票不能背书转让。

F. 丧失处理。支票丧失，失票人可以向付款人申请挂失，并向法院申请公示催告或提起诉讼。

(2) 银行本票

①概念

银行本票是银行签发的，承诺自己在见票时无条件支付确定金额给收款人或者持票人的票据。其样式如图 9-5 所示。

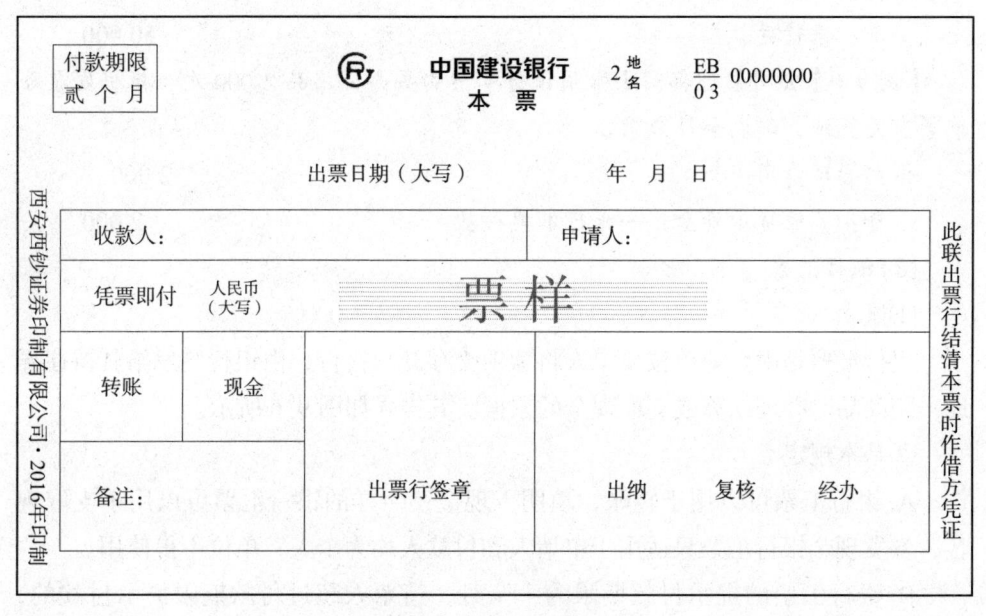

图9-5 银行本票票样

②种类

银行本票分为不定额本票和定额本票两种，定额票面分别为 1 000 元、5 000 元、10 000 元和 50 000 元。

③基本规定

A. 适用范围。单位和个人在同一票据交换区域的各种款项结算，均可以使用银行本票。

B. 提示付款期限。银行本票的提示付款期限自出票日起最长不超过 2 个月。

C. 功能。银行本票可以转账也可以支取现金。用于支取现金的银行本票仅限于向出票行提示付款。

D. 背书转让。银行本票可以在同一票据交换区域内背书转让，但用于支取现金的银行本票不能背书转让。

④账务处理

银行本票的核算是通过设置"其他货币资金"账户进行的。该账户属于资产类账户，借方登记其他货币资金的增加数，贷方登记其他货币资金的减少数，期末余额在借方，反映其他货币资金的结存数。下面举例说明。

【例9-8】公司出纳人员向银行提交"银行本票申请书"，并将款项50 000元交存银行，取得银行本票，企业根据银行盖章退回的申请书存根联，编制会计分录。

借：其他货币资金——银行本票存款　　　　　　　　50 000
　　贷：银行存款　　　　　　　　　　　　　　　　　　50 000

【例9-9】公司管理部门小张用银行本票购买办公用品2 000元，根据发票账单等有关凭证，编制会计分录。

借：管理费用　　　　　　　　　　　　　　　　　　　2 000
　　贷：其他货币资金——银行本票存款　　　　　　　　2 000

(3) 银行汇票

①概念

银行汇票是由企业单位或个人将款项交存开户银行，由银行签发给其持往异地采购商品时办理结算或支取现金的票据。其样式如图9-6所示。

②基本规定

A. 银行汇票可以用于转账，填明"现金"字样的银行汇票可以用于支取现金，签发现金银行汇票只适用于申请人和付款人均为个人，单位不得使用。

B. 银行汇票的提示付款期限为一个月，持票人超过付款期限提示付款的，代理付款人不予受理。

C. 会计核算上，付款企业使用银行汇票，应向出票银行填写"银行汇票申请书"，银行受理、收妥款项后签发银行汇票，企业取得银行汇票和解讫通知后，应根据"银行汇票申请书"存根联编制付款凭证。

③账务处理

银行汇票的核算是通过设置"其他货币资金"账户进行的，下面举例说明：

【例9-10】公司出纳人员向开户银行开出"银行汇票申请书"，申请办理银行汇票，并将款项85 000元交存银行取得银行汇票。

借：其他货币资金——银行汇票存款　　　　　　　　85 000
　　贷：银行存款　　　　　　　　　　　　　　　　　　85 000

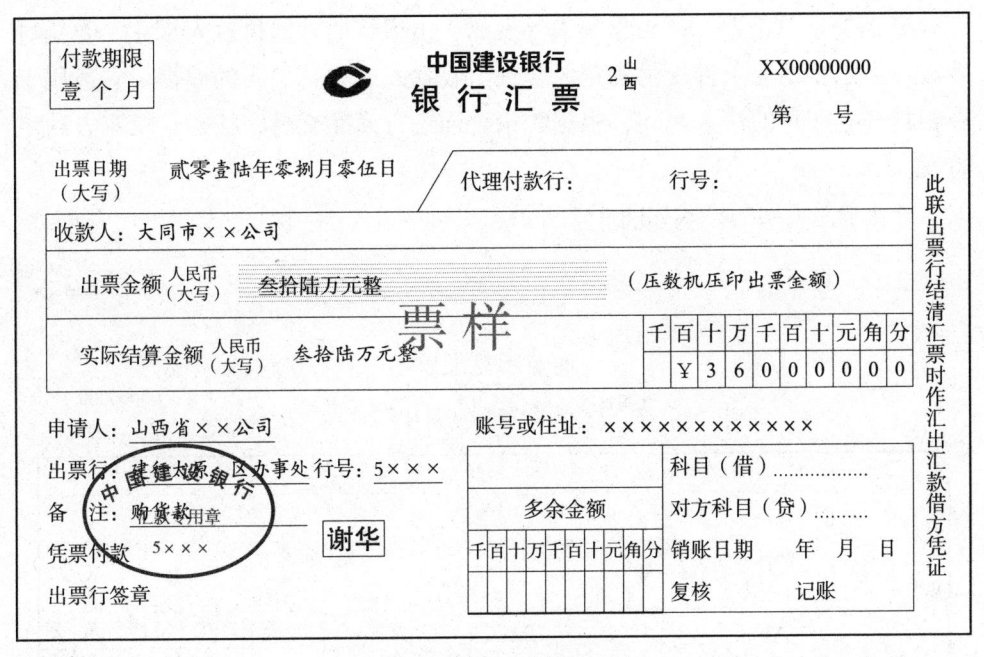

图9-6 银行汇票票样

【例9-11】公司采购人员小李用银行汇票办理采购货款的结算,其中货款70 000元,增值税额11 900元,材料已验收入库。

借:原材料 70 000
　　应交税费——应交增值税(进项税额) 11 900
　　贷:其他货币资金——银行汇票存款 81 900

【例9-12】结算完毕,公司收到开户银行的收账通知,汇票余款3 100元已经汇还入账。

借:银行存款 3 100
　　贷:其他货币资金——银行汇票存款 3 100

(4) 商业汇票

① 概念

商业汇票是出票人签发的,委托付款人在指定日期无条件支付确定的金额给收款人或者持票人的票据。在同城和异地均可使用。

② 种类

商业汇票按其承兑人的不同,分为商业承兑汇票和银行承兑汇票;按是否带息分为带息票据和不带息票据。

A. 商业承兑汇票。指由出票人签发的，由银行以外的付款人承兑，委托付款人在指定日期无条件支付确定的金额给收款人或者持票人的票据。它适用于在银行开立账户的法人之间，根据购销合同进行商品交易，按购、销双方约定签发。

商业承兑汇票的样式如图9-7所示。

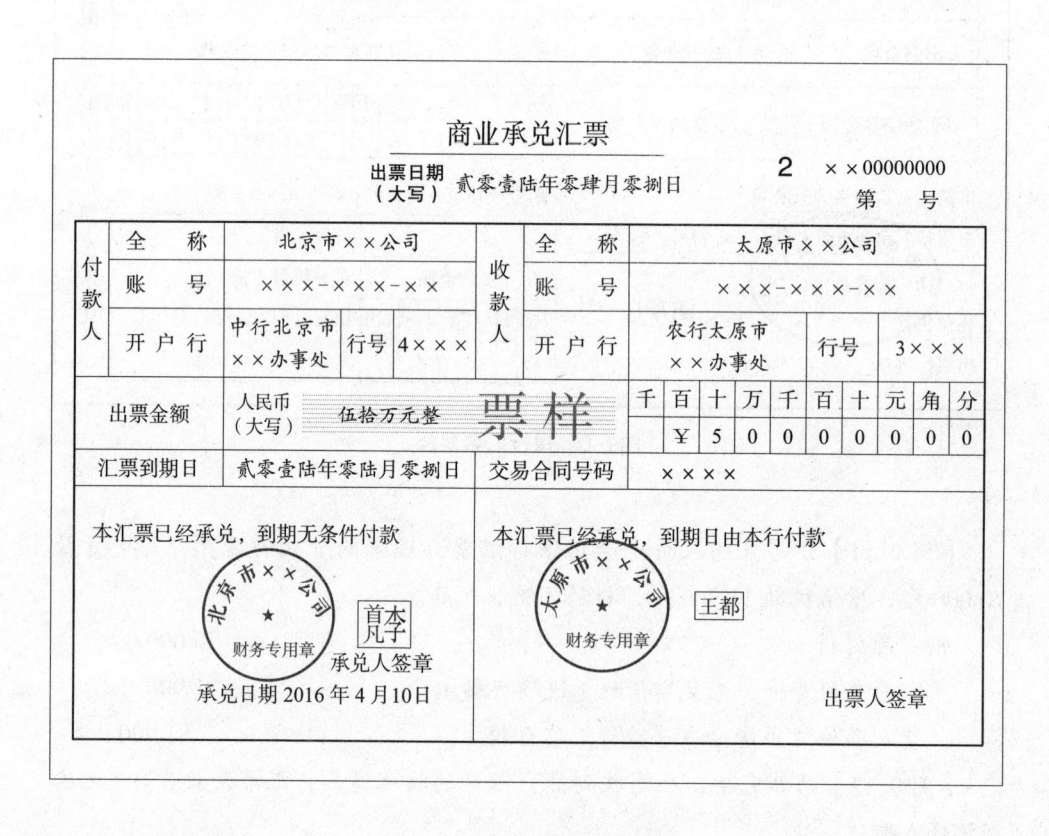

	商业承兑汇票												
出票日期（大写）	贰零壹陆年零肆月零捌日					2 ××00000000 第 号							
付款人	全 称	北京市××公司		收款人	全 称	太原市××公司							
	账 号	×××-×××-××			账 号	×××-×××-××							
	开户行	中行北京市××办事处	行号	4×××		开户行	农行太原市××办事处		行号	3×××			
出票金额	人民币（大写）	伍拾万元整				票样	千	百	十	万	千	百	十	元	角	分
						￥	5	0	0	0	0	0	0	0
汇票到期日	贰零壹陆年零陆月零捌日		交易合同号码	××××									
本汇票已经承兑，到期无条件付款 北京市××公司财务专用章 首李凡本 承兑人签章 承兑日期 2016 年 4 月 10 日			本汇票已经承兑，到期日由本行付款 太原市××公司财务专用章 王都 出票人签章										

图9-7 商业承兑汇票票样

B. 银行承兑汇票。是指由收款人或承兑申请人向开户银行申请，经银行审查同意承兑的票据。它适用于国有企业、股份制企业、集体所有制工业企业、供销合作社以及三资企业间根据购销合同进行的商品交易。其样式如图9-8所示。

③基本规定

A. 适用范围。在银行开立账户的法人以及其他组织之间，必须具有真实的交易关系和债权债务关系，才能使用商业汇票。

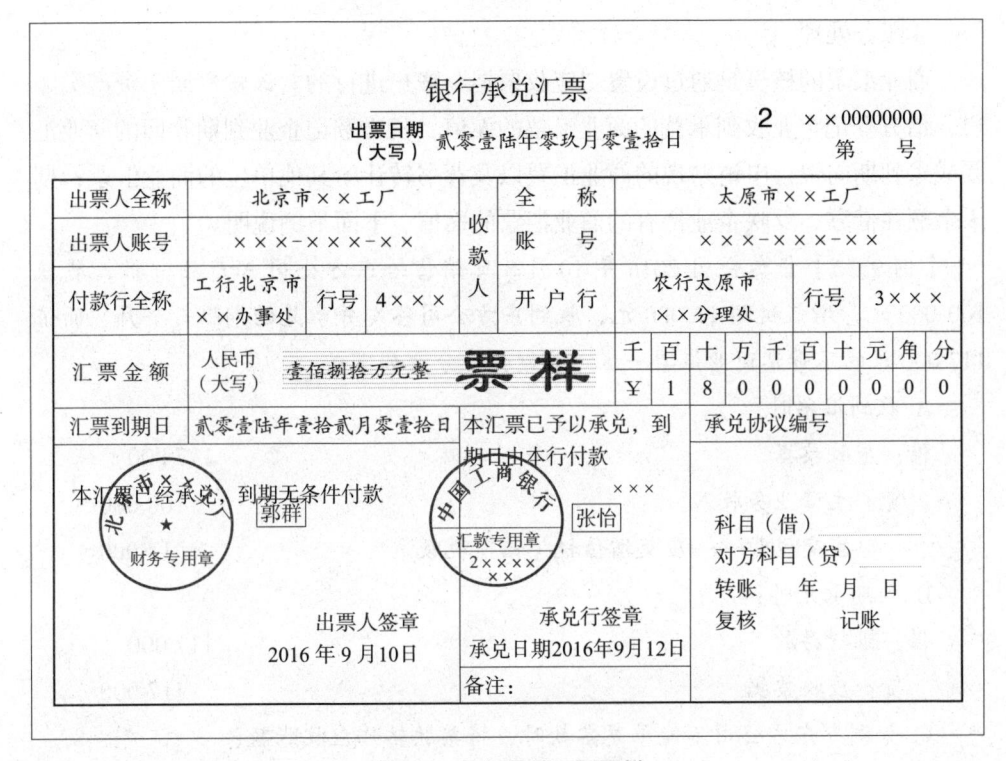

图9-8 银行承兑汇票票样

B. 出票。商业汇票的出票人，为在银行开立存款账户的法人以及其他组织，与付款人具有真实的委托付款关系。出票人不得签发无对价的商业汇票用以骗取银行或其他票据当事人的资金。

C. 承兑。商业汇票必须经过承兑。商业汇票的承兑人为付款人。商业汇票可以在签发时向付款人提示承兑后使用，也可以在汇票出票后先使用再向付款人提示承兑。

D. 提示承兑期限。定日付款或者出票后定期付款的汇票，持票人应当在汇票到期日前向付款人提示承兑，见票后定期付款的汇票，持票人应当自出票日起1个月内向付款人提示承兑。

E. 付款期限。商业汇票的付款期限最长不得超过六个月。商业汇票的提示付款期限，自汇票到期日起10日。

F. 转让。商业汇票可以背书转让。商业汇票的持票人在汇票未到期前需用资金，可持期末到期的商业汇票向开户银行申请贴现，贴现银行也可继续进行再贴现和转贴现。

④账务处理

商业汇票的核算是通过设置"应收票据"账户进行的。该账户属于资产类账户,借方登记企业收到承兑的商业汇票的面值,贷方登记企业到期收回的商业汇票或未到期向银行申请贴现的商业汇票以及背书转让给其他单位的商业汇票;期末余额在借方,反映企业持有的商业汇票的面值。下面举例说明。

【例9-13】金泰公司2016年10月8日销售给东方公司A产品一批,货款100 000元,增值税额17 000元,收到东方公司签发并承兑的期限6个月、面值117 000元的不带息商业汇票一张。编制会计分录如下:

A. 收到汇票时:

借:应收票据　　　　　　　　　　　　　　　　　117 000
　　贷:主营业务收入　　　　　　　　　　　　　100 000
　　　　应交税费——应交增值税(销项税额)　　 17 000

B. 到期承兑时:

借:银行存款　　　　　　　　　　　　　　　　　117 000
　　贷:应收票据　　　　　　　　　　　　　　　117 000

C. 如到期东方公司不能承兑票款时,将票款转作应收账款:

借:应收账款——东方公司　　　　　　　　　　　117 000
　　贷:应收票据　　　　　　　　　　　　　　　117 000

⑤商业汇票贴现的核算

贴现是指票据持有人将未到期的票据在背书后送交银行,银行受理后从票据的到期值中扣除按银行贴现率计算确定的贴现利息,然后将余额付给持票人,作为银行对企业的一种短期贷款,贴现利息就是贴给银行供贷款的利息。

办理贴现,是企业单位或个人为开展业务的需要,灵活调度和运用资金,从而抢得先机,占得主动,赢得市场的一种方法。

A. 贴现息、贴现值的计算。

a. 票据到期值的计算公式。

$$不带息票据到期值=面值$$

$$带息票据到期值=面值\times(1+利率\times期限)$$

b. 票据到期日的确定。可按月计算或按日计算。按月计算应以到期月份与出票日同一天为票据到期日。按日计算应从出票日起按实际经过天数扣足计算,习惯上对出票日和到期日只算一天。

c. 贴现期。按照我国的规定,贴现期按贴现日到汇票到期前一日计算。

d.贴现息的计算公式。

$$贴现息=票据到期值×贴现率×贴现期$$

e.贴现实收金额的计算公式。

$$贴现实收金额=票据到期值-贴现息$$

应收票据贴现值(即贴现所得金额)与账面价值之差额应计入"财务费用"(可能在借方,也可能在贷方)。

B.票据贴现的账务处理。

【例9-14】公司于10月20日将其9月20日取得,面值为100 000元,年利率7%,6个月期的票据贴现给银行,贴现率为8%,并收到有关款项。

到期值=100 000×[1+(7%/12)×6]=103 500(元)

贴现息=103 500×(8%/12)×5=3 450(元)

贴现值=103 500-3 450=100 050(元)

借:银行存款　　　　　　　　　　　(贴现净值)100 050

　　贷:应收票据　　　　　　　　　　(票面价值)100 000

　　　　财务费用　　　　　　　　　　　　(两者之差)50

(5)托收承付

①概念

托收承付是根据购销合同由收款人发货后委托银行向异地付款人收取款项,由付款人向银行承认付款的结算方式。托收承付回单具体样式如图9-9所示。

②基本规定

A.使用托收承付结算方式的收款单位和付款单位,必须是国有企业、供销合作社以及经营管理较好并经开户银行审查同意的城乡集体所有制工业企业。

B.代销、寄销、赊销商品的款项,不得办理托收承付结算。

C.验单付款的承付期为3天,验货付款的承付期为10天。

(6)委托收款

①概念

委托收款是收款人委托银行向付款人收取款项的一种结算方式。委托银行收款结算凭证的样式如图9-10所示。

②种类

按结算款项划回的方式的不同,委托收款分为邮寄和电报两种。

③基本规定

A.单位和个人凭债券、存单、已承兑的商业汇票等付款人的债务证明办理款项的结算,均可以使用委托收款结算方式。

B. 委托收款在同城、异地均可以使用。

电	托收承付凭证(回单) 1	托收号码:7961
	委托日期 2016年10月18日	

收款人	全称	山西金泰有限公司	付款人	全称	青岛市宏图空调厂			
	账号或地址	太原市建设路49号		账号	23004311133			
	开户银行	市建行建设路支行		开户银行	工行青岛支行	行号	24044	

委托金额	人民币(大写)	壹拾贰万肆仟叁佰伍拾元整	千 百 十 万 千 百 十 元 角 分
			¥ 1 2 4 3 5 0 0 0

附件	商品发运情况	合同名称号码
附寄单证张数或册数	3	商品通过铁路运输	中国建设银行 太原市建设路支行 2016.10.18 收款人开户银行盖章

备注	电划	款项收妥日期 年 月 日	转讫 年 月 日

| 单位主管:刘加叶 | 会计:杨白 | 复核:柳青 | 记账:傅刚 |

此联是收款人开户银行给收款人的回单

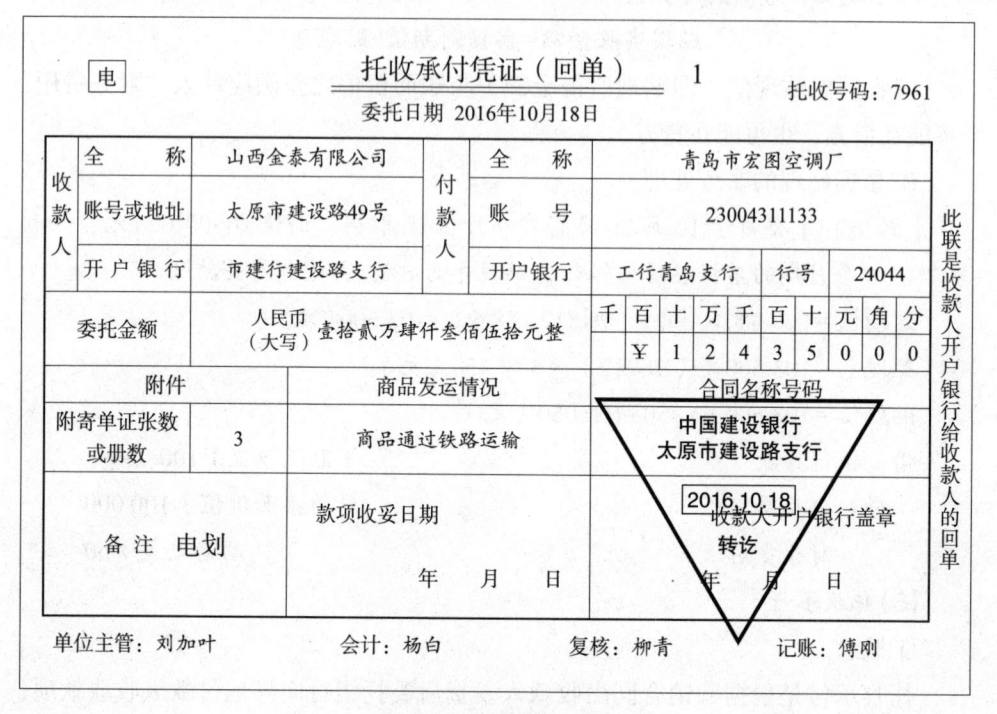

图9-9 托收承付回单

	委托银行收款结算凭证(回单)	第05438号 委托收款号
	委托日期 2016年10月12日	

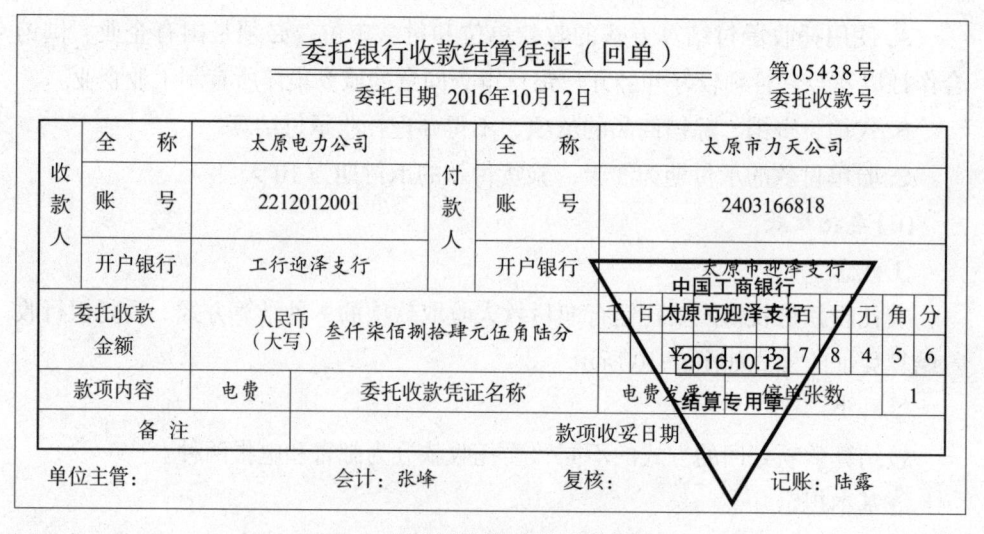

收款人	全称	太原电力公司	付款人	全称	太原市力天公司
	账号	2212012001		账号	2403166818
	开户银行	工行迎泽支行		开户银行	太原市迎泽支行 中国工商银行

委托收款金额	人民币(大写)	叁仟柒佰捌拾肆元伍角陆分	千 百 十 万 千 百 十 元 角 分 ¥ 2016.10.12 7 8 4 5 6

款项内容	电费	委托款凭证名称	电费结算专用章 单张数	1
备注			款项收妥日期	

| 单位主管: | 会计:张峰 | 复核: | 记账:陆露 |

图9-10 委托银行收款结算凭证

C. 付款人拒付时，银行不审查拒付理由。

D. 在同城范围内，收款人收取公用事业费或根据国务院规定，可以使用同城特约委托收款。收取公用事业费，必须具有收付双方事先签订的经济合同，由付款人向开户银行授权，经开户银行同意后，报经中国人民银行当地分支行批准。

(7) 汇兑

①概念

汇兑是汇款人委托银行将其款项支付给收款人的结算方式。

②种类

按款项划转方式的不同，汇兑分为信汇和电汇两种。

信汇是指汇款人委托银行通过邮寄方式将款项划转给收款人。其样式如图9-11 所示。

电汇是指汇款人委托银行通过电报方式将款项划转给收款人。其样式如图9-12 所示。

③特点

汇兑结算方式便于汇款人向异地的收款人主动付款，手续简便，划款迅速，应用广泛，单位和个人各种款项的结算均可使用汇兑结算方式。

中国工商银行信汇凭证（回单）1																
申请日期 2016年10月24日									第012457号							
收款单位	全称	江林机械厂			汇款单位	全称	庆丰钢铁厂									此联是汇款银行给汇款单位的回单
	账号或住址	15012202090022106678				账号或住址	1510220213021806535									
	汇入地点	赣州市	汇入行名称	工行五一路支行		汇出地点	山西省太原市	汇出行名称	工行城南支行							
金额	人民币（大写）	壹拾壹万伍仟柒佰贰拾伍元整					万	千	百	十	万	千	百	十	元	角	分
										¥	1	1	5	7	2	5	0	0
汇款用途：欠货款及运费																
上列款项已根据委托办理，如需查询，请持此回单来行面洽。					（汇出行盖章） 太原市工行城南支行 2016.10.24 业务章											
单位主管：张能 会计：李琼 复核：张能 记账：李琼																

图9-11　信汇凭证

中国工商银行电汇凭证（回单）

委托日期 2016年10月12日　　　　　　　　　　第23号

汇款人	全称	太原市阳光电脑公司	收款人	全称	青城市宏明电器公司
	账号或住址	800601450055687		账号或住址	500600230053124
	汇出地点	山西省 太原市县	汇出行名称	工行迎泽支行	汇入地点 山西省 青城市县 汇入行名称 工行第一分理处
金额	人民币（大写）	伍万叁仟叁佰伍拾元整			千百十万千百十元角分 ￥5 3 3 5 0 0 0
汇款用途：购货款					汇出行结算专用章 中国工商银行 太原市迎泽支行 2016.10.12
单位主管：　　　会计：　　　复核：　　　记账：					年　月　日

图9-12　电汇凭证

9.2.3　银行存款收付业务的账务处理

银行存款收支业务的核算是通过"银行存款"账户进行的，该账户属于资产类账户，借方登记银行存款的增加数，贷方登记银行存款的减少数，借方余额表示企业银行存款的结余数额。

企业将款项存入银行或其他金融机构时，借记"银行存款"账户，按存款来源贷记"主营业务收入""应收账款""应交税费——应交增值税（销项税额）"等账户；提取或支出款项时，按存款的用途借记"原材料""管理费用"等账户，贷记"银行存款"账户。

【例9-15】2016年12月8日金泰公司收到久天公司归还欠本企业货款的转账支票一张，金额80 000元。

根据建设银行交来的如图9-13所示的进账单编制如下会计分录：

借：银行存款　　　　　　　　　　　　　　　　80 000
　　贷：应收账款——久天公司　　　　　　　　　80 000

【例9-16】2016年12月19日公司向市宏达厂购买专利，支出100 000元，开出转账支票支付款项。

第九章 货币资金业务的核算

中国建设银行 进账单（收账通知）3															
2016年12月8日									第20号						
出票人	全称	太原市久天有限公司			收款人	全称	山西省金泰有限公司								
	账号	8976-3688852				账号	915123006789654								
	开户银行	工行南大街支行				开户银行	建设银行太原市建设路支行								
金额	人民币（大写）	捌万元整					千	百	十	万	千	百	十	元	角	分
						¥			8	0	0	0	0	0	0	0
票据种类	转账支票	票据张数	1												
票据号码															
复核：		记账：													

中国建设银行 太原市建设路支行
结算专用章
2016.12.08

收款人开户银行盖单章

图9-13 中国建设银行进账单

根据如图9-14所示的转账支票存根编制如下会计分录：
借：无形资产　　　　　　　　　　　　　　100 000
　　贷：银行存款　　　　　　　　　　　　　　　100 000

中国建设银行
转账支票存根
No.33889990
附加信息

收款人：宏达厂
金额：¥100 000.00
用途：购专利权

出票日期 2016年12月19日
单位主管　　　会计

图9-14 转账支票存根

【例9-17】2016年12月30日公司通过电汇方式支付前欠宝杰建材公司的货款20 000元，收到银行电汇凭证回单，如图9-15所示，编制会计分录如下：

　　借：应付账款——宝杰公司　　　　　　　　　　　　20 000
　　　　贷：银行存款　　　　　　　　　　　　　　　　　　20 000

中国建设银行电汇凭证（回单）

委托日期 2016年12月30日　　　　第　号

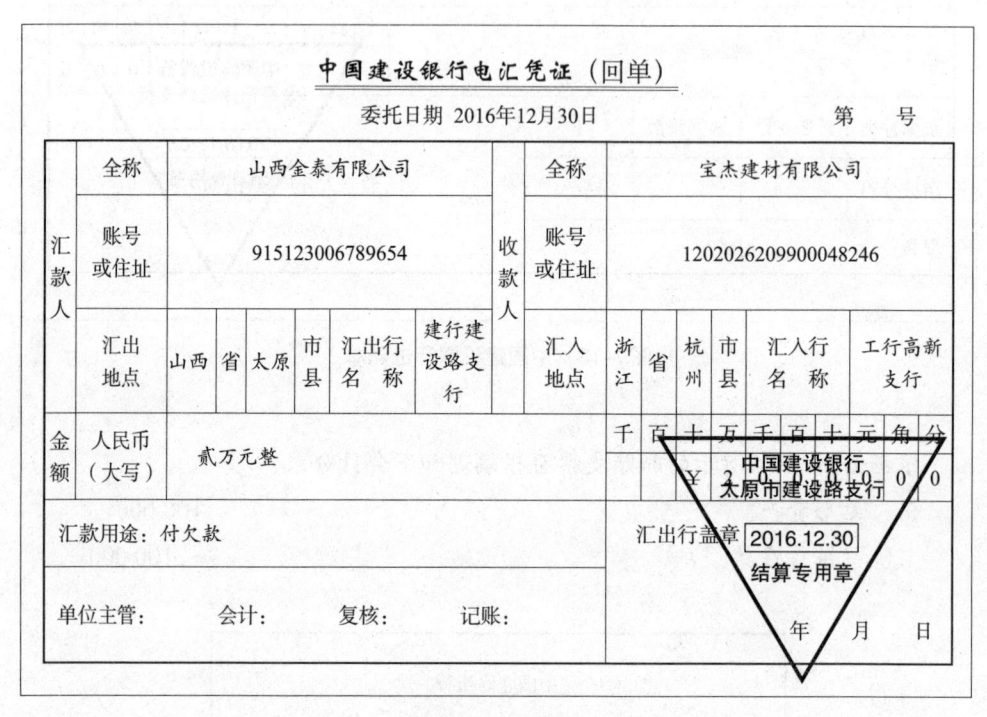

汇款人	全称	山西金泰有限公司				收款人	全称	宝杰建材有限公司			
	账号或住址	915123006789654					账号或住址	1202026209900048246			
	汇出地点	山西省	太原市县	汇出行名称	建行建设路支行		汇入地点	浙江省	杭州市县	汇入行名称	工行高新支行
金额	人民币（大写）　贰万元整						千百十万千百十元角分 ￥2 0 0 0 0 0 0				
汇款用途：付欠款						汇出行盖章　中国建设银行 太原市建设路支行 2016.12.30 结算专用章 年　月　日					
单位主管：　　会计：　　复核：　　记账：											

图9-15　电汇凭证

【例9-18】12月30日，公司收到存款利息转账传票，如图9-16所示。根据收到的利息转账传票编制会计分录如下：

　　借：银行存款　　　　　　　　　　　　　　　　　　826.5
　　　　贷：财务费用　　　　　　　　　　　　　　　　　826.5

9.2.4　银行存款日记账的设置和登记

　　为了加强对银行存款的管理，及时了解和掌握银行存款的存、取和结存情况，企业应当按照开户银行和其他金融机构、存款种类、币种等分别设置银行存款日记账，进行银行存款的明细核算。

第九章 货币资金业务的核算

```
┌─────────────────────────────────────────────────────────────────┐
│              中国建设银行（存款）利息转账专用传票                │
│  科目              2016年12月30日            字第    号          │
│  ┌──────┬──────┬──────────────┬──────┬──────┬──────────────┐  │
│  │收入利│名 称 │山西金泰有限公司│支付利│名 称 │建行太原市建设路支行│ │
│  │息单位│账 号 │915123006789654│息单位│账 户 │  2409005431   │  │
│  ├──────┼──────┴──────────────┼──────┴──┬─┬─┬─┬─┬─┬─┬─┬─┬─┐ │
│  │利息金│人民币│                     │千│百│十│万│千│百│十│元│角│分│ │
│  │  额  │(大写)│捌佰贰拾陆元伍角整   │  │  │  │  │¥│8│2│6│5│0│ │
│  ├──────┴──────┴─────────────────────┴──┴──┴──┴──┴──┴──┴──┴──┴──┘│
│  │计息存贷账户号                        上列利息金额已如数收付你单位结│
│  │计息起讫时间                          算账户                      │
│  │计息积数           利率月息 0.3%      中国建设银行                │
│  │备注：存款利息                        太原市建设路支行            │
│  │                                      2016.12.30                  │
│  │                                      结算专用章                  │
│  │ 主管单位：     会计：    复核：    制单：                       │
└─────────────────────────────────────────────────────────────────┘
```

图9-16 利息转账传票

银行存款日记账由企业出纳人员根据审核后的收付款凭证，按照业务发生的先后顺序逐日逐笔登记，每日终了应结出余额。银行存款日记账应定期与银行对账单核对，月份终了，银行存款日记账的余额必须与银行总账的余额核对相符。

根据【例9-15】～【例9-18】的经济业务登记银行存款日记账，如表9-3所示。

表9-3 银行存款日记账

2016年		凭证		摘要	对方科目	收入	支出	余额
月	日	种类	号数					
12	8			承前页				95 000.00
12	8	银收	1	收回货款	应收账款	80 000.00		175 000.00
12	19	银付	1	购买专利	无形资产		100 000.00	75 000.00
12	30	银付	2	偿还欠款	应付账款		20 000.00	55 000.00
12	30	银收	2	收到利息	财务费用	826.50		55 826.50
12	31			本月合计		80 826.50	120 000.00	55 826.50

9.2.5 银行存款的清查

银行存款的清查一般采用将企业开设的"银行存款日记账"与开户银行的"对账单"相核对,并在此基础上编制"银行存款余额调节表",核对二者之间是否相符。

核对前,首先把至清查日止所有银行存款的收、付业务登记入账,对发生的错账、漏账应及时查清更正。然后,再与开户银行的"对账单"逐笔核对,若二者余额相符,则说明无错误;若两者不相符,则可能存在着未达账项。编制银行存款余额调节表时,应在企业银行存款日记账余额和银行对账单余额的基础上,分别加减未达账项,求得调整后的双方余额应该相符。

银行存款余额调节表的编制方法下面举例说明。

【例9-19】公司2016年12月31日银行存款日记账的余额为104 000元,银行对账单的余额为140 000元,经核对发现以下未达账项:

A. 企业将收到的销货款4 000元存入银行,企业已记银行存款增加,而银行尚未记增加。

B. 企业开出转账支票36 000元支付购料款,企业已记银行存款减少,而银行尚未记减少。

C. 收到某企业汇来的购货款20 000元,银行已记增加,企业尚未记增加。

D. 银行代企业支付水电费16 000元,银行已记减少,企业尚未记减少。

根据上述资料编制"银行存款余额调节表",如表9-4所示。

表9-4 银行存款余额调节表

2016年12月31日 单位:元

项目	金额	项目	金额
企业银行存款日记账的余额	104 000	银行对账单余额	140 000
加:银行已收企业未收	20 000	加:企业已收银行未收	4 000
减:银行已付企业未付	16 000	减:企业已付银行未付	36 000
调节后的存款余额	108 000	调节后的存款余额	108 000

9.3 其他货币资金的核算
9.3.1 其他货币资金的概念

其他货币资金是指除现金、银行存款以外的其他各种货币资金，包括外埠存款、银行汇票存款、银行本票存款、信用证保证金存款、信用卡存款和存出投资款等。

9.3.2 其他货币资金的核算

其他货币资金的核算需设置"其他货币资金"账户，该账户属于资产类账户。在该账户下，设置"外埠存款""银行汇票存款""银行本票存款""信用证保证金存款""存出投资款"等明细账户，进行明细核算。银行汇票存款与银行本票存款已在支付结算方式中列举过，在此不再赘述。

(1) 外埠存款

外埠存款是企业到外地进行临时或零星采购时，汇往外地银行开设采购专户的款项。

企业欲将采购款项汇往采购地银行，需先填写"汇款委托书"并加盖"采购资金"字样；汇入银行对汇入的采购款项，以汇款单位名义开立采购账户。采购专户存款不计利息，除采购员差旅费可以支取少量现金外，一律办理转账。采购专户只付不收，采购结束后，专户存款余额汇还汇出单位，结清采购专户。

【例9-20】公司的采购员小李到外地采购材料，出纳人员开出汇款委托书，委托当地开户银行将采购款50 000元汇往采购地银行开立采购专户，该企业的材料采用计划成本法核算。

借：其他货币资金——外埠存款　　　　　　　　　　　50 000
　　贷：银行存款　　　　　　　　　　　　　　　　　　50 000

【例9-21】公司收到采购人员小李交来的报销单据，其中材料发票列明材料货款40 000元，增值税款6 800元，材料尚未运达企业。

借：材料采购　　　　　　　　　　　　　　　　　　　40 000
　　应交税费——应交增值税（进项税额）　　　　　　 6 800
　　贷：其他货币资金——外埠存款　　　　　　　　　　46 800

【例9-22】公司接到当地开户银行通知，汇出的采购专户存款余额3 200元已经汇回，存入公司的银行存款账户。

借：银行存款　　　　　　　　　　　　　　　　　　　 3 200
　　贷：其他货币资金——外埠存款　　　　　　　　　　 3 200

(2) 在途货币资金

在途货币资金是指企业与所属单位或上下级之间汇解款项，在月终尚未到达，处于在途的资金。

在途货币资金的核算一般只在月末结账时进行。企业收到所属单位汇出款项的通知，但未收到开户银行收账通知的款项属于在途货币资金。在月末结账时，企业应借记"其他货币资金——在途货币资金"账户，贷记有关账户；待下月初收到汇入款项时，再借记"银行存款"账户，贷记"其他货币资金——在途货币资金"账户。

【例 9-23】公司收到联营企业汇款通知，已汇出投资利润款 50 000 元，月末尚未收到开户银行的收款通知时，会计分录为：

借：其他货币资金——在途货币资金　　　　　　　　50 000
　　贷：投资收益　　　　　　　　　　　　　　　　　　50 000

收到款项时：

借：银行存款　　　　　　　　　　　　　　　　　　50 000
　　贷：其他货币资金——在途货币资金　　　　　　　　50 000

(3) 信用卡存款

信用卡存款是指企业为了取得信用卡，按照规定存入银行的款项。

企业单位需要办理信用卡结算的，应先向银行提出申请，填写"信用卡申请书"，经银行审查符合条件后，企业交存信用卡备用金，银行为申请人开立信用卡存款专户，发给信用卡。企业在持卡消费时，凭信用卡结算并根据信用卡余额的变化适时地向其账户续存资金，以保证其支付能力。持卡人如不需要继续使用信用卡时，可向发卡银行办理销户，银行应把信用卡专户存款余额转入其基本存款账户。

【例 9-24】公司向银行申请领取信用卡，填写申请表并交存款项 40 000 元，公司取得信用卡时，编制会计分录如下：

借：其他货币资金——信用卡存款　　　　　　　　　40 000
　　贷：银行存款　　　　　　　　　　　　　　　　　　40 000

【例 9-25】公司收到银行转来信用卡存款凭证及所附发票账单，招待费 720 元，编制会计分录如下：

借：管理费用——业务招待费　　　　　　　　　　　720
　　贷：其他货币资金——信用卡存款　　　　　　　　　720

【例 9-26】公司不再使用信用卡结算，办理销户手续，信用卡存款余额 6 500 元转回基本存款账户，编制会计分录如下：

借：银行存款 6 500
  贷：其他银行存款——信用卡存款 6 500

(4) 存出投资款

存出投资款是指企业已存入证券公司但尚未进行短期投资的现金。

企业向证券公司划出资金时，应按实际划出的金额，借记"其他货币资金——存出投资款"，贷记"银行存款"；购买股票、债券等有价证券时，按实际发生的金额，借记"交易性金融资产"，贷记"其他货币资金——存出投资款"。

【例 9-27】 公司向新华证券公司存入资金 200 000 元，7 天后用该项存款购买乙企业的股票 100 000 元，该股票不准备长期持有。

A. 存入证券公司款项时：

借：其他货币资金——存出投资款 200 000
  贷：银行存款 200 000

B. 购买股票时：

借：交易性金融资产 100 000
  贷：其他货币资金——存出投资款 100 000

第十章 金融资产业务的核算

金融资产是企业资产的重要组成部分，主要包括：库存现金、银行存款、应收账款、应收票据、股权投资、债权投资、衍生工具形成的资产。会计准则中对金融资产做了如下分类：

A. 以公允价值计量且其变动计入当期损益的金融资产。

B. 持有至到期投资。

C. 贷款和应收账款。

D. 可供出售金融资产。

企业应当结合自身业务特点和风险管理要求，将取得的金融资产分类核算。由于金融资产分类与金融资产计量密切相关，不同类别的金融资产其计量基础不完全相同，因此会计准则规定企业对于金融资产的分类一经确定，不得随意变更。

本章内容不涉及货币资金、贷款和应收账款以及长期股权投资的核算。

10.1 交易性金融资产的核算

10.1.1 交易性金融资产概述

在会计准则中将以公允价值计量且其变动计入当期损益的金融资产分为交易性金融资产和指定为以公允价值计量且其变动计入当期损益的金融资产。为了便于叙述，本节的交易性金融资产就是指以公允价值计量且其变动计入当期损益的金融资产。

(1) 交易性金融资产的概念

交易性金融资产主要是指企业为了近期内出售而持有的金融资产，比如企业以赚取差价为目的从二级市场购入的股票、债券、基金等。

(2) 交易性金融资产的确认条件

通常情况下，只有符合下列条件之一的金融资产，才可以在初始确认时指定为以公允价值计量且其变动计入当期损益的金融资产：

A. 该指定可以消除或明显减少由于该金融资产的计量基础不同所导致的相

关利得或损失在确认或计量方面不一致的情况。

B. 企业风险管理或投资策略的正式文件已载明，该金融资产组合或该金融资产和金融负债组合，以公允价值为基础进行管理、评价并向关键管理人员报告。

(3) 交易性金融资产核算应设置的账户

为了反映和监督交易性金融资产的取得、收取现金股利或利息、出售等情况，企业应当设置以下账户，具体如表10-1所示。

表10-1 交易性金融资产核算设置的账户

科目名称	记录内容
交易性金融资产	属于资产类账户。该账户的借方登记交易性金融资产的取得成本、资产负债表日其公允价值高于账面余额的差额等；贷方登记资产负债表日其公允价值低于账面余额的差额，以及企业出售交易性金融资产时结转的成本和公允价值变动；期末借方余额，反映企业期末持有的交易性金融资产的公允价值。企业应当按照交易性金融资产的类别和品种，分别以"成本""公允价值变动"进行明细核算
公允价值变动损益	属于损益类账户。该账户的借方登记资产负债表日企业持有的交易性金融资产等的公允价值低于账面余额的差额，贷方登记资产负债表日企业持有的交易性金融资产等的公允价值高于账面余额的差额，期末应将余额转入"本年利润"账户
投资收益	属于损益类账户。该账户借方登记企业出售交易性金融资产等发生的投资损失，贷方登记企业持有的交易性金融资产等的期间内取得的投资收益以及出售交易性金融资产等实现的投资收益，期末应将余额转入"本年利润"账户

10.1.2 交易性金融资产的核算

(1) 交易性金融资产取得的核算

企业取得交易性金融资产时，应当按照该金融资产取得时的公允价值作为其初始金额入账，相关交易费用应当直接计入投资收益。如果支付价款中包含了已宣告但尚未发放的现金股利或已到付息期但尚未领取的利息，应当单独确认为应收项目。

【例10-1】2016年5月6日，甲公司从二级市场上购入乙公司股票10万股，每股价格10.10元（含已宣告但尚未发放的现金股利0.10元），另外支付交易费用2 500元。甲公司将其划分为交易性金融资产。账务处理如下：

A. 购入乙公司股票时：

借：交易性金融资产——成本　　　　　　　　　　1 000 000
　　　应收股利　　　　　　　　　　　　　　　　　　10 000
　　贷：其他货币资金——存出投资款　　　　　　　1 010 000

B. 支付交易费用时：

借：投资收益　　　　　　　　　　　　　　　　　　2 500
　　贷：其他货币资金——存出投资款　　　　　　　　2 500

(2) 交易性金融资产持有的核算

A. 企业在持有交易性金融资产期间取得的利息或现金股利，应当确认为投资收益。

B. 资产负债表日，交易性金融资产应当按照公允价值计量，公允价值与账面金额之间的差额计入当期损益。

【例10-2】2016年6月30日，甲公司确认继续持有的宏远公司债券的利息收入5万元（该债券面值100万元，于2016年1月1日购入，票面利率10%，每半年计息一次。公司将其划分为交易性金融资产）。账务处理如下：

借：应收利息　　　　　　　（100万×10%/2）50 000
　　贷：投资收益　　　　　　　　　　　　　　　　50 000

【例10-3】承【例10-1】假设2016年6月30日，甲公司持有的乙公司股票每股市价12.50元，甲公司确认股票价格变动的账务处理如下：

借：交易性金融资产——公允价值变动　　　　　　250 000
　　贷：公允价值变动损益　　　　　　　　　　　　250 000

(3) 交易性金融资产处置的核算

企业处置该交易性金融资产时，应当将出售时的公允价值与账面余额之间的差额确认为投资收益，同时，将原计入公允价值变动损益的该金融资产的公允价值变动转为投资收益。

【例10-4】承【例10-3】假设2016年8月5日，甲公司将持有的乙公司股票全部售出，每股售价15元。假设不考虑交易费用，其账务处理如下：

借：其他货币资金——存出投资款　　　　　　　　1 500 000
　　公允价值变动损益　　　　　　　　　　　　　　250 000
　　贷：交易性金融资产——成本　　　　　　　　　1 000 000
　　　　交易性金融资产——公允价值变动损益　　　250 000
　　　　投资收益　　　　　　　　　　　　　　　　500 000

10.2 可供出售金融资产的核算
10.2.1 可供出售金融资产概述
(1) 可供出售金融资产的内容

可供出售金融资产是指初始确认时即被指定为可供出售的非衍生金融资产，以及没有划分为持有至到期投资、贷款和应收款项、以公允价值计量且其变动计入当期损益的金融资产的金融资产。通常情况下，包括企业从二级市场上购入的债券投资、股票投资、基金投资等，但这些金融资产没有被划分为交易性金融资产或持有至到期投资。

(2) 持有至到期投资核算应设置的账户

为了反映和监督可供出售金融资产的取得、收取现金股利或利息、出售等情况，企业应当设置以下账户，具体如表10-2所示。

表10-2 可供出售金融资产核算设置的账户

科目名称	记录内容
可供出售金融资产	属于资产类账户。该账户的借方登记可供出售金融资产的取得成本、资产负债表日其公允价值高于账面余额的差额、可供出售金融资产转回的减值损失等；贷方登记资产负债表日其公允价值低于账面余额的差额，以及企业出售交易性金融资产时结转的成本和公允价值变动，可供出售金融资产发生的减值损失、出售可供出售金融资产时结转的成本和公允价值变动；期末借方余额，反映企业期末持有的可供出售金融资产的公允价值。企业应当按照可供出售金融资产的类别和品种，分别以"成本""利息调整""应计利息""公允价值变动"等进行明细核算
其他综合收益	属于所有者权益类账户。该账户核算企业可供出售金融资产公允价值变动而形成的应计入所有者权益的利得和损失。借方登记资产负债表日企业持有的可供出售金融资产的公允价值低于账面余额的差额等，贷方登记资产负债表日企业持有的可供出售金融资产的公允价值高于账面余额的差额等

10.2.2 可供出售金融资产的核算
(1) 可供出售金融资产取得的核算

企业取得可供出售金融资产时应当按照公允价值计量，相关交易费用作为其初始金额入账。如果支付价款中包含了已宣告但尚未发放的现金股利或已到付息期但尚未领取的利息，应当单独确认为应收项目。

为了便于理解和比较可供出售金融资产与交易性金融资产账务处理的主要区

别,下面仍以【例10-1】至【例10-4】基本一样的条件举例说明。

【例10-5】2016年5月6日,甲公司从二级市场上购入乙公司股票10万股,每股价格10.10元(含已宣告但尚未发放的现金股利0.10元),另外支付交易费用2 500元。甲公司将其划分为可供出售金融资产。账务处理如下:

A. 购入乙公司股票时:

借:可供出售金融资产——成本　　　　　　　　　　1 000 000
　　应收股利　　　　　　　　　　　　　　　　　　　10 000
　　贷:其他货币资金——存出投资款　　　　　　　　1 010 000

B. 支付交易费用时:

借:可供出售金融资产——成本　　　　　　　　　　2 500
　　贷:其他货币资金——存出投资款　　　　　　　　2 500

在本例中,取得可供出售金融资产所发生的交易费用2 500元应当计入可供出售金融资产的初始入账金额,而不像交易性金融资产那样计入当期投资收益。

(2) **可供出售金融资产持有的核算**

A. 企业在持有可供出售金融资产期间取得的利息或现金股利,应当确认为投资收益。

B. 资产负债表日,可供出售金融资产应当按照公允价值计量,可供出售金融资产公允价值变动应当作为其他综合收益,计入所有者权益,不构成当期利润。

C. 资产负债表日,确定可供出售金融资产发生减值的,应当将减记的金额作为资产减值损失处理,计入当期损益。

【例10-6】2016年6月30日,甲公司确认继续持有的宏远公司债券的利息收入5万元(该债券面值100万元,于2016年1月1日购入,票面利率10%,每半年计息一次。公司将其划分为可供出售金融资产)。账务处理如下:

借:应收利息　　　　　　　　　　　　　　　　　　50 000
　　贷:投资收益　　　　　　　　　　　　　　　　　50 000

【例10-7】承【例10-5】假设2016年6月30日,甲公司持有的乙公司股票每股市价12.50元,甲公司确认股票价格变动的账务处理如下:

借:可供出售金融资产——公允价值变动　　　　　　250 000
　　贷:其他综合收益　　　　　　　　　　　　　　　250 000

(3) **可供出售金融资产处置的核算**

企业处置该可供出售金融资产时,应当将取得的价款与账面余额之间的差额确认为投资收益,同时,将原计入该金融资产的公允价值变动转出,由其他综合收益转为投资收益。

【例10-8】承【例10-7】假设2016年8月5日,甲公司将持有的乙公司股票全部售出,每股售价15元。假设不考虑交易费用,其账务处理如下:

借:其他货币资金——存出投资款　　　　　　　　1 500 000
　　其他综合收益　　　　　　　　　　　　　　　　250 000
　　贷:可供出售金融资产——成本　　　　　　　　1 000 000
　　　　可供出售金融资产——公允价值变动　　　　250 000
　　　　投资收益　　　　　　　　　　　　　　　　500 000

10.3 持有至到期投资的核算

10.3.1 持有至到期投资概述

(1)持有至到期投资的内容

持有至到期投资是指到期日固定、回收金额固定或可确定,且企业有明确意图和能力持有至到期的非衍生金融资产。通常情况下,包括企业持有的、在活跃市场上有公开报价的国债、企业债券、金融证券等。

(2)持有至到期投资核算应设置的账户

为了反映和监督持有至到期投资的取得、收取利息和出售等情况,企业应当设置以下账户,具体如表10-3所示。

表10-3　持有至到期投资核算设置的账户

科目名称	记录内容
持有至到期投资	属于资产类账户。该账户核算企业持有至到期投资的摊余成本。借方登记持有至到期投资的取得成本、一次还本付息债券投资在资产负债表日按照票面利率计算确定的应收未收利息等,贷方登记企业出售持有至到期投资时结转的成本等。企业应当按照持有至到期投资的类别和品种,分别以"成本""利息调整""应计利息"等进行明细核算
持有至到期投资减值准备	属于资产类账户。贷方登记计提的持有至到期投资减值准备金额;借方登记实际发生的持有至到期投资减值损失金额和转回的持有至到期投资减值准备金额;期末余额一般在贷方,反映企业已计提但尚未转销的持有至到期投资减值准备

10.3.2 持有至到期投资的核算

(1) 持有至到期投资取得的核算

企业取得持有至到期投资初始确认时，应当按照公允价值和相关交易费用之和作为初始入账金额。实际支付的价款中包含已到付息期但尚未领取的债券利息，应当单独确认为应收项目。对于采用溢折价方式购入的债券与债券面值之间的差额通过明细账户"利息调整"来核算。

【例 10-9】2016 年 1 月 1 日，甲公司以 100 万元（含交易费用）购入 N 公司当日发行的 5 年期、面值总额为 125 万元的公司债券，该债券在每年年末付息，一次还本，票面年利率 4.72%，实际利率 10%。甲公司将其划分为持有至到期投资。账务处理如下：

借：持有至到期投资——成本　　　　　　　　　　　　1 250 000
　　贷：其他货币资金——存出投资款　　　　　　　　1 000 000
　　　　持有至到期投资——利息调整　　　　　　　　　250 000

(2) 持有至到期投资持有和收回的核算

A. 企业在持有至到期投资的会计期间，应当采用实际利率法，按摊余成本对持有至到期投资进行后续计量。在资产负债表日，按照持有至到期摊余成本和实际利率计算确定债券利息收入，计入投资收益。

【例 10-10】承【例 10-9】甲公司在每年年末确认计算并确认利息收入和收到债券利息时：

a. 2016 年 12 月 31 日，确认实际利息收入、收到票面利息时：

借：应收利息　　　　　　　　（1 250 000×4.72%）59 000
　　持有至到期投资——利息调整　（100 000-59 000）41 000
　　贷：投资收益　　　　　　　（1 000 000×10%）100 000
借：其他货币资金——存出投资款　　　　　　　　　　59 000
　　贷：应收利息　　　　　　　　　　　　　　　　　59 000

b. 2017 年 12 月 31 日，确认实际利息收入、收到票面利息时：

借：应收利息　　　　　　　　　　　　　　　　　　　59 000
　　持有至到期投资——利息调整　　　　　　　　　　　45 100
　　贷：投资收益　　　　　[（1 000 000+41 000）×10%]104 100
借：其他货币资金——存出投资款　　　　　　　　　　59 000
　　贷：应收利息　　　　　　　　　　　　　　　　　59 000

c. 2018 年 12 月 31 日，确认实际利息收入、收到票面利息时：

借：应收利息 59 000
　　持有至到期投资——利息调整 49 610
　　贷：投资收益 　[（1 041 000+45 100）×10%]108 610
借：其他货币资金——存出投资款 59 000
　　贷：应收利息 59 000

d. 2019 年 12 月 31 日，确认实际利息收入、收到票面利息时：

借：应收利息 59 000
　　持有至到期投资——利息调整 54 571
　　贷：投资收益 　[（1 086 100+49 610）×10%]113 571
借：其他货币资金——存出投资款 59 000
　　贷：应收利息 59 000

e. 2020 年 12 月 31 日，确认实际利息收入、收到票面利息和本金时：

借：应收利息 59 000
　　持有至到期投资——利息调整
　　　　　　[1 250 000－（1 135 710+54 571）]59 719
　　贷：投资收益 （59 000+59 719）118 719
借：其他货币资金——存出投资款 59 000
　　贷：应收利息 59 000
借：其他货币资金——存出投资款 1 250 000
　　贷：持有至到期投资——成本 1 250 000

B. 资产负债表日，持有至到期投资发生减值时，应当将该金融资产的账面价值与预计未来现金流量现值之间的差额，确认为减值损失，计入当期损益，同时计提相应的减值准备。已计提减值准备的金融资产价值以后又恢复时，应当在原已计提的减值准备金额内转回，转回的金额计入当期损益。账务处理如下：

a. 确认债券投资的减值损失时：

借：资产减值损失 ×××
　　贷：持有至到期投资减值准备 ×××

b. 已计提减值准备的债券投资减值损失转回时：

借：持有至到期投资减值准备 ×××
　　贷：资产减值损失 ×××

> **企业债券的价格如何确定？**
>
> 企业债券的价格一般有三种，即面值、溢价和折价。导致债券溢价和折价产生的根本原因，在于债券票面利率与债券购买日市场利率之间的差额。如果票面利率高于现行市场利率，那么投资者就愿意付出比债券面值更高的价格即溢价购入债券，以获得更多的未来利息收入；如果票面利率低于现行市场利率，那么投资者就会以低于债券面值的价格即折价购入债券，以事先弥补票面利率低于市场利率导致的未来利息损失。
>
> 对于企业溢价或折价购入的债券并准备持有至到期的，会计核算中通过摊销溢价和折价，对利息收入和投资成本进行调整，以确保债券投资在到期日的账面价值与债券面值相等。

10.4 长期股权投资的核算

10.4.1 长期股权投资概述

（1）长期股权投资的概念

长期股权投资是指投资企业对被投资单位实施控制、重大影响的权益性投资，以及对其合营企业的权益性投资。

（2）长期股权投资的核算方法

长期股权投资的核算方法有两种：一是成本法，二是权益法。

①成本法的核算范围

企业能够对被投资单位实施控制时，长期股权投资当采用成本法核算。即企业对子公司的长期股权投资采用成本法核算。

②权益法的核算范围

企业对被投资单位具有共同控制或重大影响时，长期股权投资应当采用权益法核算，即对联营企业和合营企业的长期股权投资采用权益法核算。

（3）长期股权投资应设置的账户

为了反映和监督长期股权投资的取得、持有和处置等情况，企业应当设置以下账户，具体如表10-4所示。

表10-4　长期股权投资核算设置的账户

科目名称	记录内容
长期股权投资	属于资产类账户。借方登记长期股权投资取得时的初始投资成本，以及采用权益法核算时按被投资单位实现的净损益、其他综合收益和其他权益变动等计算的应享有的份额；贷方登记处置长期股权投资的账面余额或采用权益法核算时被投资单位宣告分派现金股利或利润时企业按持股比例计算应享有的份额，以及被投资单位发生的净亏损，其他综合收益和其他权益变动等计算的应分担的份额；期末余额在借方，反映企业持有的长期股权投资的价值。企业应当按照被投资单位进行明细核算。采用权益法核算的应当分别以"投资成本""损益调整""其他综合收益""其他损益变动"等进行明细核算
长期股权投资减值准备	属于资产类账户。贷方登记计提的长期股权投资减值准备金额；借方登记处置长期股权投资时结转已计提的减值准备金额；期末余额在贷方，反映企业已计提但尚未转销的长期股权投资减值准备

何为控制、共同控制、重大影响？

控制是指投资方拥有对被投资方的权力，通过参与被投资方的相关活动而享有可变回报，并且有能力运用对被投资方的权力影响其回报金额。投资方能够对被投资单位实施控制的，被投资单位为其子公司。

共同控制是指按照相关约定对某项安排所共有的控制，并且该安排的相关活动必须经过分享控制权的参与方一致同意后才能决策。投资方能够对被投资单位实施共同控制的，被投资单位为其合营企业。

重大影响是指投资方对被投资单位的财务和经营政策有参与决策的权力，但并不能够控制或者与其他方一起共同控制这些政策的制定。投资方能够对被投资单位施加重大影响的，被投资单位为其联营企业。

10.4.2 长期股权投资的核算

(1) 成本法的核算

A. 企业取得长期股权投资时，应当按照初始投资成本计价。追加或收回投资应当调整长期股权投资的成本。以现金取得的长期股权投资，应当按照实际支付的购买价款作为初始投资成本。初始投资成本包括与取得长期股权投资直接相关的费用、税金及其他必要支出。实际价款中或对价中包含的已宣告但未发放的现金股利或利润作为应收项目核算。

B. 企业在持有长期股权投资期间，被投资单位宣告分派的现金股利或利润，按应享有的份额确认为当期投资收益。

C. 企业处置长期股权投资时，应当按照实际取得的价款与长期股权投资账面价值的差额确认为投资收益，并同时结转已计提的长期股权投资减值准备。

【例10-11】2016年5月13日甲公司以每股12元购入宏达公司发行的股票100万股准备长期持有，从而拥有宏达公司60%的股权，能对其公司实施控制。另支付相关税费3万元。6月20日收到宏达公司宣告分派2015年现金股利的通知，甲公司按其持有比例应分得现金股利10万元。账务处理如下：

A. 2016年5月13日购买股票时：

借：长期股权投资　　　　　　　　　　　　　　　12 030 000
　　贷：其他货币资金——存出投资款　　　　　　12 030 000

B. 2016年6月20日确认应分得的现金股利：

借：应收股利　　　　　　　　　　　　　　　　　100 000
　　贷：投资收益　　　　　　　　　　　　　　　　100 000

(2) 权益法的核算

A. 企业取得长期股权投资的初始投资成本大于投资时应享有被投资单位可辨认净资产公允价值份额的，不调整长期股权投资的初始投资成本；长期股权投资的初始投资成本小于投资时应享有被投资单位可辨认净资产公允价值份额的，其差额应当计入当期的营业外收入损益，同时调整长期股权投资的成本。

B. 企业取得长期股权投资后，应当按照应享有或应分担的被投资单位实现的净损益和其他综合收益的份额，分别确认投资收益和其他综合收益，同时调整长期股权投资的账面价值。投资方在确认应享有被投资单位净损益的份额时，应当以取得投资时被投资单位可辨认净资产的公允价值为基础，对被投资单位的净利润进行调整后确认。

C. 企业确认被投资单位发生的净亏损，应当以长期股权投资的账面价值以及其他实质上构成对被投资单位净投资的长期权益减记至零为限，投资方负有承担额外损失义务的除外。被投资单位以后实现净利润的，投资方在其收益分享额弥补未确认的亏损分担额后，恢复确认收益分享额。

D. 被投资单位以后宣告分派现金股利或利润时，投资方按照被投资单位宣告分派的利润或现金股利计算应享有的部分，相应减少长期股权投资的账面价值。

E. 投资方对于被投资单位除净损益、其他综合收益和利润分配以外所有者权益的其他变动，应当调整长期股权投资的账面值并计入所有者权益。

F. 企业处置长期股权投资时，按照其账面价值与实际取得价款之间的差额，确认为投资收益，采用与被投资单位直接处置相关资产或负债相同的基础，按相应比例对原计入其他综合收益的部分进行会计处理。

G. 企业应当关注长期股权投资的账面价值是否大于享有被投资单位所有者权益账面价值的份额等类似情况。出现类似情况时，企业应对长期股权投资进行减值测试，可收回金额低于长期股权投资账面价值的，应当计提减值准备。

长期股权投资减值损失一经确认，在以后会计期间不得转回。

【例 10-12】甲公司于 2015 年 1 月 6 日取得乙公司 30% 的股权，支付价款 3100 万元，取得时被投资单位净资产账面价值（与其公允价值不存在差异）为 3000 万元。甲公司派人参与了乙公司的生产经营决策，能对乙公司施加重大影响。账务处理如下：

借：长期股权投资——投资成本   31 000 000
    贷：其他货币资金——存出投资款   31 000 000

在本例中，长期股权投资的初始成本 3100 万元大于投资时应享有被投资单位可辨认净资产公允价值的份额 3000 万元，差额 100 万元不调整长期股权投资的初始投资成本。

【例 10-13】假设 2015 年乙公司实现净利润 600 万元，甲公司应当按照股权比例确认投资收益 180 万元。2016 年 5 月 6 日乙公司宣告分派现金股利 300 万元，甲公司可以分派到 90 万元。2016 年 6 月 6 日甲公司收到乙公司分派的现金股利。假设不考虑其他因素，账务处理如下：

A. 确认应享有的投资收益时：

借：长期股权投资——损益调整   1 800 000
    贷：投资收益   1 800 000

B. 乙公司宣告分派现金股利时：

借：应收股利　　　　　　　　　　　　　　　　　　　　　900 000
　　贷：长期股权投资——损益调整　　　　　　　　　　　　　900 000

C. 收到乙公司发放的现金股利时：

借：其他货币资金——存出投资款　　　　　　　　　　　　900 000
　　贷：应收股利　　　　　　　　　　　　　　　　　　　　900 000

【例 10-14】承【例 10-13】，乙公司 2016 年可供出售金融资产的公允价值增加了 1000 万元。甲公司按照应享有的份额确认其他综合收益。账务处理如下：

借：长期股权投资——其他综合收益　　　　　　　　　　3 000 000
　　贷：其他综合收益　　　　　　　　　　　　　　　　　3 000 000

如果甲公司对乙公司的长期股权投资进行减值测试后发现其可收回金额低于账面价值时，甲公司应当将该长期股权投资的账面价值减记至可收回金额，按照应减记的金额，借记"资产减值损失"，贷记"长期股权投资减值准备"。

第十一章　购入业务的核算

企业经过一系列的准备工作、资金筹集到位后，就要购入固定资产、无形资产和存货，以满足企业日常生产经营活动的需要。因此，企业购进生产设备、生产技术、原材料以及货款和税金的核算就成为购入业务核算的主要内容。

11.1　购入固定资产的核算

11.1.1　固定资产概述

（1）固定资产的概念

固定资产是指企业为生产商品、提供劳务、对外出租或经营管理而持有的，使用寿命超过一年的有形资产，例如企业拥有的厂房、机器设备、办公用的电脑、办公楼等。

（2）固定资产的确认条件

固定资产同时满足以下两个条件的，才能予以确认：

A. 与该固定资产有关的经济利益很可能流入企业。在实务中，主要通过判断与该固定资产所有权有关的风险和报酬是否转移到了企业来确定。这里说的风险和报酬是指固定资产闲置、过时、技术陈旧造成的损失和在固定资产使用寿命内直接使用该固定资产取得的收益等。

B. 该固定资产的成本能够可靠地计量。即企业取得固定资产时，固定资产的成本能够可靠地取得或可靠地估计。

（3）固定资产取得核算应设置的账户

为了反映固定资产的购入情况，对固定资产进行核算时应设置以下账户，具体如表 11-1 所示。

11.1.2　购入固定资产的核算

企业购入固定资产的成本，包括购买价款、相关税费、使固定资产达到预定可使用状态前所发生的可归属于该项资产的运输费、装卸费、安装费和专业人员服务费等。

表11-1　取得固定资产核算设置的账户

科目名称	记录内容
固定资产	属于资产类账户，是专门用来核算企业固定资产增减变动情况的。该账户的借方登记企业增加的固定资产的原价，贷方登记减少的固定资产的原价，期末余额在借方，反映企业现有的固定资产的原价。此账户一般设卡片账来登记固定资产的明细情况
在建工程	属于资产类账户，是专门用来核算企业进行建造工程、安装工程等发生的实际支出，包括企业购入的需要安装的设备的价值。该账户的借方登记企业各项在建工程的实际支出，贷方登记完工工程转出的实际支出，期末余额在借方，反映企业尚未完工的在建工程发生的实际支出

（1）购入不需安装的固定资产

企业购入不需安装的固定资产，其确认成本包括企业实际支付的购买价款、包装物、运杂费、保险费、专业人员服务费以及相关税费等。购进（包括接受捐赠、实物投资）或者自制（包括改扩建、安装）固定资产时发生的进项税额，可根据相关规定，凭增值税专用发票、海关进口增值税专用缴款书和运输费用结算单据从销项税额中抵扣。

【例11-1】2016年10月8日，公司购入一台不需安装的设备，取得增值税专用发票上注明的设备价款100万元，增值税进项税额为17万元，运输费5 000元，款项通过银行存款支付。账务处理如下：

借：固定资产　　　　　　　　　　　　　　　　　　1 005 000
　　　应交税费——应交增值税（进项税额）　　　　170 000
　　贷：银行存款　　　　　　　　　　　　　　　　1 175 000

（2）购入需要安装的固定资产

企业购入需要安装的固定资产时，固定资产不能立刻使用，需要安装。安装过程中，领用本企业的材料、支付安装工人薪酬以及相关的安装费用均计入"在建工程"。安装完毕交付使用时，按照实际成本作为固定资产进行转账。

【例11-2】2016年12月20日，公司购入一台需要安装的电梯，取得增值税专用发票上注明的设备价款50万元，增值税进项税额为8.5万元，运输费0.2万元，款项通过银行存款支付；安装时，领用本公司原材料一批，价值1万元，安装工人工资0.5万元；安装工作在2017年1月5日完工。具体账务处理如下：

A. 12月20日，购入需安装固定资产时：

借：在建工程　　　　　　　　　　　　　　　　　502 000

　　应交税费——应交增值税（进项税额）　　　　85 000

　贷：银行存款　　　　　　　　　　　　　　　　587 000

B. 领用安装材料时：

借：在建工程　　　　　　　　　　　　　　　　　10 000

　贷：原材料　　　　　　　　　　　　　　　　　10 000

C. 结算安装工人工资时：

借：在建工程　　　　　　　　　　　　　　　　　5 000

　贷：应付职工薪酬　　　　　　　　　　　　　　5 000

D. 2017年1月5日完工时：

借：固定资产　　　　　　　　　　　　　　　　　517 000

　贷：在建工程　　　　　　　　　　　　　　　　517 000

11.2　购入投资性房地产的核算

11.2.1　投资性房地产概述

（1）投资性房地产的概念

投资性房地产是指为赚取租金或资本增值，或者两者兼有的房地产，主要包括已出租的土地使用权、持有并准备增值后转让的土地使用权和已出租的建筑物。

（2）投资性房地产取得核算应设置的账户

为了反映和监督投资性房地产的取得、后续计量、处置等情况，企业应设置以下账户，具体如表11-2所示。

表11-2　取得投资性房地产核算设置的账户

科目名称	记录内容
投资性房地产	属于资产类账户。用来核算企业采用成本模式计量的投资性房地产的成本或采用公允价值模式计量投资性房地产的公允价值。借方登记投资性房地产的取得成本、资产负债表日其公允价值高于账面价值的差额等；贷方登记资产负债表日其公允价值低于账面价值的差额、处置投资性房地产时结转的成本和公允价值等。该账户按投资性房地产类别和项目进行明细核算。采用公允价值模式计量的还应当分别设置"成本""公允价值变动"等明细科目

11.2.2 购入投资性房地产的核算

企业取得投资性房地产应当按照其取得时的成本计量。具体又分为以下三种情况：

(1) 外购的投资性房地产

外购的投资性房地产的成本包括购买价款、相关税费和可直接归属于该资产的其他支出。

(2) 自行建造的投资性房地产

企业自行建造的投资性房地产的成本由建造该项房地产达到预定可使用状态前发生的必要支出构成。包括土地开发费、建筑成本、安装成本、应予以资本化的借款费用、支付的其他费用和分摊的间接费用等。

(3) 内部转换形成的投资性房地产

企业将存货的房地产转换为投资性房地产的，应当按照转换日的账面余额或公允价值，分别按照后续计量的成本模式或公允价值模式的规定确定转换成本。在公允价值模式下，账面余额与公允价值的贷方差额计入其他综合收益，借方差额计入公允价值变动损益，同时结转已计提的存货跌价准备。

企业自用的建筑物等转换为投资性房地产的，也应分别按照后续计量的成本模式或公允价值模式的规定确定转换成本。

(4) 投资性房地产的计量模式

投资性房地产的后续计量模式有成本模式和公允价值模式。采用成本模式进行后续计量的投资性房地产，应当按照固定资产或无形资产的有关规定对其计提折旧或进行摊销。采用公允价值模式进行后续计量的投资性房地产不计提折旧或进行摊销，应当以资产负债表日的公允价值为基础，调整其账面余额。

【例 11-3】2016 年 11 月 1 日，公司用银行存款购入写字楼一栋，购入成本 1000 万元，当日与 B 公司签订租赁协议，约定从即日起将写字楼租赁给 B 公司使用，租赁期为 10 年。2016 年 12 月 31 日，该写字楼的公允价值为 1100 万元，公司对投资性房地产采用公允价值模式计量。账务处理如下：

A. 购入并签订租赁协议时：

借：投资性房地产——成本　　　　　　　　　　　　10 000 000
　　贷：银行存款　　　　　　　　　　　　　　　　　　10 000 000

B. 2016 年 12 月 31 日，按照公允价值调整账面余额：

借：投资性房地产——公允价值变动　　　　　　　　1 000 000
　　贷：公允价值变动损益　　　　　　　　　　　　　　1 000 000

11.3 购入无形资产的核算

11.3.1 无形资产概述

(1) 无形资产的概念

无形资产是指企业拥有或者控制的没有实物形态的可辨认非货币性资产,包括企业拥有的专利权、非专利技术、土地使用权、商标权、著作权等。

(2) 无形资产的确认条件

无形资产同时满足以下两个条件的,才能予以确认:

A. 与该无形资产有关的经济利益很可能流入企业。会计实务中,需要根据职业判断来确定,主要对无形资产在预计使用寿命内可能存在的各种经济因素做出合理估计,并且有确凿的证据予以支持。

B. 该无形资产的成本能够可靠地计量。对于无形资产而言,此项尤为重要。例如,企业内部产生的品牌、报刊名,因其成本无法可靠计量,因此不能作为无形资产。

(3) 无形资产取得核算应设置的账户

为了反映无形资产的取得情况,对无形资产进行核算时应设置以下账户,具体如表11-3所示。

表11-3 取得无形资产核算设置的账户

科目名称	记录内容
无形资产	属于资产类账户,是专门用来核算企业无形资产的增减变动情况的。该账户的借方登记增加的无形资产的原价,贷方登记减少的无形资产的原价,期末余额在借方,反映企业现有的无形资产的原价。该账户按无形资产的种类进行明细核算
研发支出	属于成本类账户,是专门用来核算企业自行研究与开发无形资产过程中发生的各项支出。该账户的借方登记研究与开发无形资产过程中发生的各项支出,贷方登记符合无形资产资本化条件转作无形资产的各项开支和期末转作管理费用的各项费用化开支,期末余额在借方,反映企业正在进行的研发项目中满足资本化条件的支出。该账户按研发项目分别以"费用化支出"与"资本化支出"进行明细核算

11.3.2 购入无形资产的核算

(1) 外购无形资产的核算

外购的无形资产，其成本包括购买价款、相关税费以及直接归属于使该项资产达到预定用途所发生的其他支出，例如专业服务费等。

【例11-4】2016年10月10日，公司购入一项专利权，按照协议约定价款20万元，相关税费1万元和有关专业服务费用3万元，款项通过银行存款支付。账务处理如下：

借：无形资产　　　　　　　　　　　　　　　　240 000
　　贷：银行存款　　　　　　　　　　　　　　240 000

(2) 内部研发无形资产的核算

企业内部研究和开发无形资产，其在研究阶段的支出全部费用化，计入当期损益；开发阶段的支出符合条件的资本化，不符合资本化条件的计入当期损益。

【例11-5】2016年10月19日，公司决定内部研发一项专利技术，在研究开发过程中，发生材料费50万元，工人工资10万元以及其他费用4万元；其中符合资本化条件的55万元。研究工作在12月20日完工，该项专利技术达到预定用途。其账务处理如下：

A. 发生研发支出时：

借：研发支出——费用化支出　　　　　　　　　90 000
　　研发支出——资本化支出　　　　　　　　　550 000
　　贷：原材料　　　　　　　　　　　　　　　500 000
　　　　应付职工薪酬　　　　　　　　　　　　100 000
　　　　银行存款　　　　　　　　　　　　　　40 000

B. 12月20日研究项目达到预定用途时：

借：管理费用　　　　　　　　　　　　　　　　90 000
　　无形资产　　　　　　　　　　　　　　　　550 000
　　贷：研发支出——费用化支出　　　　　　　90 000
　　　　研发支出——资本化支出　　　　　　　550 000

> **如何区分研究阶段和开发阶段？**
>
> 　　会计实务中，会计人员往往很难区分这两个阶段，这里，我们做了简单的判断。研究阶段意在获取知识进行的活动，研究成果或其他知识的应用研究、评价和最终选择，材料、设备、产品、系统或服务的替代品的研究等。而开发阶段则是意在生产或使用前进行原型和模型的设计、建造和测试，对含新技术的工具、夹具和冲模的设计，对不具有商业性生产经济规模的试生产设施的设计、建造和运营等。如果确实无法区分研究阶段的支出和开发阶段的支出，应将其所发生的研发支出全部费用化，计入当期损益。

11.4 购入存货的核算

11.4.1 存货概述

（1）存货的概念及范围

　　存货是指企业在日常活动中持有以备出售的产成品或商品、处在生产过程中的在产品、在生产过程或提供劳务过程中耗用的材料、物料等。工业企业的存货通常包括原材料、在产品、半成品、产成品、库存商品、周转材料（包装物和低值易耗品）等。

（2）存货的确认条件

　　存货必须在同时满足下列两个条件，才能予以确认。

　　A. 与该存货有关经济利益很可能流入企业。

　　B. 该存货的成本能够可靠地计量。

（3）存货核算应设置的账户

　　为核算存货的取得过程，需设置以下账户，具体如表11-4所示。

　　在实际工作中，材料的核算有按实际成本核算和按计划成本核算两种方法。企业在采用实际成本核算时，无须设置"材料采购"账户，对于尚未到达或尚未入库的各种材料可以设置"在途物资"进行核算；在采用计划成本核算时"原材料"账户的借方、贷方本期发生额和期末余额均为计划成本，原材料计划成本与实际成本的差异应通过"材料成本差异"账户核算。为了简化，在本书后续举例中我们都假设计划成本与实际成本一致。

表11-4 取得存货核算设置的账户

科目名称	记录内容
材料采购	属于资产类账户，是专门用来核算企业购入材料的实际成本。该账户的借方登记材料采购过程中发生的采购费用；贷方登记材料验收入库的情况；期末余额在借方，表示已付款但尚未入库的在途材料的实际成本
原材料	属于资产类账户，是专门用来核算企业库存的各种材料，包括原料及主要材料、辅助材料、外购半成品（外购件）、修理用备件（备品备件）、包装材料、燃料等的增减变动情况。该账户借方登记验收入库的材料实际成本；贷方登记领用的材料实际成本；期末余额在借方，反映库存的材料实际成本。此账户应根据材料的种类进行明细核算
委托加工物资	属于资产类账户，主要核算企业委托外单位加工的各种物资的实际成本。该账户借方登记委托加工物资的实际成本；贷方登记完成委托加工物资的实际成本；期末余额在借方，反映企业委托其他单位加工物资的实际成本。此账户应按受托单位进行明细核算

两种计价方法下的账户如何设置？

企业购进材料有两种计价方法，即计划成本计价和实际成本计价。计划成本计价方式下，购进材料先通过"材料采购"（登记实际购进的成本）账户核算，然后再转入"原材料"（材料的计划成本）账户，如有差额，记入"材料成本差异"账户；实际成本计价方式下，购进材料先通过"在途物资"账户核算，再转入"原材料"账户。

11.4.2 存货的核算

企业取得存货主要是通过外购、自制和委托外单位加工三种途径。企业取得的存货应当按照成本进行初始计量。存货成本通常包括采购成本、加工成本和其他成本三个组成部分。

存货的采购成本是指企业物资从采购到入库前所发生的全部支出，包括购买价款、相关税费（不包括增值税）、运输费、装卸费、保险费以及其他可归属于存货采购成本的费用；存货的加工成本包括直接人工以及按照一定方法分配的制造费用；存货的其他成本是指除采购成本、加工成本以外的，使存货达到目前场所和状态所发生的其他支出。下面分别从存货的不同取得渠道说明存货的核算方法。

(1) 外购存货的核算

企业外购存货主要包括原材料和商品。外购存货的成本即存货的采购成本，原则上包括为使存货达到预定用途的所有支出。

【例11-6】2016年10月7日，公司向红星工厂购入甲材料8 000千克，单价50元，增值税68 000元，运杂费1 000元，货款尚未支付。10月20日，A材料运抵企业并验收入库，当日，企业支付货款。根据上述经济业务，企业应编制会计分录如下：

A. 10月7日购买材料时：

借：材料采购——甲材料　　　　　　　　　　　　401 000
　　应交税费——应交增值税（进项税额）　　　　68 000
　　贷：应付账款——红星工厂　　　　　　　　　469 000

B. 10月20日材料验收入库时：

借：原材料——甲材料　　　　　　　　　　　　　401 000
　　贷：材料采购——甲材料　　　　　　　　　　401 000

C. 当日支付货款时：

借：应付账款——红星工厂　　　　　　　　　　　469 000
　　贷：银行存款　　　　　　　　　　　　　　　469 000

(2) 自制存货的核算

企业通过自行加工取得的存货主要包括产成品或半成品等，自制存货的成本按制造过程中发生的各项实际支出作为实际成本，包括直接材料、直接人工和按照一定方法分配的制造费用。

【例11-7】2016年10月15日公司因生产需要自制一批材料，加工过程中发生各种费用共计200 000元，该批材料于2011年11月28日验收入库，企业应编制会计分录如下：

借：原材料　　　　　　　　　　　　　　　　　　200 000
　　贷：生产成本　　　　　　　　　　　　　　　200 000

(3) 委托加工存货的会计核算

委托外单位加工完成的存货，以实际耗用的原材料或半成品、加工费、运输费等以及按规定应计入成本的税金作为实际成本。在账务处理上一般包括拨付加工物资、支付加工费用及税金、收回加工物资等几个环节。

【例 11-8】公司委托 A 企业加工材料一批,原材料成本为 30 000 元,加工费用为 8 000 元,增值税额 1 360 元,材料加工完毕后已验收入库,加工费等已经支付。企业应编制会计分录如下:

A. 发出委托加工材料时:

借:委托加工物资　　　　　　　　　　　　　　　　30 000
　　贷:原材料　　　　　　　　　　　　　　　　　　　30 000

B. 支付加工费用和税金时:

借:委托加工物资　　　　　　　　　　　　　　　　 8 000
　　应交税费——应交增值税(进项税额)　　　　　　 1 360
　　贷:银行存款　　　　　　　　　　　　　　　　　　 9 360

C. 加工完毕,收回委托加工材料:

借:原材料　　　　　　　　　　　　　　　　　　　38 000
　　贷:委托加工物资　　　　　　　　　　　　　　　　38 000

11.5　货款与税金的核算

11.5.1　货款的核算

(1)货款与税金核算应设置的账户

企业在经营过程中,与供应商往往存在一些信用往来,发生应付款项,通常情况下通过应付账款、应付票据、预付账款等账户进行核算,内容如表 11-5 所示。

表11-5　货款与税金核算设置的账户

科目名称	记录内容
应付账款	属于负债类账户,是专门用来核算企业因购买材料、商品和接受劳务等经营活动中应支付的款项。该账户贷方登记购进材料、商品或接受劳务供应等业务应付给供应单位的款项;借方登记归还的应付款项;期末余额在贷方,反映尚未支付的应付账款
应付票据	属于负债类账户,是专门用来核算企业在购进物资或接受别人提供劳务的过程中所签发给收款人的票据。该账户贷方登记企业开出并承兑的商业汇票的面值;借方登记企业到期支付或无力支付而转出的应付票据票面金额;期末余额在贷方,反映企业持有尚未到期的应付票据票面金额

续表

科目名称	记录内容
预付账款	属于资产类账户,是专门用来核算企业按照购货合同预先付给供应单位的款项。该账户借方登记企业向供货商预付的货款;贷方登记企业收到所购物品应结转的预付货款;期末余额在借方,反映企业向供货单位预付而尚未收到货物的预付货款;期末如为贷方余额,反映企业尚未补付的款项
应交税费	属于负债类账户,是专门用来核算企业应交纳的各种税金的账户。为了核算企业在材料采购和销售业务中发生的增值税,应该在此账户下设置应交增值税明细账户。该账户借方登记因购进货物等而负担的增值税进项税额和实际缴纳的增值税等;贷方登记企业因销售产品等而发生的增值税销项税额;期末余额若在贷方,表示企业应交而未交纳的增值税,余额若在借方,表示期末多交或尚未抵扣的增值税

(2) 货款的核算

①应付账款的核算

企业购进的物资,如果购入货物已经验收入库,发票账单同时到达或接受劳务的同时也收到提供劳务单位的发票账单,但款项尚未支付,此时产生应付款项。应付款项包括购买货物或劳务的成本以及应付的增值税进项税额等。

【例 11-9】2016 年 11 月 13 日,公司向甲企业购入 C 材料,增值税专用发票上注明价款 200 000 元,增值税额 34 000 元。材料未到达,货款尚未支付。企业应编制会计分录如下:

借:材料采购——C 材料　　　　　　　　　　　　　200 000
　　应交税费——应交增值税(进项税额)　　　　　 34 000
　　贷:应付账款——甲企业　　　　　　　　　　　234 000

②应付票据的核算

应付票据是指企业在商品购销活动和对工程价款进行结算因采用商业汇票结算方式而发生的,由出票人出票,委托付款人在指定日期无条件支付确定的金额给收款人或者持票人的票据。应付票据根据是否带息,分为带息票据和不带息票据。

A. 带息票据的核算。带息票据在票面上往往标明一定的利率,该利率用来计算票据所含的利息。票据到期时,企业除了需要偿还票面金额外,还需要向收款人支付按规定计算的利息。

【例 11-10】2016 年 11 月 25 日,公司向乙企业购入 B 材料,增值税专用发票上注明价款 200 000 元,增值税额 34 000 元,材料尚未到达。企业开出一张期限为 6 个月的带息票据，票面年利率为 10%，用以支付该笔货款。企业应进行如下账务处理：

a. 购入材料开出票据时：

借：材料采购——B 材料	200 000
应交税费——应交增值税（进项税额）	34 000
贷：应付票据	234 000

b. 票据到期支付票款和利息时：

到期票据应付的利息 =234 000×10%×6÷12=11 700（元）

借：应付票据	234 000
财务费用	11 700
贷：银行存款	245 700

B. 不带息票据的核算。不带息票据是不载明利率，票据到期时企业仅需按票面面值向收款人支付款项的票据。

【例 11-11】2016 年 12 月 1 日，公司向甲企业购入 C 材料，增值税专用发票上注明价款 100 000 元，增值税额 17 000 元，材料已经验收入库。企业开出一张期限为 6 个月的不带息票据支付该笔货款。企业应进行如下账务处理：

a. 购入材料开出票据时：

借：材料采购——C 材料	100 000
应交税费——应交增值税（进项税额）	17 000
贷：应付票据	117 000

b. 材料验收入库时：

借：原材料——C 材料	100 000
贷：材料采购——C 材料	100 000

c. 票据到期支付票款时：

借：应付票据	117 000
贷：银行存款	117 000

③预付账款的核算

预付账款是指企业按照购货合同预先付给供应单位的款项。预付账款按实际付出的金额入账，企业有权要求销货方按约定时间发货。

对购货方来说，预付账款是一项流动资产。在预付货款时，借记"预付账款"，等到以后收到预购的材料或商品时，贷记该科目。补付的货款，借记该科目，贷记"银行存款"；退回多付的货款，则贷记该科目。

【例 11-12】2016 年 12 月 20 日，公司通过银行向丁企业预付货款 50 000 元，购入 A 材料。12 月 25 日，企业收到材料并验收入库，增值税专用发票上注明购货款为 40 000 元，增值税额为 6 800 元。丁企业通过银行退回了多收的货款 3 200 元。企业应进行如下账务处理：

A. 预付货款时：

借：预付账款——丁企业　　　　　　　　　　　　　　50 000
　　贷：银行存款　　　　　　　　　　　　　　　　　　50 000

B. 收到货物时：

借：材料采购——A 材料　　　　　　　　　　　　　　40 000
　　应交税费——应交增值税（进项税额）　　　　　　 6 800
　　贷：预付账款——丁企业　　　　　　　　　　　　 46 800

C. 材料验收入库时：

借：原材料——A 材料　　　　　　　　　　　　　　　40 000
　　贷：材料采购——A 材料　　　　　　　　　　　　 40 000

D. 收到退回货款时：

借：银行存款　　　　　　　　　　　　　　　　　　　 3 200
　　贷：预付账款——丁企业　　　　　　　　　　　　　3 200

11.5.2　增值税的核算

（1）增值税概述

增值税是以商品（含应税劳务）在流通过程中产生的增值额作为计税依据而征收的一种流转税。根据《中华人民共和国增值税暂行条例》及相关规定，增值税的纳税人是在我国境内销售货物、进口货物，或提供加工、修理修配劳务、服务、无形资产或者不动产的单位和个人。按照纳税人的经营规模及会计核算的健全程度，纳税人分为一般纳税人和小规模纳税人。

2008 年，我国修订了增值税暂行条例，实现了生产型增值税向消费型增值税的转型，修订后的《中华人民共和国增值税暂行条例》自 2009 年 1 月 1 日起在全国范围内实施。自 2012 年起，我国部分地区实施了营业税改征增值税试点方案，交通运输业和部分现代服务业营业税改征增值税，增值税的征收范围进一步扩大。经国务院批准，自 2016 年 5 月 1 日起，营业税改征增值税在全国范围内全面推行。为了便于读者学习，下面根据财政部 2016 年 12 月 3 日印发的《增值税会计处理规定》简要介绍一下增值税的主要会计处理内容。

（2）增值税的计税方法和税率

增值税的计税方法，包括一般计税方法和简易计税方法。

①一般计税方法

一般纳税人发生应税行为适用一般计税方法计税。一般纳税人发生财政部和国家税务总局规定的特定应税行为，可以选择适用简易计税方法计税，但一经选择，36个月内不得变更。

一般计税方法的应纳税额，是指当期销项税额抵扣当期进项税额后的余额。应纳税额计算公式：

$$应纳税额 = 当期销项税额 - 当期进项税额$$

销项税额，是指纳税人发生应税行为按照销售额和增值税税率计算并收取的增值税额。销项税额计算公式：

$$销项税额 = 销售额 \times 税率$$

一般计税方法的销售额不包括销项税额，纳税人采用销售额和销项税额合并定价方法的，按照下列公式计算销售额：

$$销售额 = 含税销售额 \div (1 + 税率)$$

进项税额是指纳税人购进货物、加工修理修配劳务、服务、无形资产或者不动产，支付或者负担的增值税额。准予从销项税额中抵扣的进项税额通常包括：一是从销售方取得的增值税专用发票上注明的增值税税额；二是从海关取得的海关进口增值税专用缴款书上注明的增值税税额；三是购进农产品时按照农产品收购发票或者销售发票上注明的农产品买价和13%的扣除率计算的进项税额。计算公式：

$$进项税额 = 买价 \times 扣除率$$

此外税法中还规定了进项税额不得从销项税额中抵扣的相关项目，在此由于篇幅原因不再赘述。

②简易计税方法

小规模纳税人发生应税行为适用简易计税方法计税。简易计税方法的应纳税额，是指按照销售额和增值税征收率计算的增值税额，不得抵扣进项税额。应纳税额计算公式：

$$应纳税额 = 销售额 \times 征收率$$

简易计税方法的销售额不包括其应纳税额，纳税人采用销售额和应纳税额合并定价方法的，按照下列公式计算销售额：

$$销售额 = 含税销售额 \div (1 + 征收率)$$

③增值税税率

营改增政策实施后,增值税税率实行4级制(13%、9%、6%、0),小规模纳税人,可选择简易计税方法征收3%的增值税。

(3)账务处理

①一般纳税人的账务处理

为了核算企业应缴增值税的发生、抵扣、交纳、退税及转出等情况,增值税一般纳税人应在"应交税费"账户下设置"应交增值税""未交增值税""预交增值税""待抵扣进项税额""待认证进项税额""待转销项税额""增值税留抵税额""简易计税""转让金融商品应交增值税""代扣代交增值税"等明细科目。

增值税一般纳税人应在"应交增值税"明细账内设置"进项税额""销项税额抵减""已交税金""转出未交增值税""减免税款""出口抵减内销产品应纳税额""销项税额""出口退税""进项税额转出""转出多交增值税"等专栏。

A. 取得资产或接受劳务的账务处理。一般纳税人购进货物、加工修理修配劳务、服务、无形资产或不动产,按应计入相关成本费用或资产的金额,借记"在途物资"或"原材料""库存商品""生产成本""无形资产""固定资产""管理费用"等科目,按当月已认证的可抵扣增值税额,借记"应交税费——应交增值税(进项税额)"科目,按当月未认证的可抵扣增值税额,借记"应交税费——待认证进项税额"科目,按应付或实际支付的金额,贷记"应付账款""应付票据""银行存款"等科目。发生退货的,如原增值税专用发票已做认证,应根据税务机关开具的红字增值税专用发票做相反的会计分录;如原增值税专用发票未做认证,应将发票退回并做相反的会计分录。

B. 销售业务的账务处理。企业销售货物、加工修理修配劳务、服务、无形资产或不动产,应当按应收或已收的金额,借记"应收账款""应收票据""银行存款"等科目,按取得的收入金额,贷记"主营业务收入""其他业务收入""固定资产清理""工程结算"等科目,按现行增值税制度规定计算的销项税额(或采用简易计税方法计算的应纳增值税额),贷记"应交税费——应交增值税(销项税额)"或"应交税费——简易计税"科目。发生销售退回的,应根据按规定开具的红字增值税专用发票做相反的会计分录。

②小规模纳税人的账务处理

小规模纳税人增值税的计算采用简易计税方法,即购买物资、服务、无形资产或不动产,取得增值税专用发票上注明的增值税不得作为进项税额从销项税额中抵扣,而应计入相关成本费用或资产,不通过"应交税费——应交增值税"科目核算。

  小规模纳税人只需在"应交税费"科目下设置"应交增值税"明细科目，不需要设置上述专栏及除"转让金融商品应交增值税""代扣代交增值税"外的明细科目。

  由于篇幅原因在此不用实例说明，读者可以参考其他章节的实例学习理解。

第十二章 生产业务的核算

生产过程是企业经营活动的中心环节，产品的生产过程也是各项生产要素的耗费过程。在生产产品的同时，要发生劳动力、劳动资料和劳动对象的耗费。因此，生产费用的发生、归集和分配以及产品成本的计算与形成就是生产业务核算的主要内容。

12.1 产品成本核算概述

12.1.1 产品成本的构成

产品成本是指企业在生产产品过程中所发生的材料费用、职工薪酬等，以及不能直接计入而按一定标准分配计入的各种间接费用。具体而言，产品成本的主要内容由以下三部分构成：

(1) 直接材料

直接材料是指构成产品实体或有助于产品形成而耗用的材料，具体包括耗用的主要材料、辅助材料、外购半成品、修理用备件、包装材料等。

(2) 直接人工

直接人工是指企业为获得产品生产工人提供的服务而给予各种形式的报酬以及其他相关支出。

(3) 制造费用

制造费用是指企业各个生产单位（分厂、车间）为组织和管理生产所发生的各种费用，包括管理人员的工资薪酬、固定资产折旧费、维修费、机物料消耗、低值易耗品、办公费、水电费、差旅费、运输费、保险费、设计制图费、劳动保护费、季节性停产和修理车间的停工损失等。

12.1.2 产品成本核算方法

产品成本核算是对生产经营过程中实际发生的成本、费用，按照成本计算对象，区分成本费用项目进行归集和分配，并进行相应的账务处理。

产品成本核算的方法根据企业生产经营的特点和管理的要求来决定，具体有以产品品种为成本计算对象的品种法，以产品批别为成本计算对象的分批法和以产品生产步骤为成本计算对象的分步法。由于篇幅原因，在此只以品种法为例介绍说明。

(1) 品种法及特点

品种法是指以产品品种作为成本核算对象，归集和分配生产成本，计算产品成本的一种方法。这种方法适用于单步骤、大量生产的企业，如发电、供水、采掘等企业。品种法计算成本的主要特点是：

A. 成本核算对象是产品品种，如果企业只生产一种产品，全部生产成本都是直接成本，可以直接计入该产品生产成本明细账的有关成本项目中，不存在各种成本核算对象之间分配成本的问题。如果生产多种产品，间接生产成本则要采用适当方法，在各成本计算对象之间进行分配。

B. 品种法下一般定期（每月月末）计算成本。

C. 月末一般不存在在产品，如果有在产品，数量也很少，所以一般不需要将生产费用在完工产品与在产品之间进行划分，当期发生的生产费用总和就是该种完工产品的总成本；如果企业月末有在产品，要将生产成本在完工产品和在产品之间进行分配。

(2) 品种法成本核算的一般程序

A. 按产品品种设立明细账，根据各项费用的原始凭证及相关资料编制有关记账凭证并登记有关明细账，编制各种费用分配表分配各种要素费用。

B. 根据上述各种费用分配表和其他有关资料，登记辅助生产明细账、基本生产明细账、制造费用明细账等。

C. 根据辅助生产费用明细账编制辅助生产费用分配表，分配辅助生产费用。

D. 根据制造费用明细账编制制造费用分配表，在各种产品之间分配制造费用，并据以登记基本生产明细账。

E. 根据各产品基本生产明细账编制产品成本计算单，分配完工产品成本和在产品成本。

F. 编制产成品的成本汇总表，结转产成品成本。

12.1.3 账户设置

为了核算生产成本，企业需设置的主要账户如表 12-1 所示。

表12-1　生产成本核算设置的账户

科目名称	记录内容
生产成本	属于成本类账户，专门用来核算企业进行工业性生产发生的各项生产成本，包括生产各种产品（产成品、自制半成品等）、自制材料、自制工具、自制设备等。该账户借方登记生产产品所发生的各项费用；贷方登记完工入库产品的实际成本；期末余额在借方，表示在产品的实际成本。此账户可按产品品种设置生产成本明细账，明细账应采用多栏式账页，账页按成本项目分设专栏进行核算
制造费用	属于成本类账户，专门用来核算企业生产部门为生产产品和提供劳务而发生的各项间接费用。该账户的借方登记企业为生产产品而发生的各项间接费用，贷方登记分配转入有关成本账户的转出数，期末结转后无余额。此账户可按不同的车间名称设置明细账，明细账应采用多栏式账页，账页按费用项目分设专栏进行核算
应付职工薪酬	属于负债类账户，专门用来核算应付职工薪酬的提取、结算、使用等情况。该账户贷方登记已分配计入有关成本费用项目的职工薪酬的数额；借方登记实际发放的职工薪酬的数额；期末余额在贷方，反映企业应付未付的职工薪酬。该账户应按照职工薪酬项目进行明细核算。该账户应该按照"工资、奖金、津贴和补贴""职工福利费""非货币性福利""社会保险费""住房公积金""工会经费和职工教育经费""带薪缺勤""利润分享计划""设定提存计划""设定受益计划""辞退福利"等职工薪酬项目进行明细核算
累计折旧	属于资产类账户，是"固定资产"的抵减调整账户，专门用来核算企业账面现在固定资产原始价值的累积已减少价值，即累计折旧。贷方登记按期计提的固定资产折旧额；借方登记因固定资产处置或盘亏而冲销的已提折旧额；期末余额在贷方，表示企业现有固定资产的累计折旧额。本账户只进行总分类核算，一般不进行明细分类核算
库存商品	属于资产类账户，专门用来核算企业库存的各种商品的实际成本。该账户借方登记企业完工入库产品的实际成本；贷方登记企业因销售等原因减少的库存商品的实际成本；期末余额在借方，反映企业库存商品的实际成本。该账户按商品的种类设置明细进行核算

12.2　材料费用的核算

企业在生产经营过程中领用的各种材料，应按照材料的具体用途，分别记入有关的成本类账户和费用类账户。企业生产产品领用材料应记入"生产成本"账户，基本生产车间领用材料应记入"制造费用"账户；管理部门领用材料应记入"管理费用"账户；销售部门领用材料应记入"销售费用"账户；福利部门领用材料应记入"应付职工薪酬——职工福利"账户。

12.2.1 领用材料的计价方法

生产中领用材料时，会引起成本费用的增加和材料的减少，但是由于材料的取得方式、取得时间不同，材料的实际成本也就不同。因此，我们应当采用适当的方法来确定领用材料的实际成本。领用材料的计价方法是否恰当，直接关系到企业期末材料的计量和利润的计算。

企业应当采用先进先出法、移动加权平均法、加权平均法、个别计价法确定材料的实际成本。企业可以根据自身具体特点选用领用材料的计价方法，但一经选定，不得随意变更。下面详细介绍领用材料的几种计价方法：

(1) 先进先出法

先进先出法以先入库的材料先发出（销售或耗用）这样一种存货实物流转假设为前提，对发出材料进行计价。采用这种方法，先购入的材料成本在后购入材料成本之前转出，据此确定发出材料和期末结存材料的成本。

【例12-1】金泰公司在2016年11月购领A材料的具体情况如下：

11月1日，期初库存A材料200千克，每千克60元。

11月4日，购入A材料500千克，每千克65元。

11月8日，领用300千克。

11月14日，购入A材料400千克，每千克50元。

11月20日，领用600千克。

11月28日，购入150千克，每千克55元。

采用先进先出法计算发出和结存A材料的实际成本，如表12-2所示。

表12-2 A材料明细分类账

（先进先出法） 计量单位：千克

2016年		摘要	购入			领用			结存		
月	日		数量	单价	金额	数量	单价	金额	数量	单价	金额
11	1	月初结存							200	60	12 000
	4	购入	500	65	32 500				200 500	60 65	44 500
	8	领用				200 100	60 65	18 500	400	65	26 000
	14	购入	400	50	20 000				400 400	65 50	46 000

续表

2016年		摘要	购入			领用			结存		
月	日		数量	单价	金额	数量	单价	金额	数量	单价	金额
	20	领用				400 200	65 50	36 000	200	50	10 000
	28	购入	150	55	8 250				200 150	50 55	18 250
	30	合计	1 050		60 750	900		54 500	200 150	50 55	18 250

由表 12-2 可以看出：

4 日购入的实际成本 =500×65=32 500（元）

4 日结存的实际成本 =200×60+500×65=44 500（元）

8 日领用的实际成本 =200×60+100×65=18 500（元）

8 日结存的实际成本 =400×65=26 000（元）

14 日购入的实际成本 =400×50=20 000（元）

14 日结存的实际成本 =400×65+400×50=46 000（元）

20 日领用的实际成本 =400×65+200×50=36 000（元）

20 日结存的实际成本 =200×50=10 000（元）

28 日购入的实际成本 =150×55=8 250（元）

30 日结存的实际成本 =200×50+150×55=18 250（元）

先进先出法的优点是使企业不能随意挑选材料计价以调整当期利润，但是由于先进先出法对发出的材料要逐笔进行计价并登记明细账的发出与结存，核算手续比较烦琐，特别对于材料进出量频繁的企业更是如此。此外，当物价上涨时，会高估企业当期利润和库存材料成本，增加企业的税收负担，不利于企业资本保全；反之，会低估企业材料成本和当期利润。

（2）移动加权平均法

移动加权平均法是在每次领用材料时，以结存数量和本次购入材料的数量为权数计算材料加权平均单位成本，并按这一成本计算本次发出材料的成本。具体计算公式如下：

移动加权平均单位成本=（本次购入前结存材料的实际成本+本次购入材料的实际成本）÷（本次购入前结存材料的数量+本次购入材料的数量）

本次领用材料实际成本=本次领用材料总数量×移动加权平均单位成本

若用此方法计算出的移动加权平均单位成本，不是整数，需要四舍五入的，为了保证月末结转材料实际成本的正确性，应采用倒挤成本的方法计算本次领用材料的实际成本。

本次发出材料后结存材料实际成本=结存材料的数量×移动加权平均单位成本

本次领用材料实际成本=（本次购入前结存材料的实际成本+本次购入材料的实际成本）-本次发出材料后结存材料实际成本

【例12-2】以【例12-1】的资料为例，采用移动加权平均法计算发出和结存A材料的实际成本，如表12-3所示。

表12-3　A材料明细分类账

（移动加权平均法）　　　　　　　　　　计量单位：千克

2016年		摘要	购入			领用			结存		
月	日		数量	单价	金额	数量	单价	金额	数量	单价	金额
11	1	月初结存							200	60	12 000
	4	购入	500	65	32 500				700	63.571	44 500
	8	领用				300	63.571	19 072	400	63.571	25 428
	14	购入	400	50	20 000				800	56.785	45 428
	20	领用				600	56.785	34 071	200	56.785	11 357
	28	购入	150	55	8 250				350	56.02	19 607
	30	合计			60 750			53 143	350	56.02	19 607

由表12-3可以看出：

8日领用材料时移动加权平均单位成本=（12 000+32 500）÷（200+500）=63.571（元/千克）

8日结存材料实际成本=400×63.571=25 428（元）

8日领用材料实际成本=44 500-25 428=19 072（元）

20日领用材料时移动加权平均单位成本=（25 428+20 000）÷（400+400）=56.785（元/千克）

20日领用材料实际成本=600×56.785=34 071（元）

20日结存成本=45 428-34 071=11 357（元）

期末结存材料移动加权平均单位成本=（11 357+8 250）÷（200+150）=56.02（元/千克）

期末结存材料实际成本=11 357+8 250=19 607（元）

移动加权成本法比较符合配比原则，另外，还可将发出材料的计价工作，分散在月内进行，从而减轻了月末核算的工作量。但由于每购进一批材料，就要计算一次加权平均单位成本，加大了平时核算的工作量。

(3) 加权平均法

加权平均法也称一次加权平均法，是以期初材料数量和本期各批次购入材料的数量为权数计算材料加权平均单位成本，并按这一成本计算本期发出材料成本和期末结存材料成本的计价方法。在领用时只记录数量，期末核算发出材料的成本。具体计算公式如下：

加权平均单位成本＝（期初结存材料的实际成本＋本期购入材料的实际成本）÷（期初结存材料的数量＋本期购入材料的数量）

本期领用材料实际成本＝本期领用材料总数量×加权平均单位成本

期末结存材料实际成本＝期末结存材料数量×加权平均单位成本

【例 12-3】仍以【例 12-1】的资料为例，采用一次加权平均法计算发出和结存 A 材料的实际成本，如表 12-4 所示。

表 12-4　A 材料明细分类账

（一次加权平均法）　　　　　　　　　　单位：千克

2016年		摘要	购入			领用			结存		
月	日		数量	单价	金额	数量	单价	金额	数量	单价	金额
11	1	月初结存							200	60	12 000
	4	购入	500	65	32 500				700		
	8	领用				300			400		
	14	购入	400	50	20 000				800		
	20	领用				600			200		
	28	购入	150	55	8 250				350		
	30	合计	1 050		60 750	900	58.20	52 380	350	58.20	20 370

由表 12-4 可以看出：

加权平均单位成本 =（12 000＋60 750）÷（200＋1 050）=58.20（元/千克）

本期领用材料实际成本 =900×58.20=52 380（元）

期末结存材料实际成本 =350×58.20=20 370（元）

一次加权平均法计算方法简单，但平时无法从账上取得发出和结存材料的单位实际成本及其金额，不利于加强对材料的管理；在物价变动幅度较大的情况下，按加权平均单位成本计算的期末材料成本与现行成本有较大的差异，适合物价变动幅度不大的情况。

(4) 个别计价法

个别计价法是把每一种材料的实际成本作为计算发出材料成本和期末材料成本的基础。对于为特定项目专门购入或制造的材料，通常采用个别计价法确定发出材料的成本。在实际工作中，越来越多的企业采用计算机信息系统进行会计处理，个别计价法可以广泛应用于发出材料的计价，并且该方法确定的材料成本最为准确，但以能够掌握每批材料的具体情况为前提。

12.2.2 领用材料的核算

企业生产产品领用原材料，应按领用材料的实际成本，借记"生产成本"账户，贷记"原材料"等账户。

【例 12-4】公司在 2016 年 11 月份，根据各种出库凭证登记了原材料明细账，并计算编制了材料费用分配表（略），表中列示本月生产产品共耗用材料费用 350 000 元，其中生产甲产品耗用原材料 150 000 元。生产乙产品耗用原材料 200 000 元。账务处理如下：

```
借：生产成本——甲产品                    150 000
    生产成本——乙产品                    200 000
  贷：原材料                                      350 000
```

12.3 人工费用的核算

12.3.1 人工费用的内容

产品成本里的人工费用是指参加产品生产的工人工资及福利费等相关费用，即职工薪酬。职工薪酬是指企业为获得职工提供的服务或解除劳动关系而给予的各种形式的报酬或补偿，包括短期薪酬、离职后福利、辞退福利和其他长期职工福利。企业提供给职工配偶、子女、受赡养人、已故员工遗属及其他受益人等的福利也属于职工薪酬。具体内容如下：

A. 短期薪酬，是指企业在职工提供相关服务的年度报告期间结束后十二个月内需要全部予以支付的职工薪酬，因解除与职工的劳动关系给予的补偿除外。短期薪酬具体包括：

a. 职工工资、奖金、津贴和补贴，是指按照构成工资总额的计时工资、计件工资、支付给职工的超额劳动报酬和增收节支的劳动报酬、为补偿职工特殊或额外的劳动消耗和因其他特殊原因支付给职工的津贴,以及为保证职工工资水平不受物价影响支付给职工的物价补贴等。其中,企业按照短期奖金计划向职工发放的奖金属于短期薪酬,按照长期奖金计划向职工发放的奖金属于其他长期职工福利。

b. 职工福利费,是指企业向职工提供的生活困难补助、丧葬补助费、抚恤费、职工异地安家费、防暑降温费等职工福利支出。

c. 医疗保险费、工伤保险费等社会保险费,是指企业按照国家规定的基准和比例计算,向社会保险经办机构缴纳的医疗保险费、工伤保险费等费用。

d. 住房公积金,是指企业按照国家规定的基准和比例计算,向住房公积金管理机构缴存的住房公积金。

e. 工会经费和职工教育经费,是指企业为了改善职工文化生活,为职工学习先进技术和提高文化水平及业务素质,用于开展工会活动和职工教育及职业技能培训等相关支出。

f. 短期带薪缺勤,是指职工虽然缺勤但企业仍向其支付报酬的安排,包括年休假、病假、婚假、产假、丧假、探亲假等。

g. 短期利润分享计划,是指因职工提供服务而与职工达成的基于利润或其他经营成果提供薪酬的协议。

h. 其他短期薪酬,是指除上述薪酬以外的其他为获得职工提供的服务而给予的短期薪酬。

B. 离职后福利,是指企业为获得职工提供的服务而在职工退休或与企业解除劳动关系后,提供的各种形式的报酬和福利,短期薪酬和辞退福利除外。企业应当将离职后福利计划分为设定提存计划和设定受益计划。离职后福利计划是指企业与职工就离职后福利达成的协议,或者企业为向职工提供离职后福利制定的规章或办法等。其中设定提存计划是指向独立的基金缴存固定费用后,企业不再承担进一步支付义务的离职后福利计划;设定受益计划是指除设定提存计划以外的离职后福利计划。

C. 辞退福利,是指企业在职工劳动合同到期之前解除与职工的劳动关系,或者为鼓励职工自愿接受裁减而给予职工的补偿。

D. 其他长期职工福利,是指除短期薪酬、离职后福利、辞退福利之外所有的职工薪酬,包括长期带薪缺勤、长期残疾福利、长期利润分享计划等。

12.3.2 人工费用的核算

(1) 短期薪酬的核算

① 货币性职工薪酬的核算

货币性薪酬包括应付给职工的工资、奖金、津贴和补贴,职工福利费,国家规定了计提基础和计提比例的医疗保险费、工伤保险费等社会保险费和住房公积金,以及按规定提取的工会经费和职工教育经费以及短期带薪缺勤四个部分的核算。

对于货币性职工薪酬的核算企业会计部门应当按月编制"工资单",并据以编制"工资结算汇总表",反映与职工结算工资的情况;每月终了,企业应将本月应发的职工工资、奖金、津贴、补贴以及福利费和各种社会保险等编制"工资费用分配表"进行分配后,计入相关成本、费用。

【例12-5】公司2016年11月工资汇总情况如表12-5所示。

表12-5 工资结算汇总表

部门	应付工资					代扣款项				实发工资
	基本工资	岗位工资	奖金	津贴补贴	合计	房租	托儿费	社会保险费	合计	
生产工人	90 000	45 000	26 600	18 400	180 000	3 600	400	1 800	5 800	174 200
车间管理	7 000	3 600	2 400	1 000	14 000	400	160	140	700	13 300
厂部管理	13 000	6 600	4 000	2 400	26 000	800	200	260	1 260	24 740
工程建设	15 000	7 600	4 200	3 200	30 000	340		300	640	29 360
销售人员	9 000	4 000	3 000	2 000	18 000	320	80	180	580	17 420
福利人员	6 000	3 000	1 600	1 400	12 000	200	60	120	380	11 620
合计	140 000	69 800	41 800	28 400	280 000	5 660	900	2 800	9 360	270 640

根据工资结算汇总表企业进行账务处理如下:

A. 发放职工工资:

借:应付职工薪酬——工资、奖金、津贴和补贴　　270 640
　　贷:库存现金　　　　　　　　　　　　　　　　270 640

B. 结转代扣款项:

借:应付职工薪酬——工资、奖金、津贴和补贴　　6 560
　　贷:管理费用　　　　　　　　　　　　　　　　5 660
　　　　其他应付款　　　　　　　　　　　　　　　900

C. 以银行存款支付代扣房租及托儿费：

借：其他应付款　　　　　　　　　　　　　　　900

　　贷：银行存款　　　　　　　　　　　　　　　　　900

D. 以银行存款支付代扣社会保险费：

借：应付职工薪酬——工资、奖金、津贴和补贴　2 800

　　贷：银行存款　　　　　　　　　　　　　　　　2 800

每月终了，企业应将本月应发的职工工资、奖金、津贴和补贴进行分配，具体分配情况如下：产品生产工人的工资、奖金、津贴和补贴，借记"生产成本——基本生产成本"账户；辅助生产工人的工资、奖金、津贴和补贴，借记"生产成本——辅助生产成本"账户；车间管理部门人员的工资、奖金、津贴和补贴，借记"制造费用"账户；厂部管理部门人员的工资、奖金、津贴和补贴，借记"管理费用"账户；销售机构人员的工资、奖金、津贴和补贴，借记"销售费用"账户；工程建设部门人员的工资、奖金、津贴和补贴，借记"在建工程"账户；与无形资产有关的工资、奖金、津贴和补贴，借记"无形资产"账户；企业福利机构人员的工资、奖金、津贴和补贴，借记"应付职工薪酬——职工福利"账户。按企业应付职工的全部工资、奖金、津贴和补贴，贷记"应付职工薪酬——工资"账户。

【例 12-6】公司 2016 年 11 月"工资费用分配表"如下，生产工人工资按产品的工时分配，生产甲产品耗用工时 3 000 小时，生产乙产品耗用工时 5 000 小时，具体分配如表 12-6 所示。

表12-6　工资费用分配表

人员/部门	应借账户	成本或费用项目	工资费用
产品生产工人	生产成本——甲产品	直接人工	67 500
产品生产工人	生产成本——乙产品	直接人工	112 500
车间管理人员	制造费用	工资费用	14 000
厂部管理人员	管理费用	工资费用	26 000
工程建设人员	在建工程	工资费用	30 000
销售机构人员	销售费用	工资费用	18 000
福利部门人员	应付职工薪酬	职工福利费	12 000
合计			280 000

根据表12-6分配结果,企业进行账务处理如下:

借:生产成本——甲产品　　　　　　　　　　　67 500
　　生产成本——乙产品　　　　　　　　　　　112 500
　　制造费用　　　　　　　　　　　　　　　　14 000
　　管理费用　　　　　　　　　　　　　　　　26 000
　　在建工程　　　　　　　　　　　　　　　　30 000
　　销售费用　　　　　　　　　　　　　　　　18 000
　　应付职工薪酬——职工福利费　　　　　　　12 000
　贷:应付职工薪酬——工资、奖金、津贴和补贴　280 000

何为四险一金?

四险一金即原来的五险一金,是我们平时所说的社会保险,具体指的是养老保险、医疗保险、生育保险、工伤保险和住房公积金。五险一金是我国员工享有的一项权益,员工在单位就职期间,单位有责任为其投保五险一金,五险一金的保费,由单位和职工个人按照一定比例缴纳。缴纳数额是以工资总额为基数,具体比例要向当地的劳动部门咨询,各地缴纳比例不一样。

2016年12月18日在中央经济工作会议上提出要精简五险一金,降低社保成本,将生育保险纳入医疗保险,并于2017年6月底前在重庆等12个城市启动合并实施试点,今后五险一金将转变为四险一金。

住建部规定从2016年5月1日起,住房公积金缴存比例不得高于12%,经营困难企业除可以降低缴存比例外,还可以申请暂缓缴存。

【例12-7】公司2016年11月末对职工福利费、医疗保险费、养老保险费、住房公积金、工会经费、职工教育经费以工资总额为计提基础,分别按照当地有关部门规定的计提比例计算并计入相应的成本、费用账户。特别要注意的是,对按企业福利机构人员工资总额计提的部分要记入"管理费用"账户,具体如表12-7所示。

表12-7 福利、保险等费用分配表

人员/部门	应借账户	工资费用	职工福利费	医疗保险	养老保险	住房公积金	工会经费	职工教育经费	合计
产品生产工人	生产成本——甲产品	67 500	1 350	6 750	14 850	3 375	1 350	1 012.50	28 687.50
产品生产工人	生产成本——乙产品	112 500	2 250	11 250	24 750	5 625	2 250	1 687.50	47 812.50
车间管理人员	制造费用	14 000	280	1 400	3 080	700	280	210	5 950
厂部管理人员	管理费用	26 000	520	2 600	5 720	1 300	520	390	11 050
工程建设人员	在建工程	30 000	600	3 000	6 600	1 500	600	450	12 750
销售机构人员	销售费用	18 000	360	1 800	3 960	900	360	270	7 650
福利部门人员	应付职工薪酬	12 000	240	1 200	2 640	600	240	180	5 100
合计		280 000	5 600	28 000	61 600	14 000	5 600	4 200	119 000

根据上表，企业应做如下账务处理：

借：生产成本——甲产品　　　　　　　　　　　　28 687.50
　　生产成本——乙产品　　　　　　　　　　　　47 812.50
　　制造费用　　　　　　　　　　　　　　　　　　5 950
　　管理费用　　　　　　　　　　　　　　　　　16 150
　　在建工程　　　　　　　　　　　　　　　　　12 750
　　销售费用　　　　　　　　　　　　　　　　　　7 650
　　贷：应付职工薪酬——职工福利费　　　　　　　5 600
　　　　应付职工薪酬——基本医疗保险　　　　　28 000
　　　　应付职工薪酬——设定提存计划——基本养老保险　61 600
　　　　应付职工薪酬——住房公积金　　　　　　14 000
　　　　应付职工薪酬——工会经费　　　　　　　　5 600
　　　　应付职工薪酬——职工教育经费　　　　　　4 200

②非货币性职工薪酬的核算

企业向职工提供的非货币性职工薪酬，应当分别情况处理：

A. 以企业自产产品发放给职工作为福利。企业以其生产的产品作为非货币性福利提供给职工的，应当按照该产品的市价和相关税费计量计入成本费用，同时确认应付职工薪酬，并确认为主营业务收入，其销售成本的结转和相关税费的处理，与正常商品销售相同。

【例12-8】2016年11月，公司以其生产的H产品100件作为福利发给100名职工，每件生产成本为300元，售价500元，A企业适用的增值税税率为17%。假定100名职工中生产甲产品工人25名，生产乙产品工人45名，10名为车间管理人员，20名为企业总部管理人员。

H产品应交的增值税销项税额 = 500 × 100 × 17% = 8 500（元）

生产成本——甲产品 = 500 × 25 ×（1 + 17%）= 14 625（元）

生产成本——乙产品 = 500 × 45 ×（1 + 17%）= 26 325（元）

制造费用 = 500 × 10 ×（1 + 17%）= 5 850（元）

管理费用 = 500 × 20 ×（1 + 17%）= 11 700（元）

a. 公司决定发放非货币性福利时，进行账务处理如下：

借：生产成本——甲产品　　　　　　　　　　　14 625
　　生产成本——乙产品　　　　　　　　　　　26 325
　　　制造费用　　　　　　　　　　　　　　　 5 850
　　　管理费用　　　　　　　　　　　　　　　11 700
　　贷：应付职工薪酬——非货币性福利　　　　58 500

b. 实际发放非货币性福利时，进行账务处理如下：

借：应付职工薪酬——非货币性福利　　　　　　58 500
　　贷：主营业务收入　　　　　　　　　　　　50 000
　　　　应交税费——应交增值税（销项税额）　 8 500

借：主营业务成本　　　　　　　　　　　　　　30 000
　　贷：库存商品　　　　　　　　　　　　　　30 000

B. 企业外购商品发放给职工作为福利。企业外购商品发给职工作为福利，应当按照该商品的市价和相关税费计量计入成本费用，同时确认应付职工薪酬。

【例12-9】2016年12月，公司外购取暖器作为福利发放给职工，每台不含税价格为100元，购买取暖器开具了增值税专用发票，增值税税率为17%。假定100名职工中生产甲产品工人25名，生产乙产品工人45名，10名为车间管理人员，20名为企业总部管理人员。

取暖器的售价金额=100×100=10 000（元）

取暖器的进项税额=10 000×17%=1 700（元）

生产成本——甲产品=100×25×（1+17%）=2 925（元）

生产成本——乙产品=100×45×（1+17%）=5 265（元）

制造费用=100×10×（1+17%）=1 170（元）

管理费用=100×20×（1+17%）=2 340（元）

a. 公司决定发放非货币性福利时，进行账务处理如下：

借：生产成本——甲产品	2 925
生产成本——乙产品	5 265
制造费用	1 170
管理费用	2 340
贷：应付职工薪酬——非货币性福利	11 700

b. 购买取暖器时，账务处理如下：

借：应付职工薪酬——非货币性福利	11 700
贷：银行存款	11 700

C. 将拥有的房屋或租赁住房等资产无偿提供给职工使用。企业将拥有的房屋等资产无偿提供给职工使用的，应当根据受益对象，将住房每期应计提的折旧计入相关资产成本或费用，同时确认应付职工薪酬；租赁住房等资产供职工无偿使用的，应当根据受益对象，将每期应付的租金计入相关资产成本或费用，并确认应付职工薪酬。难以认定受益对象的，直接计入当期损益，并确认应付职工薪酬。

【例12-10】公司为各部门经理级别以上职工提供汽车免费使用，同时为副总裁以上高级管理人员每人租赁一套住房。该企业共有部门经理以上职工25名，每人提供一辆桑塔纳汽车免费使用，假定每辆桑塔纳汽车每月计提折旧500元；该公司共有副总裁以上高级管理人员5名，为每人租赁一套面积为100平方米住房，月租金为每套4 000元。

每月进行账务处理如下：

借：管理费用	32 500
贷：应付职工薪酬——非货币性福利	32 500
借：应付职工薪酬——非货币性福利	32 500
贷：累计折旧	12 500
其他应付款	20 000

(2) 设定提存计划的核算

对于设定提存计划，企业应当根据在资产负债表日为换取职工在会计期间提供的服务而应向单独主体缴存的提存金，确认为应付职工薪酬负债，并计入当期损益或相关资产成本。借记"生产成本""制造费用""管理费用""销售费用"等账户，贷记"应付职工薪酬——设定提存计划"账户。核算举例见【例12-7】。

什么是非货币性福利？

企业以自己的产品或外购商品发放给职工作为福利，企业提供给职工无偿使用自己拥有的资产或租赁资产供职工无偿使用，比如提供给企业高级管理人员使用的住房等，免费为职工提供诸如医疗保健的服务或向职工提供企业支付了一定补贴的商品或服务等，比如以低于成本的价格向职工出售住房等。

12.4 固定资产折旧的核算
12.4.1 固定资产折旧概述

(1) 固定资产折旧的定义

固定资产是一种为企业经营所需而长期使用的资产，它可以多次参加企业的生产经营活动而不改变其实物形态，但它的服务潜力会随着固定资产的使用而逐渐降低乃至消失，因此根据配比原则，其价值也应当随着固定资产的使用而逐渐转移到成本费用中。这种因损耗而逐渐转移到成本费用中的固定资产价值，在会计上就叫作折旧。由于不能准确地测量资产损耗和收入之间的关系，折旧只是一种人为的成本分配，即折旧是固定资产在使用寿命期内按照系统且合理的方法将固定资产价值分配为费用的一个过程。

(2) 影响固定资产折旧的因素

影响固定资产折旧的因素主要有以下三个：

①固定资产原值

固定资产原值是指通过会计确认的固定资产原始入账价值，它是计提折旧的基础。

②预计净残值

预计净残值就是预计残值减去预计清理费用。预计残值是固定资产在服务期满被处置时可收回的残余材料的价值；预计清理费用就是固定资产报废时发生的有关费用。

③预计使用年限

预计使用年限是指固定资产从投入使用开始到报废为止的预计时间。预计使用年限的长短影响各期折旧费用的大小，企业固定资产的预计使用年限既要考虑有形损耗，又要考虑无形损耗，还要考虑会计法规对资产使用的限制。企业要根据固定资产的性质和消耗方式，合理预计使用年限。

12.4.2 固定资产折旧的范围

企业应对所有固定资产计提折旧，但是已提足折旧继续使用的固定资产和单独估价入账的土地除外。已达到使用状态的固定资产，如果尚未办理竣工决算，以估计价值暂估入账，并计提折旧；待办理了竣工决算手续后，再按实际成本调整原来的暂估价值，但无须调整原来已计提的折旧额。

现行制度规定，固定资产应当按月计提折旧，当月增加的固定资产当月不计提折旧，从下月起计提；当月减少的固定资产当月照提折旧，从下月起不提。简言之，就是按照月初在册的固定资产计提折旧。

12.4.3 固定资产折旧的方法

企业应当根据与固定资产有关的经济利益的预期实现方式，合理选择折旧方法。可选用的折旧方法包括年限平均法、工作量法、双倍余额递减法和年数总和法等。企业选用不同的固定资产折旧方法，将影响固定资产使用寿命期间内不同时期的折旧费用，因此，固定资产的折旧方法一经确定，不得随意变更。

（1）直线法

直线法也称年限平均法，是指将固定资产的应计折旧额均衡地分摊到固定资产预计使用年限内的一种方法。采用这种方法计算的每期折旧额均相等。计算公式如下：

$$年折旧率 = (1 - 预计净残值率 / 预计使用年限) \times 100\%$$

$$月折旧率 = 年折旧率 \div 12$$

$$月折旧额 = 固定资产原价 \times 月折旧率$$

> **直线法折旧有哪些局限性呢?**
>
> 采用直线法计算固定资产折旧虽然比较简单,但它也存在着一些明显的局限性。首先,固定资产在不同使用年限提供的经济效益是不同的。固定资产在使用前期工作效率相对较高,所带来的经济利益也就多;而在使用后期,工作效率一般呈下降趋势,因而,所带来的经济利益也就逐渐减少。另外,固定资产在不同的使用年限发生的维修费用也不同,随着固定资产使用时间的延长,维修费用会不断地增加。而这些,直线法都没有考虑。

(2) 工作量法

工作量法是根据实际工作量计算每期应提折旧额的一种方法。计算公式如下:

单位工作量折旧额=固定资产原价×(1-预计净残值率)/预计总工作量

某项固定资产月折旧额=该项固定资产当月工作量×单位工作量折旧额

(3) 双倍余额递减法

双倍余额递减法是指在不考虑固定资产预计净残值的情况下,根据每期期初固定资产原价减去累计折旧后的余额和双倍的直线法折旧率计算固定资产折旧的一种方法。计算公式如下:

年折旧率=[2/预计使用寿命(年)]×100%

月折旧率=年折旧率÷12

月折旧额=固定资产账面净值×月折旧率

【例12-11】公司某项设备原价为120万元,预计使用寿命为5年,预计净残值率为4%;假设公司没有对该机器设备计提减值准备。

公司按双倍余额递减法计算折旧,每年折旧额计算如下:

年折旧率=(2/5)×100%=40%

第一年应提的折旧额=120×40%=48(万元)

第二年应提的折旧额=(120-48)×40%=28.8(万元)

第三年应提的折旧额=（120-48-28.8）×40%=17.28（万元）

从第四年起改按年限平均法（直线法）计提折旧：

第四、第五年应提的折旧额=（120-48-28.8-17.28-120×4%）÷2=10.56（万元）

（4）年数总和法

年数总和法又称年限合计法，是将固定资产的原价减去预计净残值的余额乘以一个以固定资产尚可使用寿命为分子、以预计使用寿命逐年数字之和为分母的逐年递减的分数计算每年的折旧额。计算公式如下：

年折旧率=（尚可使用年限/预计使用寿命的年数总和）×100%

月折旧率=年折旧率÷12

月折旧额=（固定资产原价-预计净残值）×月折旧率

【例12-12】沿用【例12-11】，采用年数总和法计算的各年折旧额如下：

第一年应提的折旧额=120×（1-4%）×（5/15）=38.40（万元）

第二年应提的折旧额=120×（1-4%）×（4/15）=30.72（万元）

第三年应提的折旧额=120×（1-4%）×（3/15）=23.04（万元）

第四年应提的折旧额=120×（1-4%）×（2/15）=15.36（万元）

第五年应提的折旧额=120×（1-4%）×（1/15）=7.68（万元）

加速折旧法有什么特点呢？

双倍余额递减法和年数总和法都属于加速折旧方法，其特点是在固定资产使用的早期多提折旧，后期少提折旧，其递减的速度逐年加快，从而相对加快折旧的速度，目的是使固定资产成本在预计使用寿命期内加快得到补偿。

12.4.4 固定资产折旧的核算

企业应当按月计提固定资产折旧，属于基本生产车间使用的固定资产计提的折旧应计入"制造费用"账户；管理部门所使用的固定资产计提的折旧应计入"管理费用"账户；销售部门所使用的固定资产计提的折旧应计入"销售费用"账户；经营租出的固定资产计提的折旧应计入"其他业务成本"账户。下面举例说明：

【例12-13】公司2016年11月固定资产计提折旧情况如下：第一生产车间厂房计提折旧8.6万元，机器设备计提折旧10万元。管理部门房屋建筑物计提折旧13万元，运输工具计提折旧4.8万元。销售部门房屋建筑物计提折旧6.4万元，运输工具计提折旧5.26万元。此外，本月20日第一生产车间新购置一台设备，原价为122万元，预计使用寿命10年，预计净残值1万元，按年限平均法计提折旧。本例中，新购置的设备本月不提折旧，应从下月开始计提折旧。

计提折旧的账务处理如下：

借：制造费用——第一生产车间　　　　　　　　　186 000
　　管理费用　　　　　　　　　　　　　　　　　178 000
　　销售费用　　　　　　　　　　　　　　　　　116 600
　　贷：累计折旧　　　　　　　　　　　　　　　　　　480 600

12.5　制造费用的核算

12.5.1　制造费用的概述

制造费用是指企业各生产车间为组织和管理生产所发生的各项费用，具体包括：车间管理人员的工资等职工薪酬、固定资产折旧费、修理费、办公费、水电费、机物料消耗、季节性和修理期间的停工损失等，不包括企业行政管理部门为组织和管理生产经营活动而发生的管理费用。

12.5.2　制造费用的核算

制造费用一般是间接计入成本，当制造费用发生时一般无法直接判定它所归属的成本计算对象，因而不能直接计入所生产的产品成本中去，而须按费用发生的地点先行归集，月终时再采用一定的方法在各成本计算对象间进行分配，计入各成本计算对象的成本中。

(1) 制造费用的归集

A. 生产车间发生的机物料消耗，借记本账户，贷记"原材料"等账户。

B. 发生的车间管理人员的工资等职工薪酬，借记本账户，贷记"应付职工薪酬"账户，如【例12-6】～【例12-9】。

C. 生产车间计提的固定资产折旧，借记本账户，贷记"累计折旧"账户，如【例12-13】。

D. 发生季节性的停工损失，借记本账户，贷记"原材料""应付职工薪酬""银行存款"等账户。

E. 生产车间支付的办公费、修理费、水电费等，借记本账户，贷记"银行存款"等账户，如【例 12-14】所示。

【例 12-14】2011 年 11 月 30 日，公司用银行存款支付生产用固定资产修理费 20 000 元，支付生产车间水电费 17 030 元。

借：制造费用　　　　　　　　　　　　　　　　　　37 030
　　贷：银行存款　　　　　　　　　　　　　　　　　　37 030

(2) 制造费用的分配

在完成了制造费用的归集后，应当按照一定的标准将归集好的制造费用在各个产品或劳务成本间进行分配。企业根据各生产单位制造费用的特性和生产特点选定分配标准后，就可进入具体的分配过程。

制造费用的分配方法主要有生产工时比例分配法、生产工人工资比例分配法、机器工时比例分配法等。

【例 12-15】将本章例题中公司发生的制造费用全部汇总后分配。假定该公司共生产甲、乙两种产品，11 月生产产品总共耗用工时 8 000 小时，其中生产甲产品耗用 3 000 小时，生产乙产品耗用 5 000 小时。

实际发生制造费用 =14 000 + 5 950 + 5 850 + 1 170 + 186 000 + 37 030=250 000
制造费用分配率 = 费用总额 / 生产工时总数 =250 000/8 000=31.25（元/工时）
甲产品应负担的制造费用 = 甲产品耗用的生产工时数 × 分配率 =3 000×31.25=93 750（元）
乙产品应负担的制造费用 = 乙产品耗用的生产工时数 × 分配率 =5 000×31.25=156 250（元）

绘制制造费用分配表如表 12-8 所示。

表12-8　制造费用分配表

产品名称	分配标准（生产工时）	分配率	分配金额（元）
甲产品	3 000	—	93 750
乙产品	5 000	—	156 250
合计	8 000	31.25	250 000

同时账务处理如下:

借: 生产成本——甲产品　　　　　　　　　　　　　　93 750
　　生产成本——乙产品　　　　　　　　　　　　　　156 250
　贷: 制造费用　　　　　　　　　　　　　　　　　　250 000

12.6 完工产品的核算

月末生产费用结转是产品成本计算的最后一个环节。企业在生产过程中发生的各种间接费用,都要在月末归集并分配结转至产品"生产成本"账户内。如果本期生产的产品全部完工,则完工产品的成本为各项耗费的合计数。产品制造完工后要将完工产品的成本结转至"库存商品"账户并办理入库手续。如果本期生产的产品全部未完工,即是在产品,则在产品的成本留在"生产成本"账户中,不予结转,待完工后再转出。

【例12-16】2016 年 11 月 1 日公司甲产品和乙产品的期初余额如表 12-9 和表 12-10 所示,当月发生的生产费用见【例12-4】至【例12-15】的相关资料,月末甲产品 450 件全部完工,乙产品未完工,根据账簿记录计算完工产品和在产品的成本,并结转本月完工甲产品的实际生产成本。企业账务处理如下:

借: 库存商品——甲产品　　　　　　　　　　　　　380 487.50
　贷: 生产成本——甲产品　　　　　　　　　　　　　380 487.50

由于乙产品本月末未完工不需要结转,在产品费用仍然留在产品明细账中,等到完工时再进行账务处理。

表12-9　生产成本明细账

车间: 一车间　　　　　　　　　　　　　　　　　　　　　产品: 甲产品
　　　　　　　　　　　　　　　　　　　　　　　　　　　　单位: 元

2016年		摘要	产量(件)	成本项目			成本合计
月	日			直接材料	直接人工	制造费用	
11	1	在产品费用	50	20 000	2 000	1 000	23 000
11	30	本月生产费用	400	150 000	113 737.50	93 750	357 487.50
11	30	生产费用累计		170 000	115 737.50	94 750	380 487.50
11	30	本月完工产品成本	450	170 000	115 737.50	94 750	380 487.50
11	30	完工产品单位成本		377.77	257.20	210.56	845.53

表12-10　生产成本明细账

车间：一车间　　　　　　　　　　　　　　　　　　　　产品：乙产品
　　　　　　　　　　　　　　　　　　　　　　　　　　　单位：元

2016年		摘要	产量（件）	成本项目			成本合计
月	日			直接材料	直接人工	制造费用	
11	1	在产品费用	50	50 000	0	0	50 000
11	30	本月生产费用	200	200 000	191 902.50	156 250	548 152.50
11	30	生产费用累计		250 000	191 902.50	156 250	598 152.50
11	30	在产品费用		250 000	191 902.50	156 250	598 125.50

第十三章 销售业务的核算

13.1 收入概述

(1) 收入的概念

收入是指企业在日常活动中形成的、会导致所有者权益增加的、与所有者投入资本无关的经济利益的总流入。

(2) 收入的特点

A. 收入从企业的日常活动中产生，而不是从偶发的交易或事项中产生。

B. 收入可能表现为企业资产的增加，也可能表现为企业负债的减少，或者两者兼而有之。比如当一项收入产生之时，可以表现为银行存款、应收账款的增加等，同时也可能表现为以收入抵偿债务。

C. 收入能导致企业所有者权益的增加。

D. 收入只包括本企业经济利益的流入，不包括为第三方或客户代收的款项。代收的款项不属于本企业的经济利益，不能作为本企业的收入。

(3) 收入的分类

收入可以有不同的分类。按照企业从事日常活动的性质，可将收入分为销售商品收入、提供劳务收入、让渡资产使用权收入等。其中，销售商品收入是指企业通过销售商品实现的收入，如工业企业制造并销售产品、商业企业销售商品等实现的收入。提供劳务收入是指企业通过提供劳务实现的收入，如咨询公司提供咨询服务、软件开发企业为客户开发软件、安装公司提供安装服务等实现的收入。让渡资产使用权收入包括利息收入和使用费收入等，如商业银行对外贷款、租赁公司出租资产等实现的收入。

此外收入按企业经营业务的主次可以分为主营业务收入和其他业务收入。

(4) 收入核算应设置的账户

为了反映企业在日常活动中所取得的主要收入，企业应设置以下账户进行核算，如表 13-1 所示。

表13-1　收入核算设置的账户

科目名称	记录内容
主营业务收入	属于损益类账户，是专门用来核算企业在日常活动中销售商品、提供劳务以及让渡资产使用权所产生的收入。该账户贷方登记本期发生的可以按照收入原则确认的各项收入；借方登记企业本期发生的销售退回等应冲减的营业收入以及期末转入"本年利润"账户贷方的数额；期末结转后该账户无余额。此账户按照主营业务的种类设置明细账户，进行明细分类核算
应收账款	属于资产类账户，是专门用来核算企业因销售产品、材料，提供劳务等业务，应向购货单位或接受劳务单位收取的货款。该账户借方登记销售过程中发生的应收货款；贷方登记已收回的应收货款；期末余额在借方，表示尚未收回的应收货款。此账户按不同购货单位设置明细账，进行明细分类核算
应收票据	属于资产类账户，是专门用来核算企业因销售产品、材料，提供劳务等业务，收取的商业汇票，包括银行承兑汇票和商业承兑汇票。借方登记实际收到的商业汇票；贷方登记已经承兑的商业汇票；期末余额在借方，表示尚未到期承兑的商业汇票
预收账款	属于负债类账户，专门用于核算企业因销售产品、材料，提供劳务等业务，根据合同应向购货单位或接受劳务单位预收的货款。贷方登记企业根据合同预收的款项；借方登记发货后与购货单位结算的款项；期末余额在贷方，表示已经预收而尚未发货进行结算的款项。该账户按不同购货单位设置明细账户进行核算

13.2　商品销售收入的核算

13.2.1　商品销售收入的确认和计量

（1）商品销售收入的确认

商品销售收入应同时满足下列条件，才能予以确认：

①企业已将商品所有权上的主要风险和报酬转移给购货方

企业已将商品所有权上的主要风险和报酬转移给购货方，是指与商品所有权有关的主要风险和报酬同时转移给了购货方。其中，与商品所有权有关的风险，是指商品可能发生减值或毁损等形成的损失；与商品所有权有关的报酬，是指商品价值增值或通过使用商品等形成的经济利益。

②企业既没有保留通常与所有权相联系的继续管理权，也没有对已售出的商品实施控制

通常情况下，企业售出商品后不再保留与商品所有权相联系的继续管理权，也不再对售出商品实施有效控制，商品所有权上的主要风险和报酬已经转移给购

货方，通常应在发出商品时确认收入。

③收入的金额能够可靠地计量

收入的金额能够可靠地计量，是指收入的金额能够合理地估计。收入的金额不能够合理估计就无法确认收入。

④相关的经济利益很可能流入企业

相关的经济利益很可能流入企业，是指销售商品价款收回的可能性大于不能收回的可能性，即销售商品价款收回的可能性超过 50%。

⑤相关的已发生或将发生的成本能够可靠地计量

上述 5 个条件是企业销售商品时应同时满足的，任何一个条件没有满足，即使收到货款，企业都不能确认收入。

(2) 商品销售收入的计量

销售商品收入的计量是指销售商品收入的入账金额的确定，一般应遵循下列原则：

A. 销售商品如签订有合同或协议的，企业应当按照从购货方已收或应收的合同或协议价款确定销售商品收入金额，但已收或应收的合同或协议价款不公允的除外。

B. 销售商品无合同或协议的，按购销双方都同意或都能接受的价格确定。

C. 销售商品涉及商业折扣的，应当按照扣除商业折扣后的金额确定销售商品收入金额。销售商品涉及现金折扣的，应当按照扣除现金折扣前的金额确定销售商品收入金额，现金折扣在实际发生时计入当期损益。

D. 企业已经确认收入的售出商品发生销售折让的，应当在发生时冲减当期的销售商品收入。企业已经确认销售商品收入的售出商品发生销售退回的，应当在发生时冲减当期的销售商品收入。

已经确认的收入以后无法收回，可以冲销原确认的收入吗？

如果企业判断销售商品收入满足确认条件确认了一笔应收债权，以后由于购货方资金周转困难无法收回该债权时，不应调整原确认的收入，而应对该债权计提坏账准备、确认坏账损失。

13.2.2 商品销售收入的账务处理

(1) 通常情况下销售商品收入的处理

确认销售商品收入时,企业应按已收或应收的合同或协议价款,加上应收取的增值税额,借记"银行存款""应收账款""应收票据"等科目,按确定的收入金额,贷记"主营业务收入""其他业务收入"等科目,按应收取的增值税额,贷记"应交税费——应交增值税(销项税额)"科目;同时在资产负债表日,按应交纳的消费税、资源税、城市维护建设税、教育费附加等税费金额,借记"税金及附加"科目,贷记"应交税费——应交消费税(应交资源税、应交城市维护建设税等)"科目。

如果售出商品不符合收入确认条件,则不应确认收入,已经发出的商品,应当通过"发出商品"科目进行核算。

下面,我们就带着大家一起进入金泰公司2016年12月发生的销售业务的核算吧!

【例13-1】 公司2016年12月4日向A公司销售甲产品100件,单价1 000元,货款100 000元,增值税额为17 000元,已开具增值税专用发票,货款和税款全部收到存入银行。编制会计分录如下:

借:银行存款 117 000
　贷:主营业务收入 100 000
　　　应交税费——应交增值税(销项税额) 17 000

【例13-2】 公司2016年12月8日向本市电力公司销售甲产品50件,每件1 000元,货款50 000元,增值税额为8 500元,已开具增值税专用发票,收到对方开出的商业承兑汇票一张。编制会计分录如下:

借:应收票据 58 500
　贷:主营业务收入 50 000
　　　应交税费——应交增值税(销项税额) 8 500

(2) 销售商品涉及现金折扣、商业折扣的处理

①企业销售商品涉及现金折扣的，现行会计制度规定按照总价法入账

何为总价法？

总价法，是将未减去现金折扣的金额作为实际售价，作为"应收账款"的入账价值，而现金折扣只有客户在折扣期内付款时，才予以确认，视为理财费用，计入当期损益。

与总价法对应的是净价法，净价法是将减去现金折扣后的金额作为实际售价，据以确认为"应收账款"的入账价值，把客户享受现金折扣作为正常现象，若客户超过折扣期付款则视为理财收入，计入当期损益。

【例 13-3】公司 2016 年 12 月 11 日向外地某公司销售甲产品 600 件，每件 1 000 元，货款 600 000 元，增值税额为 102 000 元，已开具增值税专用发票，公司为了早日收回货款，在合同中规定了下列现金折扣条件：3/10，2/20，n/30。

A. 12 月 11 日销售实现时，应按总价法确认收入：

借：应收账款　　　　　　　　　　　　　　　　　　　702 000
　　贷：主营业务收入　　　　　　　　　　　　　　　　600 000
　　　　应交税费——应交增值税（销项税额）　　　　　102 000

B. 若 12 月 20 日前买方付清货款，则按售价的 3% 享受 18 000 元的现金折扣：

借：银行存款　　　　　　　　　　　　　　　　　　　684 000
　　财务费用　　　　　　　　　　　　　　　　　　　 18 000
　　贷：应收账款　　　　　　　　　　　　　　　　　　702 000

C. 若 12 月 30 日前买方付清货款，则按售价的 2% 享受 12 000 元的现金折扣：

借：银行存款　　　　　　　　　　　　　　　　　　　690 000
　　财务费用　　　　　　　　　　　　　　　　　　　 12 000
　　贷：应收账款　　　　　　　　　　　　　　　　　　702 000

D. 若 2017 年 1 月 10 日买方付清货款，应全额付款：

借：银行存款　　　　　　　　　　　　　　　　　　　702 000
　　贷：应收账款　　　　　　　　　　　　　　　　　　702 000

②企业销售商品涉及商业折扣的，应当按照扣除商业折扣后的金额确定销售商品收入金额。

【例 13-4】公司 2016 年 12 月 18 日向外地某公司销售乙产品 1 000 件，每件 100 元，货款 100 000 元，按合同的规定商业折扣 10%，增值税率 17%，已开具增值税专用发票，货款和税款未收到。

销售收入 =100×1 000×（1-10%）=90 000（元）

销项税额 =90 000×17%=15 300（元）

借：应收账款　　　　　　　　　　　　　　　　　105 300
　　贷：主营业务收入　　　　　　　　　　　　　 90 000
　　　　应交税费——应交增值税（销项税额）　　 15 300

13.3　提供劳务收入的核算

13.3.1　提供劳务收入的确认与计量

(1) 提供劳务的交易结果能够可靠估计

企业在资产负债日提供劳务交易的结果能够可靠估计的，应当采用完工百分比法确认提供劳务收入。

①提供劳务的交易结果能够可靠估计的条件

提供劳务的交易结果能否可靠估计，是指同时满足下列条件：

A. 收入的金额能够可靠地计量，是指提供劳务收入的总额能够合理地估计。通常情况下，企业应当按照从接受劳务方已收或应收的合同或协议价款确定提供劳务收入总额。随着劳务的不断提供，可能会根据实际情况增加或减少已收或应收的合同或协议价款，此时，企业应及时调整提供劳务收入总额。

B. 相关的经济利益很可能流入企业，是指提供劳务收入总额收回的可能性大于不能收回的可能性。企业在确定提供劳务收入总额能否收回时，应当结合接受劳务方的信誉、以前的经验以及双方就结算方式和期限达成的合同或协议条款等因素，综合进行判断。

C. 交易的完工进度能够可靠地确定，是指交易的完工进度能够合理地估计。企业确定提供劳务交易的完工进度，可以选用下列方法：

a. 已完工作的测量，这是一种比较专业的测量方法，由专业测量师对已经提供的劳务进行测量，并按一定方法计算确定提供劳务交易的完工程度。

b. 已经提供的劳务占应提供劳务总量的比例，这种方法主要以劳务量为标准确定提供劳务交易的完工程度。

c.已经发生的成本占估计总成本的比例,这种方法主要以成本为标准确定提供劳务交易的完工程度。

D.交易中已发生和将发生的成本能够可靠地计量,是指交易中已经发生和将要发生的成本能够合理地估计。

②完工百分比法的具体应用

完工百分比法,是指按照提供劳务交易的完工进度确认收入和费用的方法。在这种方法下,确认的提供劳务收入金额能够提供各个会计期间关于提供劳务交易及其业绩的有用信息。

企业应当在资产负债表日按照提供劳务收入总额乘以完工进度扣除以前会计期间累计已确认提供劳务收入后的金额,确认当期提供劳务收入;同时,按照提供劳务估计总成本乘以完工进度扣除以前会计期间累计已确认劳务成本后的金额,结转当期劳务成本。用公式表示如下:

本期确认的收入=劳务总收入×本期末止劳务的完工进度-以前期间累计已确认的收入

本期确认的费用=劳务总成本×本期末止劳务的完工进度-以前期间累计已确认的费用

在采用完工百分比法确认提供劳务收入的情况下,企业应按计算确定的提供劳务收入金额,借记"应收账款""银行存款"等科目,贷记"主营业务收入"科目。结转提供劳务成本时,借记"主营业务成本"科目,贷记"劳务成本"科目。

(2)提供劳务交易结果不能可靠估计

企业在资产负债表日提供劳务交易结果不能够可靠估计的,即不能满足上述三个条件中的任何一条时,企业不能采用完工百分比法确认提供劳务收入。此时,企业应正确预计已经发生的劳务成本能够得到补偿和不能得到补偿,分别进行会计处理:

①已经发生的劳务成本预计全部能够得到补偿

已经发生的劳务成本预计全部能够得到补偿的,应按已收或预计能够收回的金额确认提供劳务收入,并结转已经发生的劳务成本。

②已经发生的劳务成本预计部分能够得到补偿

已经发生的劳务成本预计部分能够得到补偿的,应按能够得到补偿的劳务成本金额确认提供劳务收入,并结转已经发生的劳务成本。

③已经发生的劳务成本预计全部不能得到补偿

已经发生的劳务成本预计全部不能得到补偿的,应将已经发生的劳务成本计入当期损益(主营业务成本),不确认提供劳务收入。

(3)同时销售商品和提供劳务交易

企业与其他企业签订的合同或协议,有时既包括销售商品又包括提供劳务,如销售电梯的同时负责安装工作、销售软件后继续提供技术支持、设计产品同时负责生产等。此时,如果销售商品部分和提供劳务部分能够区分且能够单独计量的,企业应当分别核算销售商品部分和提供劳务部分,将销售商品的部分作为销售商品处理,将提供劳务的部分作为提供劳务处理;如果销售商品部分和提供劳务部分不能够区分,或虽能区分但不能够单独计量的,企业应当将销售商品部分和提供劳务部分全部作为销售商品部分进行会计处理。

13.3.2 劳务收入的账务处理

(1)提供劳务的交易结果能够可靠估计下的账务处理

【例13-5】龙城设备安装公司于2016年9月1日接受一项设备安装任务,安装期为3个月,合同总收入150 000元,至年底已预收安装费110 000元,实际发生安装费用70 000元(假定均为安装人员薪酬),估计还会发生30 000元。假定该公司按实际发生的成本占估计总成本的比例确定劳务的完工进度,则账务处理如下:

实际发生的成本占估计总成本的比例=70 000÷(70 000+30 000)=70%

2016年12月31日确认的提供劳务收入=150 000×70%－0=105 000(元)

2016年12月31日结转的提供劳务成本=(70 000+30 000)×70%－0=70 000(元)

A. 实际发生劳务成本时:

借:劳务成本　　　　　　　　　　　　　　　　　70 000

　　贷:应付职工薪酬　　　　　　　　　　　　　　　70 000

B. 预收劳务款时:

借:银行存款　　　　　　　　　　　　　　　　　110 000

　　贷:预收账款　　　　　　　　　　　　　　　　　110 000

C. 2016年12月31日确认提供劳务收入并结转劳务成本时:

借:预收账款　　　　　　　　　　　　　　　　　105 000

　　贷:主营业务收入　　　　　　　　　　　　　　　105 000

借：主营业务成本	70 000
贷：劳务成本	70 000

(2) 提供劳务交易结果不能可靠估计的账务处理

【例13-6】金钥匙培训公司于2016年10月1日接受乙公司委托，为其培训一批技术工人，培训期为6个月，当日开学。协议约定，乙公司应向金钥匙公司支付的培训费总额为30 000元，分三次等额支付，第一次在开学时预付，第二次在第三个月月初支付，第三次在培训结束时支付。

当日，乙公司预付第一次培训费。至11月30日，甲公司发生培训成本15 000元（假定均为培训人员薪酬）。11月30日，公司得知乙公司经营发生困难，后两次培训费能否收回难以确定。因此，只将已经发生的培训成本15 000元中能够得到补偿的部分确认为当期收入，将发生的15 000元成本全部确认为当期费用。该公司的账务处理如下：

A. 2016年10月1日收到乙公司预付的培训费时：

借：银行存款	10 000
贷：预收账款	10 000

B. 实际发生培训支出15 000元时：

借：劳务成本	15 000
贷：应付职工薪酬	15 000

C. 11月30日确认提供劳务收入并结转劳务成本时：

借：预收账款	10 000
贷：主营业务收入	10 000
借：主营业务成本	15 000
贷：劳务成本	15 000

13.4　其他业务收入的核算

其他业务收入是由企业主营业务以外的所有通过销售商品、提供劳务及让渡资产使用权等日常经济活动中所形成的经济利益的流入，即其他业务所带来的收入。企业的其他业务可以通过企业营业执照上注明的兼营业务范围来确定。按照会计信息质量的重要性要求，对其他业务收入采用比较简化的方法核算。

13.4.1　账户设置

企业核算其他业务收入时，需设置账户，如表13-2所示。

表13-2 其他业务收入核算设置的账户

科目名称	记录内容
其他业务收入	属于损益类账户，是用于核算企业除主营业务收入以外的其他销售或其他业务收入的账户，如出售材料、技术转让、固定资产出租、运输劳务等收入。该账户贷方登记取得的其他业务收入；借方登记期末转入"本年利润"账户贷方的数额；期末结转后无余额。该账户按其他业务收入的各类设置明细账，进行明细分类核算

13.4.2 其他业务收入的核算

"其他业务收入"的核算可以概括为：企业按应确认的收入，贷记"其他业务收入"账户，按增值税专用发票上注明的增值税额，贷记"应交税费——应交增值税（销项税额）"账户，按实际收到的或预收的金额，借记"应收票据""预收账款"等账户。现举例说明如下。

【例13-7】2016年12月8日公司对外销售B材料一批，价值7 000元，增值税率为17%，计1 190元，材料已经发出，货款和税款已经收到入账。

借：银行存款　　　　　　　　　　　　　　　　　　　　8 190
　　贷：其他业务收入　　　　　　　　　　　　　　　　　7 000
　　　　应交税费——应交增值税（销项税额）　　　　　　1 190

【例13-8】2016年12月15日公司将089号专利技术对外出租，收取租金80 000元，增值税额4 800元，款已收到存入银行。

借：银行存款　　　　　　　　　　　　　　　　　　　　84 800
　　贷：其他业务收入　　　　　　　　　　　　　　　　　80 000
　　　　应交税费——应交增值税（销项税额）　　　　　　4 800

13.5 营业成本和税金的核算

13.5.1 账户设置

为了核算企业在日常活动中与取得的主要收入相对应的成本和税金，企业应设置以下账户进行核算，如表13-3所示。

13.5.2 营业成本和税金的账务处理

(1) 营业成本的核算

《企业会计准则——基本准则》中规定，当企业为生产产品、提供劳务等发生的可归属于产品成本、劳务成本等的费用，应当在确认产品销售收入、劳务收入等时，将以销售产品、已提供劳务的成本等计入当期损益。也就是说，按照会计确认与计量原则中的"配比原则"，当销售业务发生，确认了销售收入以后，应及时计算和结转已销产品的实际成本，通过"主营业务成本"账户核算。

表13-3 成本、税金核算设置的账户

科目名称	记录内容
主营业务成本	属于损益类账户，专门核算企业已销售产品的制造成本等。该账户借方登记已销产品的成本；贷方登记期末转入"本年利润"账户借方的数额；期末结转后无余额。与"主营业务收入"账户对应设置明细账，进行明细分类核算
税金及附加	属于损益类账户，专门核算企业在日常活动中应负担的税金及附加，包括消费税、城建税、资源税、教育费附加及房产税、土地使用税、车船使用税、印花税等相关税费。该账户借方登记企业经营活动发生的相关税费；贷方登记期末转入"本年利润"账户借方的数额；期末结转后无余额
其他业务成本	属于损益类账户，专门用于核算与其他销售或其他业务收入相对应的成本、修理费等支出的账户。该账户借方登记各项成本、修理等费用；贷方登记期末转入"本年利润"账户借方的数额；期末结转后无余额。与"其他业务收入"账户对应设置明细账，进行明细核算

当企业计算并结转已销产品的实际成本时，借记"主营业务成本"账户，贷记"库存商品"等账户。现举例说明如下：

【例13-9】2016年12月末公司结转已售甲产品和乙产品的生产成本，共计660 000元。

借：主营业务成本　　　　　　　　　　　　　　660 000
　　贷：库存商品　　　　　　　　　　　　　　　660 000

【例13-10】2016年12月31日，公司结转已售B材料的成本5 600元。

借：其他业务成本　　　　　　　　　　　　　　5 600
　　贷：原材料　　　　　　　　　　　　　　　　5 600

【例13-11】2016年12月31日，公司089号专利技术的原始成本为30 000元，本期摊销6 000元。

借：其他业务成本　　　　　　　　　　　　　　6 000
　　贷：累计摊销　　　　　　　　　　　　　　　6 000

(2) 税金及附加的核算

全面试行营业税改征增值税后，"营业税金及附加"科目名称调整为"税金及附加"科目，该科目核算企业经营活动发生的消费税、城市维护建设税、资源税、教育费附加及房产税、土地使用税、车船使用税、印花税等相关税费。

消费税和资源税按照有关税法的相关规定计算并交纳。

城市维护建设税是按照企业应交纳的增值税、消费税的一定比例计算征收的，纳税人所在地在市区的，税率为7%；在县镇的，税率为5%，不在市区、县镇的税率为1%。企业应按规定计算并交纳。

教育费附加是以各单位和个人实际交纳的增值税、消费税的税额为计征依据，附加率为3%，与两税同时交纳。

应当注意的是原来"有房（房产税）有地（土地使用税）有车（车船税）有花（印花税）"，这四个税金是放在"管理费用"科目中核算的，现在统一都挪到"税金及附加"科目来核算了，同时利润表中的"营业税金及附加"项目也调整为"税金及附加"项目。

企业应当根据相关税法和会计准则的变化正确核算上述税金，并应在"应交税费"账户下设置相关明细账户进行核算。

第十四章 利润形成与分配的核算

14.1 营业利润的核算
14.1.1 营业利润的构成
营业利润是企业利润的主要来源，具体指营业收入减去营业成本、税金及附加、销售费用、管理费用、财务费用和资产减值损失，加公允价值变动收益和投资收益后的金额。用公式表示如下：

营业利润=营业收入（主营业务收入+其他业务收入）-营业成本（即主营业务成本+其他业务成本）-税金及附加-销售费用-管理费用-财务费用-资产
减值损失+公允价值变动收益+投资收益

营业收入、营业成本和税金的相关知识已经在第十三章学习过了，在此我们将学习期间费用、减值损失的有关知识。

14.1.2 期间费用的核算
(1) 期间费用的内容

期间费用是指本期发生的、不能直接或间接归入某种产品成本的、直接计入损益的各项费用，包括管理费用、销售费用和财务费用。

管理费用是指企业为组织和管理生产经营活动所发生的管理费用，包括企业在筹建期间发生的开办费、董事会和行政管理部门在企业的经营管理中发生的或者应由企业统一负担的公司经费（包括行政管理部门职工工资及福利费、物料消耗、低值易耗品摊销、办公费和差旅费等）、工会经费、董事会费（包括董事会成员津贴、会议费和差旅费等）、聘请中介机构费、咨询费（含顾问费）、诉讼费、业务招待费、房产税、车船使用税、土地使用税、印花税、技术转让费、矿产资源补偿费、研究费用、排污费以及企业生产车间（部门）和行政管理部门等发生的固定资产修理费用等。

销售费用是指企业在销售商品和材料、提供劳务的过程中发生的各种费用，包括企业在销售商品过程中发生的保险费、包装费、展览费和广告费、商品维修费、预计产品质量保证损失、运输费、装卸费等以及为销售本企业商品而专设的销售机构（含销售网点、售后服务网点等）的职工薪酬、业务费、折旧费、固定资产修理费用等费用。

财务费用是指企业为筹集生产经营所需资金等而发生的筹资费用，包括利息支出（减利息收入）、汇兑损益以及相关的手续费、企业发生的现金折扣或收到的现金折扣等。

（2）期间费用核算应设置的账户

为了核算期间费用企业需设置以下账户，如表14-1所示。

表14-1 期间费用核算设置的账户

科目名称	记录内容
销售费用	属于损益类账户，该账户借方登记企业在销售商品过程中发生的各项销售费用；贷方登记期末转入"本年利润"账户借方的数额；期末结转后无余额。该账户按费用项目设置明细账，进行明细核算
管理费用	属于损益类账户，该账户借方登记增加额即发生的各项管理费用；贷方登记期末转入"本年利润"账户的数额。期末结转后无余额。该账户按费用项目设置明细账，进行明细核算
财务费用	属于损益类账户，该账户借方登记企业发生的财务费用；贷方登记企业发生的应冲减财务费用的利息收入、汇兑收益以及期末转入"本年利润"账户借方的数额；期末结转后无余额。该账户按费用项目设置明细账，进行明细核算

（3）期间费用的核算

下面以山西金泰有限公司2016年12月份发生的相关期间费用为例说明：

①销售费用的核算

企业发生销售费用时，应按照实际发生的金额，借记"销售费用"账户，贷记相应的"银行存款""累计折旧""应付职工薪酬"等账户。现举例说明：

【例14-1】12月5日，公司销售部门领用包装材料一批2 000元。

借：销售费用　　　　　　　　　　　　　　　　　　　　2 000
　　贷：原材料　　　　　　　　　　　　　　　　　　　　　2 000

【例14-2】12月8日，公司以银行存款支付宣传广告费5 000元。

借：销售费用　　　　　　　　　　　　　　　　　　　　5 000
　　贷：银行存款　　　　　　　　　　　　　　　　　　　5 000

【例14-3】12月31日计提本月专设的销售机构应计提的设备折旧1 000元。

借：销售费用　　　　　　　　　　　　　　　　　　　　1 000
　　贷：累计折旧　　　　　　　　　　　　　　　　　　　1 000

②管理费用的核算

企业发生管理费用时，应按照实际发生的金额，借记"管理费用"账户，贷记相应的"库存现金""银行存款""累计折旧""应付职工薪酬"等账户。现举例说明：

【例14-4】12月10日，本月厂部购买办公用品320元，以现金付讫。

借：管理费用　　　　　　　　　　　　　　　　　　　　320
　　贷：库存现金　　　　　　　　　　　　　　　　　　　320

【例14-5】12月15日，公司以银行存款支付行政管理部门本月报纸杂志费1 500元。

借：管理费用　　　　　　　　　　　　　　　　　　　1 500
　　贷：银行存款　　　　　　　　　　　　　　　　　　1 500

【例14-6】12月31日，计提本月行政管理部门人员工资18 000元。

借：管理费用　　　　　　　　　　　　　　　　　　　18 000
　　贷：应付职工薪酬　　　　　　　　　　　　　　　　18 000

【例14-7】12月31日，计提当月行政管理部门房屋折旧1 400元。

借：管理费用　　　　　　　　　　　　　　　　　　　1 400
　　贷：累计折旧　　　　　　　　　　　　　　　　　　1 400

③财务费用的核算

企业发生财务费用时，应按照实际发生的金额，借记"财务费用"账户，贷记相应的"应付利息""银行存款"等账户。发生应冲减财务费用的利息收入、汇兑收益时，应借记"银行存款""长期借款"等账户，贷记"财务费用"账户。现举例说明：

【例14-8】12月25日，以银行存款支付银行转账结算手续费80元。

借：财务费用　　　　　　　　　　　　　　　　　　　　80
　　贷：银行存款　　　　　　　　　　　　　　　　　　　80

【例14-9】12月31日，收到银行结付给企业的存款利息300元，存入银行。

借：银行存款　　　　　　　　　　　　　　　　　　　　300
　　贷：财务费用　　　　　　　　　　　　　　　　　　　300

14.1.3　资产减值的核算

资产的主要特征之一是它必须能够为企业带来经济利益的流入，如果资产不能够为企业带来经济利益或者带来的经济利益低于其账面价值，那么，该资产就不能再予以确认，或者不能再以原账面价值予以确认，否则不符合资产的定义，也无法反映资产的实际价值，其结果会导致企业资产虚增和利润虚增。因此，当企业资产的可收回金额低于其账面价值时，即表明资产发生了减值，企业应当确认资产减值损失，并把资产的账面价值减记至可收回金额。

那么资产减值的范围有哪些呢？根据企业会计准则的规定，当企业资产在发生减值时，原则上都应当对所发生的减值损失及时加以确认和计量，因此，资产减值包括所有资产的减值，包括应收款项、存货、长期股权投资、持有至到期投资、固定资产、无形资产等资产。但是，由于有关资产特性不同，其减值会计处理也有所差别。我们这一章节中所要学习的内容并没有将这些资产减值全部包括，而是将一些常见的资产减值进行叙述。为了核算各项资产减值损失，需要设置专门账户进行核算，账户结构如表14-2所示。

表14-2 资产减值损失核算设置的账户

科目名称	记录内容
资产减值损失	属损益类账户，该账户主要核算企业根据资产减值等准则计提各项资产减值准备所形成的损失。借方登记确认的各项资产减值损失；贷方登记已计提减值的资产的价值以后又恢复时，在原已计提的金额内回复的数额和期末转入"本年利润"账户借方的数额；期末结转后无余额

(1) 应收款项减值的确认与核算

① 应收款项减值的确认

企业的应收款项会由于债务人财务困难等原因而无法收回，这部分无法收回的应收账款即为坏账，企业因坏账而产生的损失，称为坏账损失。当企业发生坏账并符合坏账确认的条件时，应当及时确认并计入当期损益。

坏账确认的条件是什么？

企业确认坏账要符合以下条件：

A. 因债务人破产或死亡，以其破产财产或遗产清偿债务时，仍然无法收回的应收款项。

> B. 因债务单位撤销、资不抵债或现金流量严重不足确实不能收回的应收款项。
>
> C. 因发生严重的自然灾害等导致债务单位停产而在短时间内无法偿付的债务，确实无法收回的应收款项。
>
> D. 因债务人逾期未履行偿债义务超过3年，经核查确实无法收回的应收款项。

②坏账损失的账务处理

按照企业会计制度规定采用备抵法。备抵法是指采用一定的方法按期（至少每年年末）估计坏账损失，提取坏账准备并转作当期费用，实际发生坏账时，直接冲减已计提的坏账准备，同时转销相应的应收账款余额的一种处理方法。

在备抵法下，企业每期末要估计坏账损失，需设置"坏账准备"账户，账户结构如表14-3所示。

表14-3 应收款项减值核算设置的账户

科目名称	记录内容
坏账准备	属资产类账户，是"应收账款"的抵减调整账户。该账户贷方登记坏账准备的提取额和已确认并转销的坏账损失重新收回的金额；借方登记发生的坏账损失额；期末余额在贷方，表示已经提取但尚未转销的坏账准备额。当期坏账准备提取的数额可以按以下公式计算： 当期实际提取的坏账=当前按应收款项计算应提坏账准备金额－"坏账准备"账户的贷方余额

在会计实务中，估计坏账损失的方法有三种，即应收账款余额百分比法、应收账款账龄分析法和销货百分比法。企业可根据实际情况自行确定坏账损失的估计方法。下面以应收账款余额百分比法说明坏账的核算。

在应收账款余额百分比法下，企业在资产负债表日按应收账款余额的一定比例估计坏账损失，计提坏账准备并计入当期损益。

第一次提取坏账准备时，计提坏账准备的数额，应根据会计期末应收账款的余额，按规定的比例计算，即估计坏账损失数＝应收账款期末余额 × 坏账准备提取率。以后，计提的坏账准备数额，应根据按应收账款余额的一定比例估计的坏账损失与"坏账准备"账户的余额进行调整。具体有以下三种情况：

第一种情况：调整前的"坏账准备"账户为借方余额，该余额表明本期实际发生的坏账大于上期估计的坏账的差额，这时应以本期估计的坏账加上调整前"坏账准备"账户的借方余额作为计提坏账准备的数额。

第二种情况：调整前的"坏账准备"账户为贷方余额，而且该贷方余额小于本期估计的坏账数额，这时应以"坏账准备"账户贷方余额小于本期估计坏账数额的差额作为计提坏账准备的数额。

第三种情况：调整前的"坏账准备"账户为贷方余额，而且该贷方余额大于本期估计的坏账数额，这时应以"坏账准备"账户贷方余额大于本期估计的坏账数额的差额冲减多计提的坏账准备数额。

【例14-10】假设金泰公司于2013年开始建立坏账准备金制度，当年年末的应收账款余额为100 000元，坏账损失估计比例为4%。则2013年年末应估计的坏账损失为4 000（即100 000×4%）元。编制会计分录如下：

借：资产减值损失——计提的坏账准备　　　　　　　　　　4 000
　　贷：坏账准备　　　　　　　　　　　　　　　　　　　　4 000

【例14-11】2014年10月，公司应收B公司的货款6 000元因故不能收回，经批准确认为坏账损失，编制会计分录如下：

借：坏账准备　　　　　　　　　　　　　　　　　　　　　6 000
　　贷：应收账款——B公司　　　　　　　　　　　　　　　6 000

【例14-12】2014年年末，公司应收账款余额为120 000元，坏账损失估计比例仍为4%。

2014年年末应估计的坏账损失为120 000×4%=4 800元，即本期坏账准备余额为贷方4 800元。但在期末提取坏账准备前，"坏账准备"账户有借方余额2 000（即6 000-4 000）元，所以2009年年末实际应提取的坏账准备为6 800（即2 000＋4 800）元，编制会计分录如下：

借：资产减值损失——计提的坏账准备　　　　　　　　　　6 800
　　贷：坏账准备　　　　　　　　　　　　　　　　　　　　6 800

【例14-13】2015年10月18日公司收到已确认为坏账的应收B公司的货款1 500元，编制会计分录如下：

借：应收账款——B公司　　　　　　　　　　　　　　　　1 500
　　贷：坏账准备　　　　　　　　　　　　　　　　　　　　1 500

同时：

借：银行存款　　　　　　　　　　　　　　　　　　　　1 500
　　贷：应收账款——B公司　　　　　　　　　　　　　　　1 500

【例14-14】2015年年末，公司应收账款余额为180 000元，坏账损失估计比例仍为4%。

2015年年末应估计的坏账损失为180 000元×4%=7 200元，即当期"坏账准备"账户的余额为贷方7 200元，但在提取坏账准备前，"坏账准备"账户已有贷方余额6 300（即4 800+1 500）元，所以2010年年末应按其差额补提900（即7 200-6 300）元，编制会计分录为：

借：资产减值损失——计提的坏账准备　　　　　　　　　900
　　贷：坏账准备　　　　　　　　　　　　　　　　　　　900

【例14-15】2016年，公司没有发生坏账也没有收回坏账，当年年末应按应收账款余额130 000元，坏账损失估计比例为4%。

2016年年末应估计的坏账损失为130 000元×4%=5 200元，即本期"坏账准备"账户的余额为贷方5 200元。但在期末提取坏账准备前，"坏账准备"账户已有贷方余额7 200元，所以本期应按其差额冲减2 000（即7 200-5 200）元，编制会计分录如下：

借：坏账准备　　　　　　　　　　　　　　　　　　　　2 000
　　贷：资产减值损失——计提的坏账准备　　　　　　　　2 000

采用应收账款余额百分比法具有简便易行的优点。但它假设所有的应收账款产生的坏账风险是相同的，不考虑应收账款被拖欠时间的长短，显然与现实不符。在现实的经济活动中企业可以根据自身情况，采用不同的估计坏账损失的方法。

(2) 存货减值的确认与核算

①期末存货计量原则

我国企业会计准则规定：在资产负债表日，存货应当按照成本与可变现净值孰低法计量。

成本与可变现净值孰低法是指对期末存货按照成本与可变现净值两者之中的较低者进行计价的方法。即当存货成本低于可变现净值时，存货按成本计量；当存货成本高于可变现净值时，存货按可变现净值计量，同时按照成本高于可变现净值的差额计提存货跌价准备，计入当期损益。

这里的"成本"是指存货的历史成本。可变现净值是指在日常活动中，存货的估计售价减去至完工时估计将要发生的成本、估计的销售费用以及相关税费后的金额。

期末存货采用成本与可变现净值孰低法计量是在存货发生毁损等情况下，使存货符合资产的定义，同时体现了会计信息质量的谨慎性要求。

②期末存货计量的具体方法

A. 直接转销法。即将可变现净值低于成本的损失直接列入当期损益，并转销存货账户，把存货成本调整为可变现净值。在会计核算时，借记"资产减值损失——计提的存货跌价准备"账户，贷记有关存货账户。采用这种方法工作量大且麻烦，实际工作不常用。

B. 备抵法。即对于存货可变现净值低于成本的损失不直接冲减有关存货账户，而是另设"存货跌价准备"账户，核算企业提取的存货跌价准备。企业在每一会计期末，比较期末存货的成本与可变现净值，计算出应计提的存货跌价准备金额，然后与"存货跌价准备"账户的余额比较：若应计提数大于已计提数，应予补提；若应计提数小于已计提数，应冲销多提部分，此时表明前已计提跌价准备的存货的价值以后又得以部分恢复，应按恢复部分的数额冲销已计提数；若已计提跌价准备的存货的价值以后全部恢复，其冲减的跌价准备金额应以"存货跌价准备"账户的余额冲至零为限。

某期应计提的存货跌价准备=当期可变现净值低于成本的差额-存货跌价准备账户贷方余额

③存货减值的账务处理

为了进行存货减值的核算，需设置以下账户，如表14-4所示。

表14-4　存货减值核算设置的账户

科目名称	记录内容
存货跌价准备	属于资产类账户，是存货类账户的抵减调整账户。该账户用于核算企业提取的存货跌价准备。贷方登记存货可变现净值低于成本的差额；借方登记已计提跌价准备的存货价值以后又得以恢复的金额和其他原因冲减已计提跌价准备的金额；期末贷方余额反映企业已提取的存货跌价准备

【例14-16】金泰公司从2014年起，期末存货价值采用成本与可变现净值孰低法确定，2014—2016年年末 A 类存货的有关资料如表14-5所示。

表14-5 金泰公司2014—2016年年末A类存货

年份	期末存货数量	单位账面成本（元）	可变现净值（元）
2014	1 000	2.50	2.30
2015	3 000	2.50	2.40
2016	2 500	2.50	2.70

该公司各年年末的存货价值计算如下：

A. 2014年年末：

期末存货成本 =2.50×1 000=2 500（元）

期末存货可变现净值=2.30×1 000=2 300（元）

当年应计提存货跌价准备=（2 300-2 500）-0=-200（元）

借：资产减值损失——计提的存货跌价准备　　　　　　　　200

　　贷：存货跌价准备　　　　　　　　　　　　　　　　　200

B. 2015年年末：

期末存货成本 =2.50×3 000=7 500（元）

期末存货可变现净值=2.40×3 000=7 200（元）

当年应计提存货跌价准备=（7 200-7 500）-（-200）=-100（元）

借：资产减值损失——计提的存货跌价准备　　　　　　　　100

　　贷：存货跌价准备　　　　　　　　　　　　　　　　　100

C. 2016年年末：

期末存货成本 =2.50×2 500=6 250（元）

期末存货可变现净值=2.70×2 500=6 750（元）

由于当期期末存货的成本低于存货可变现净值，应当按照存货成本计量，即意味着存货未发生减值，无须计提存货减值损失。同时还应当将"存货跌价准备"贷方余额300元冲销。编制会计分录如下：

借：存货跌价准备　　　　　　　　　　　　　　　　　　　300

　　贷：资产减值损失——计提的存货跌价准备　　　　　　300

(3) 其他资产减值的确认与核算

①其他资产减值的确认

企业在对长期股权投资、持有至到期投资、固定资产、无形资产、商誉等资产进行减值测试后，如果资产的可收回金额低于其账面价值，应当将资产的账面价值减记至可收回金额，减记的金额确认为资产减值损失，计入当期损益，同时，计提相应的资产减值准备。这样，企业当期确认的减值损失反映在利润表中，而计提的资产减值准备作为相关资产的备抵项目，反映于资产负债表中，从而夯实企业资产价值，避免利润虚增，如实反映企业的财务状况和经营成果。

资产减值损失确认后，减值资产的折旧或者摊销费用应当在未来期间做相应调整，以使该资产在剩余使用寿命内，系统地分摊调整后的资产账面价值（扣除预计净残值）。比如，固定资产计提了减值准备后，固定资产账面价值将根据计提的减值准备相应抵减，因此，固定资产在未来计提折旧时，应当按照新的固定资产账面价值为基础计提每期折旧。

考虑到固定资产、无形资产、长期股权投资、商誉等资产发生减值后，一方面价值回升的可能性比较小，通常属于永久性减值；另一方面从会计信息稳健性要求考虑，为了避免确认资产重估增值和操纵利润，资产减值损失一经确认，在以后会计期间不得转回。以前期间计提的资产减值准备，需要等到资产处置时才可转出。

②其他资产减值的账务处理

为了正确核算企业确认的资产减值损失和计提的资产减值准备，企业应当按照各类资产设置"资产减值损失"的明细账户，进行明细核算，反映各类资产在当期确认的资产减值损失金额；同时，应当根据不同的资产类别，分别设置"固定资产减值准备""在建工程减值准备""投资性房地产减值准备""无形资产减值准备""商誉减值准备""长期股权投资减值准备""生产性生物资产减值准备"等账户。

当企业确定资产发生了减值时，应当根据所确认的资产减值金额，借记"资产减值损失"及相关明细账户，贷记"固定资产减值准备""在建工程减值准备""投资性房地产减值准备""无形资产减值准备""商誉减值准备""长期股权投资减值准备""生产性生物资产减值准备"等账户。在期末，企业应当将"资产减值损失"账户余额转入"本年利润"账户，结转后该账户应当没有余额。各资产减值准备明细账户累积每期计提的资产减值准备，直至相关资产被处置时才予以转出。

14.1.4 公允价值变动损益和投资收益的核算

(1) 公允价值变动损益

公允价值变动损益是指企业交易性金融资产、交易性金融负债以及采用公允价值模式计量的投资性房地产、衍生工具等公允价值变动形成的应计入当期损益的利得和损失。

在资产负债表日,当以上这些资产的公允价值高于或低于其账面价值时,应当将其差额确认为公允价值变动损益,计入当期损益。

(2)投资收益

投资收益是指企业以各种方式对外投资所取得的收益或者发生的损失,包括在其持有期间或者处置时获取的。

【例14-17】金泰公司2016年11月10日以银行存款从证券市场购入A公司股票10 000股,每股4.5元,另付相关税费100元,共支付45 100元。企业将该股票划分为交易性金融资产,12月末A股票的公允价值为每股5.5元。编制会计分录如下:

A. 购入股票时:

借:交易性金融资产——A股票　　　　　　　　　　　　45 000
　　投资收益　　　　　　　　　　　　　　　　　　　　　　100
　　贷:银行存款　　　　　　　　　　　　　　　　　　45 100

B. 12月末:

借:交易性金融资产——A股票　　　　　　　　　　　　10 000
　　贷:公允价值变动损益　　　　　　　　　　　　　　10 000

【例14-18】假设公司于2017年3月15日收到持有的A公司股票发放的现金股利1 000元,存入银行。编制会计分录如下:

借:银行存款　　　　　　　　　　　　　　　　　　　　1 000
　　贷:投资收益　　　　　　　　　　　　　　　　　　1 000

14.2　利润总额的核算

14.2.1　利润的构成

利润是企业在一定时期内生产经营活动的最终财务成果,包括收入减去费用后的净额,直接计入当期利润的利得和损失等。未计入当期利润的利得和损失扣除所得税影响后的净额计入其他综合损益项目。净利润与其他综合收益的合计金额为综合收益总额。

(1)利润总额

利润总额是指营业利润加上直接计入当期利润的利得,减去直接计入当期利润的损失后的差额。用公式表示如下:

利润总额=营业利润+直接计入当期利润的利得（营业外收入）-直接计入当期利润的损失（营业外支出）

（2）直接计入当期利润的利得和损失

直接计入当期利润的利得和损失是指营业外收入和营业外支出。营业外收支是指企业发生的与日常活动无直接关系的各项收支。营业外收支虽然与企业生产经营活动没有多大的关系，但从企业主体来考虑，同样带来收入或形成企业的支出，也是增加或减少利润的因素，对企业的利润总额及净利润产生较大的影响。

14.2.2 营业外收支的账户设置及核算

营业外收入是指企业发生的与其日常活动无直接关系的各项利得。营业外收入并不是由企业经营资金耗费所产生的，不需要企业付出代价，实际上是一种纯收入，不可能也不需要与有关费用进行配比。因此，在会计核算上，应当严格区分营业外收入与营业收入的界限。营业外收入主要包括非流动资产处置利得、非货币性资产交换利得、债务重组利得、政府补助、盘盈利得、捐赠利得等。

营业外支出是指企业发生的与日常活动无直接关系的各项损失。营业外支出主要包括非流动资产处置损失、非货币性资产交换损失、债务重组损失、公益性捐赠支出、非常损失、盘亏损失等。

企业应通过"营业外收入"和"营业外支出"科目核算营业外收支的发生及结转情况，如表14-6所示。

表14-6 营业外收支核算设置的账户

科目名称	记录内容
营业外收入	属于损益类账户。该账户的贷方登记增加，即企业实际发生的营业外收入；借方登记期末转入"本年利润"账户贷方的数额，期末结转后无余额。该账户可按营业外收入项目进行明细核算
营业外支出	属于损益类账户。借方记增加，登记发生的营业外支出，包括固定资产盘亏损失、非常损失、各种罚款等；贷方记减少，登记期末转入"本年利润"账户借方的数额，期末结转后无余额。该账户可按营业外支出项目进行明细核算

现举例说明营业外收支的账务处理。

【例14-19】2016年12月31日将确定无法支付某单位的账款8 000元转作营业外收入。

这笔经济业务的发生，使应付账款因注销而减少，应计入"应付账款"账户的借方，另一方面使营业外收入增加应计入"营业外收入"账户的贷方。编制会计分录如下：

　　借：应付账款　　　　　　　　　　　　　　　　　　　　8 000
　　　　贷：营业外收入　　　　　　　　　　　　　　　　　　8 000

【例 14-20】公司于 2016 年 12 月 31 日，以银行存款对"希望工程"捐赠 50 000 元。

这笔经济业务的发生，一方面使营业外支出增加 50 000 元，应计"营业外支出"账户的借方；另一方面使银行存款减少 50 000 元，应计入"银行存款"账户的贷方。编制会计分录如下：

　　借：营业外支出　　　　　　　　　　　　　　　　　　　50 000
　　　　贷：银行存款　　　　　　　　　　　　　　　　　　　50 000

14.3　净利润的核算

14.3.1　净利润的构成

净利润是指企业利润总额减去所得税费用后的余额，即企业的税后利润。用公式表示如下：

$$净利润 = 利润总额 - 所得税费用$$

净利润是企业在某一会计期间缴纳所得税后的净经营成果。税后利润（即净利润）是一项非常重要的经济指标。对于企业的投资者来说，净利润是获得投资回报大小的基本因素，对于企业管理者而言，净利润是进行经营管理决策的基础。同时，净利润也是评价企业盈利能力、管理绩效以至偿债能力的一个基本工具，是一个反映和分析企业多方面情况的综合指标。

14.3.2　所得税费用

(1) 所得税概述

企业所得税是以企业或者组织为纳税义务人，对其每一纳税年度内来源于中国境内、境外的生产经营所得和其他所得征收的一种税。所得税具有强制性、无偿性的特点，无论国家对企业是否有投资，只要企业有应税所得，均要依法纳税。按税法规定，企业的生产经营所得和其他所得应缴纳企业所得税，因此，企业实现利润后应按税法规定计算缴纳企业所得税，企业实际缴纳的或者按企业会计制度规定计算的应从本期损益中扣除的所得税，即为所得税费用。

(2) 应交所得税的核算

应交所得税是指企业按照税法规定计算确定的针对当期发生的交易和事项，应交纳给税务部门的所得税金额，即当期应交所得税。应纳所得税额是在企业税前会计利润（即利润总额）的基础上调整确定的，计算公式为：

$$应纳所得税 = 税前会计利润 + 纳税调整增加额 - 纳税调整减少额$$

纳税调整增加额主要包括税法规定允许扣除项目中，企业已计入当期费用但超过税法规定扣除标准的金额（如超过税法规定标准的职工福利费、工会经费、职工教育经费、业务招待费、公益性捐赠支出、广告费和业务宣传费等），以及企业已计入当期损失但税法不允许扣除项目的金额（如税收滞纳金、罚金、罚款）。

纳税调整减少额主要包括按税法规定允许弥补的亏损和准予免税的项目，如前五年内未弥补亏损和国债利息收入等。

企业当期应交所得税的计算公式为：

$$应交企业所得税 = 应纳税所得额 \times 所得税税率$$

(3) 所得税会计核算的一般程序

在采用资产负债表债务法核算所得税的情况下，企业一般应于每一资产负债表日进行所得税的核算。企业合并等特殊交易或事项发生时，在确认因交易或事项取得的资产、负债时即应确认相关的所得税影响。企业进行所得税核算一般应遵循以下程序：

A. 按照相关会计准则规定确定资产负债表中除递延所得税资产和递延所得税负债以外的其他资产和负债项目的账面价值。资产、负债的账面价值，是指企业按照相关会计准则的规定进行核算后在资产负债表中列示的金额。对于计提了减值准备的各项资产，是指其账面余额减去已计提的减值准备后的金额。例如，企业持有的应收账款账面余额为 100 万元，企业对该应收账款计提了 5 万元的坏账准备，其账面价值为 95 万元。

B. 按照会计准则中对于资产和负债计税基础的确定方法，以适用的税收法规为基础，确定资产负债表中有关资产、负债项目的计税基础。应予说明的是，资产、负债的计税基础是会计上的定义，但其确定应当遵循税法的规定进行。

C. 比较资产、负债的账面价值与其计税基础，对于两者之间存在差异的，分析其性质，除准则中规定的特殊情况外，分别应纳税暂时性差异与可抵扣暂时性差异，确定资产负债表日递延所得税负债和递延所得税资产的应有金额，并与期初递延所得税资产和递延所得税负债的余额相比，确定当期应予进一步确认的递延所得税资产和递延所得税负债金额或应予转销的金额作为递延所得税。

D. 就企业当期发生的交易或事项，按照适用的税法规定计算确定当期应纳税所得额，将应纳税所得额与适用的所得税税率计算的结果确认为当期应交所得税。

E. 确定利润表中的所得税费用。利润表中的所得税费用包括当期所得税（当期应交所得税）和递延所得税两个组成部分，企业在计算确定了当期应交所得税和递延所得税费用（或收益）后，两者之和（或之差），是利润表中的所得税费用。即：

所得税费用=当期所得税+递延所得税费用（或-递延所得税收益）

(4) 所得税会计的账户设置及具体核算

为进行所得税的核算，企业需设置以下账户，如表14-7所示。

表14-7 所得税费用核算设置的账户

科目名称	记录内容
所得税费用	属于损益类账户，用来核算企业确认的应从当期利润中扣除的所得税费用。该账户借方登记企业按照税法规定计算确定的当期应交所得税费用，以及递延所得税资产的应有余额小于"递延所得税资产"账户的余额的差额；贷方登记递延所得税资产的应有余额大于"递延所得税资产"账户的余额的差额和期末转入"本年利润"账户借方的数额；期末结转后无余额。该账户可按"当期所得税费用"和"递延所得税费用"进行明细核算
递延所得税资产	属于资产类账户，用来核算企业确认的可抵扣暂时性差异产生的递延所得税资产。该账户借方登记资产负债表日递延所得税资产的应有余额大于其账面余额的差额；贷方登记资产负债表日递延所得税资产的应有余额小于其账面余额的差额，期末余额在借方，反映企业已确认的递延所得税资产。该账户可按可抵扣暂时性差异项目进行明细核算
递延所得税负债	属于负债类账户，用来核算企业确认的应纳税暂时性差异产生的递延所得税负债。该账户贷方登记资产负债表日递延所得税负债的应有余额大于其账面余额的差额；借方登记资产负债表日递延所得税负债的应有余额小于其账面余额的差额，期末余额在贷方，反映企业已确认的递延所得税负债。该账户可按应纳税暂时性差异项目进行明细核算

企业应于期末计算出应从利润总额中减去的所得税费用，借记"所得税费用"，贷记"应交税费——应交所得税"账户。实际缴纳所得税时，按实际缴纳金额，借记"应交税费——应交所得税"账户，贷记"银行存款"账户。年度终了，企业将"所得税费用"账户的借方余额转入"本年利润"账户的借方，借记"本年利润"账户，贷记"所得税费用"账户。会计分录如下：

A. 计算应交所得税时：
借：所得税费用
　　贷：应交税费——应交所得税
B. 实际交纳所得税时：
借：应交税费——应交所得税
　　贷：银行存款
C. 年末结转所得税费用时：
借：本年利润
　　贷：所得税费用

14.3.3 利润的计算与结转

（1）账户设置

为了核算利润，企业需设置"本年利润"账户，如表14-8所示。

表14-8　利润总额核算设置的账户

科目名称	记录内容
本年利润	属于所有者权益类账户，用于核算企业本期实现的净利润或发生的净亏损。该账户贷方记增加，登记由有关账户转入的各项收入数额；借方记减少，登记由有关账户转入的各项费用、成本税金数额；收入和费用相抵后，期末贷方余额表示本期实现的净利润；期末借方余额表示本期发生的净亏损；年末，该账户不论是借方余额还是贷方余额，均应全部转入"利润分配"账户，结转后无余额

（2）本年利润的结转方法

会计期末结转本年利润的方法有表结法和账结法。

①表结法

表结法下，各损益类账户每月月末只需结计出本月发生额和月末累计余额，不结转到"本年利润"账户，只有在年末时才将全年累计余额结转入"本年利润"账户。但每月月末要将损益类账户的本月发生额合计数填入利润表的本月数栏，同时将本月累计余额填入利润表的本年累计数栏，通过利润表计算反映各期的利润（或亏损）。表结法下，年中损益类账户无须结转入"本年利润"账户，从而减少了转账环节和工作量，同时不影响利润表的编制以及有关损益指标的利用。

②账结法

账结法下,每月月末均需编制转账凭证,将在账上结计出的各损益类账户的余额结转入"本年利润"账户。结转后"本年利润"账户的本月余额反映当月实现的利润或发生的亏损,"本年利润"账户的本年余额反映本年累计实现的利润(或亏损)额,但增加了转账环节和工作量。

在账结法下企业应当在每个会计期末将损益类账户的余额全部结转到"本年利润"账户,在该账户上结算出本期实现的净利润(或净亏损)以及本年累计损益。年度终了,企业还应将"本年利润"账户的本年累计余额转入"利润分配——未分配利润"账户。

下面仍以金泰公司为例,说明年末结转损益类账户,计算并结转本年利润的账务处理。

【例14-21】假设金泰有限公司2016年年末有关损益类账户的余额如下:

主营业务收入:840 000(贷方)

其他业务收入:137 000(贷方)

主营业务成本:600 000(借方)

其他业务成本:11 600(借方)

税金及附加:7 300(借方)

管理费用:30 000(借方)

财务费用:8 000(借方)

销售费用:29 000(借方)

投资收益:150 000(贷方)

营业外收入:43 000(贷方)

营业外支出:62 000(借方)

资产减值损失:3 000(借方)

该公司年末结转本年利润的会计分录如下:

A.结转各种收入、利得:

借:主营业务收入　　　　　　　　　　　　　　　840 000
　　其他业务收入　　　　　　　　　　　　　　　137 000
　　投资收益　　　　　　　　　　　　　　　　　150 000
　　营业外收入　　　　　　　　　　　　　　　　 43 000
　贷:本年利润　　　　　　　　　　　　　　　1 170 000

B.结转各种费用及损失:

借：本年利润 750 900
　　贷：主营业务成本 600 000
　　　　其他业务成本 11 600
　　　　税金及附加 7 300
　　　　管理费用 30 000
　　　　财务费用 8 000
　　　　销售费用 29 000
　　　　营业外支出 62 000
　　　　资产减值损失 3 000

C. 按利润总额（假设不需调整）计算和结转本期应交所得税（所得税率为25%）。

营业利润 =（840 000 + 137 000）-（600 000 + 11 600）-7 300-30 000-8 000-29 000-3 000 + 150 000=438 100（元）

利润总额 =438 100 + 43 000-62 000=419 100（元）

所得税费用 =419 100×25%=104 775（元）

净利润 =419 100-104 775=314 325（元）

借：所得税费用 104 775
　　贷：应交税费——应交所得税 104 775

将"所得税费用"账户本期发生额转入"本年利润"账户。

借：本年利润 104 775
　　贷：所得税费用 104 775

D. 将"本年利润"账户年末余额 314 325 元，转入"利润分配——未分配利润"账户。

借：本年利润 314 325
　　贷：利润分配——未分配利润 314 325

如果亏损时，编制相反的会计分录。

14.4　利润分配的核算
14.4.1　利润分配的顺序

　　利润分配是企业根据国家有关规定和投资者的决议、公司章程，对企业缴纳所得税后的净利润进行的分配。利润的分配过程和结果，不仅关系到所有者的合法权益是否得到保护，还关系到企业能否长期稳定和健康的发展。

(1) 企业的可供分配利润的分配顺序

A. 弥补以前年度亏损。

B. 提取法定盈余公积。

C. 向股东分配利润。

(2) 其中向股东分配利润分配顺序

A. 支付优先股股利。

B. 提取任意盈余公积。

C. 支付现金股利。

14.4.2 账户设置

为了进行利润分配的核算,企业需设置如下账户,如表14-9所示。

表14-9 利润分配核算设置的账户

科目名称	记录内容
利润分配	属于所有者权益类账户,用于核算企业利润分配和历年分配后结存余额的账户。该账户贷方记增加,登记年终从"本年利润"账户转入的本年度内实现的净利润;借方记减少,登记已分配的利润,如提取盈余公积金、应付给投资者的利润等;余额若在贷方,表示累积未分配利润;余额若在借方,表示累积发生的亏损。该账户按照分配项目设置明细账户,进行明细核算
盈余公积	属于所有者权益类账户,用来核算企业盈余公积的提取、使用和结余情况的账户。该账户贷方记增加,登记从净利润中提取的盈余公积;借方记减少,登记盈余公积的使用,如弥补亏损,转增资本等;期末余额在贷方,表示盈余公积结余数。该账户按具体内容设置明细账户,进行明细核算
应付股利	属于负债类账户,用来核算企业经董事会或股东大会或类似机构决议确定分配的现金股利或利润。贷方登记企业应支付的现金股利或利润;借方登记实际支付的现金股利或利润;期末贷方余额,反映企业尚未支付的现金股利或利润

14.4.3 利润分配的核算

(1) 提取法定盈余公积的核算

【例14-22】根据上例资料可知,金泰公司本年实现净利润314 325元,需按净利润的10%提取法定盈余公积金。

借:利润分配——提取盈余公积　　　　　　　　　　　31 432.50

　　贷:盈余公积——法定盈余公积　　　　　　　　　31 432.50

(2) 向投资者分配股利或利润

【例14-23】金泰公司本年年初"利润分配——未分配利润"账户有贷方余额

20 000 元，当年净利润中可以向投资者分配的利润为 282 892.50 元（即 314 325-31 432.50），可以向投资者分配利润的限额为 302 892.50 元。该公司决定向投资者分配现金股利 80 000 元。

  借：利润分配——应付现金股利　　　　　　　　　　　　80 000
    贷：应付股利　　　　　　　　　　　　　　　　　　　80 000

（3）年末结转已分配利润

【例 14-24】2016 年 12 月 31 日，公司将"利润分配"账户所属的各明细分类账户的余额结转到"利润分配——未分配利润"明细分类账户。

  借：利润分配——未分配利润　　　　　　　　　　　　111 432.50
    贷：利润分配——提取盈余公积　　　　　　　　　　　31 432.50
      利润分配——应付现金股利　　　　　　　　　　80 000

年末结转后，"利润分配"，账户除"未分配利润"明细账户外，其他明细账户均无余额。"利润分配——未分配利润"账户余额 =20 000 + 314 325-111 432.50= 222 892.50（元），反映该公司历年积存的未分配利润。

该公司"利润分配——未分配利润"账户的记录情况如下图所示。

利润分配——未分配利润			
利润分配转入	111 432.50	年初余额 本年利润转入	20 000 314 325
		年末余额	222 892.50

利润分配——未分配利润

第三篇　真账实操篇

模拟企业完整经营过程的实账操作，使您迅速成为会计高手！

◇ 第十五章　东方图文制作有限责任公司
　　　　　　成立前的策划

◇ 第十六章　东方图文制作有限责任公司
　　　　　　的财务核算

第十五章　东方图文制作有限责任公司成立前的策划

张云芳是一位下岗的文秘人员，想利用家里的积蓄并根据自己的特长，独自开家店。经过一段时间的思考，她确定开家文印社，并展开了积极的市场调查。

15.1　经营策划

15.1.1　经营内容规划

企业是根据社会的需求来组织开展经营活动的社会组织，对一个创业者来说，选择什么经营内容和经营方式是一件至关重要的事情，直接关系到创业的成功与否。于是，张云芳首先进行了缜密的市场调查，发现目前市面上的小文印社数量较多，虽然投入较少，但投资回报也少，仅是维持生计，不符合自己的创业思路。大型专业的综合性图文制作公司，投资额比较大，业务面比较广，以专业的制作和完善的服务取胜，主要从事印刷、名片、菜单、证卡、大图复印、CAD 晒图、彩色打印、打照片、过塑、扫描等业务。张云芳对这些业务比较熟悉，再加上多年来的管理实践积累了一些管理经验，经过思考，张云芳决定开设一家综合性图文制作公司。

15.1.2　资金需要量的预测

企业得以成立和运行的物质基础是应该拥有正常经营活动所需的各种资产。张云芳决定了企业的经营方向后，就需要预测开店所需的资金数额。这是企业成立前的一项重大决策，决策的正确与否直接影响到企业未来的发展，所以每一位创业者必须十分重视。经过一段时间的调研策划，张云芳列出了开办企业所需的资金预算。

A. 需要租用面积 200 平方米的办公场所，年租金 12 万元。

B. 需要购入 A 品牌的大型一体机，价值约 45 万元，可使用 5 年。

C. 需购进 3 台小型一体机，5 台台式电脑，1 台彩色喷绘机，一批装订机、裁纸机、图纸机等，约需要 25 万元。

D. 购置基本办公用具、店面装修等各项费用预计 8 万元。

E. 初始流动资金10万元。

以上所有开办费用合计共需资金100万元。

15.1.3 资金筹集来源的规划

资金预算方案确定之后得以实施的首要条件是有一个或多个资金提供者，对于开店所需100万元的大额资金，张云芳个人难以单独承担，决定寻找一位合伙人。经过筛选，她选择了江沐雪——自己的小姑子。她今年刚大学毕业，去年继承了海外姨妈的一笔遗产，计划要自己干事业。两人协商后决定把企业定位为有限责任公司，并就出资及有关经营问题签署了一项协议，协议中规定：张云芳出资60万元，江沐雪出资40万元，两人按照出资比例共同经营，共担风险，共享收益。其他工作人员到人才市场聘用。

15.2 成立前的准备工作

企业的成立不仅需要物资条件，还必须依法设立，因此需要办理有关法律手续，即人们所说的工商、税务注册登记手续。那么，张云芳准备成立的公司需要办理哪些必备手续呢？下面让我们跟着张云芳完成这一系列的办理程序吧。

15.2.1 企业名称核准

公司在注册前首先要为未来的企业拟定一个名称。根据规定，企业名称应当由行政区划名称、字号、行业或者经营特点、组织形式四项内容确定。两人决定行政区划是本地，行业是图文制作，组织形式为有限责任公司，同时确定了四个字号依次是：小不点、东方、光雅、蓝星，并填写了"企业名称核准申请书"，连同以下资料一并报送工商部门核准：

A. 全体投资人的身份证复印件。

B. 隶属企业加盖公章的"企业名称预先核准申请书"。

C. 隶属企业加盖公章的"授权意见书"。

D. 代办人或者代理人身份证复印件；代办人或代理人身份证复印件粘贴在"授权委托意见"相应的位置。

E. 其他有关资料、证件。

当地工商局经过查名核准后发给核发查名核准单一份，最终确定企业的名称是：山西东方图文制作有限责任公司。

15.2.2 办理印刷经营许可证

由于张云芳准备成立的公司是从事文印工作的,首先须到当地文化体育局申请办理印刷经营许可证。于是张云芳向当地新闻出版管理部门提出申请经审核批准后,取得了印刷经营许可证。

15.2.3 确定公司住所

确定公司住所首先要考虑工作的便利性和经济性,还要考虑房屋的属性,房屋根据其最初的规划分为住宅与商业用房,商业用房可以直接注册,住宅用于商业办公还需要提供其他的相关证明资料。本案例中张云芳决定将自己的住宅作为公司办公用房,需要持房产证原件与复印件,到工商质监窗口进行核对。

15.2.4 申请营业执照

张云芳来到本市工商局申请办理营业执照,并向工商局提供了如下有关资料:

A. 公司董事长或执行董事签署的"公司设立登记申请书"。

B. 公司申请登记的委托书。

C. 股东会决议、董事会决议、监事会决议。

D. 公司章程。

E. 股东或者发起人的法人资格证明或自然人身份证明。

F. 董事、监事、经理、董事长或者董事的任职证明。

G. 董事、监事、经理的身份证复印件。

H. 住所使用证明(租房协议、产权证)。

I. 公司的经营范围中,属于法律法规规定必须报经审批的项目,需提交部门的批准文件。

工商局受理后经过大约两周审查,核准发放了"企业法人营业执照"。

15.2.5 刻制公司公章

张云芳持营业执照等文件到公安局指定部门刻制公司印章,包括公司公章、财务专用章、法人专用章、股东专用印章。

> ### 何为"三证合一"?
>
> 2015年8月,工商总局贯彻落实《国务院办公厅关于加快推进"三证合一"登记制度改革的意见》的通知,决定从2015年10月1日起营业执照、组织机构代码证和税务登记证三证合一。2015年年底前,全国全面推行了"一照一码"登记模式。
>
> "三证合一"登记制度是指将企业登记时依次申请的,分别由工商部门核发的营业执照、质监部门核发的组织机构代码证、税务部门核发的税务登记证,改为一次申请,由工商部门核发一个加载统一社会信用代码的营业执照,即"一照一码"营业执照。"一照一码"营业执照就好比企业的身份证,企业凭执照可以在政府机关、金融、保险机构等部门证明其主体身份,办理刻章、纳税、开户、社保等事务,相关部门都予以认可,且全国通用。

15.2.6 办理组织机构代码证

张云芳凭营业执照到技术监督局办理了组织机构代码证,需要3个工作日。

15.2.7 办理税务登记

领取营业执照后,张云芳在30日内到当地税务局申请领取了税务登记证。办理税务登记证时,一般必须有一个会计,公司聘请李芳做会计工作。一般的公司都需要办理2种税务登记证,即国税和地税。取得税务登记证后还需要根据公司性质和从事经济业务的实际情况确定应缴纳的税种和缴纳方法等事宜。

公司会计李芳先后办理完了纳税人认定、税种登记、办税员认定、发票认购手续等事宜。东方图文制作公司经税务局认定为小规模纳税人,按照增值税征收率3%缴纳增值税,并按增值税的7%和3%分别缴纳城市维护建设税和教育费附加。

15.2.8 办理开户许可证

以上手续办理完毕,取得相关证件后,会计李芳凭营业执照,组织机构代码证，国税、地税正本原件，去银行开立了基本账号。

15.2.9 办理贷款业务手续

根据市场预测和企业经营状况的需要，可能在正式开业一个月后，流动资金会出现紧缺，为了未雨绸缪，张云芳还向当地工商银行提出30万元人民币的借款申请。办理借款申请须有以下手续和程序：

(1) 办理贷款卡

企业申请办理贷款卡，首先要到人民银行货币信贷与统计科领取"贷款卡申请书"，填写完毕后根据银行的要求提供相关文件申请办理贷款卡。

(2) 贷款申请

企业需要贷款应直接向经办银行提出书面申请，填写"借款申请书"，包括借款金额、借款用途、偿还能力、还款方式等主要内容。同时要提供银行要求的相关资料。

(3) 签订借款合同

企业贷款申请被银行批准后，银企双方要签订借款合同，主要约定借款种类、借款用途、金额、利率、借款期限、还款方式，借、贷双方的权利、义务，违约责任和双方认为需要约定的其他事项。

至此，张云芳所办公司成立前的准备工作顺利完成，可以正式开业啦！

第十六章　东方图文制作有限责任公司的财务核算

东方图文制作有限责任公司（简称东方图文公司）经过一个月的准备，购买了相关设备，装修了房屋；并从人才市场聘用员工十人，其中会计一名、出纳一名、技术人员两名，其余为一般员工。正式开业啦！

在本章中，您会切身体会到财务核算流程，让我们开始吧！

16.1　建立和启用会计账簿

根据东方图文公司的规模和业务情况，会计李芳选择使用科目汇总表账务处理程序，并购买了总账一本、现金日记账一本、银行存款日记账一本、甲式明细账三本、乙式明细账三本，数量金额式明细账三本。按照账簿启用的相关规则填写封皮，开设了总账账户和明细账户，并按口曲纸不同颜色贴上了标签，同时购买印花税票并贴花。完成建账和启用的相关工作。

开业初始，会计李芳根据张云芳和江沐雪的出资协议书以及银行进账单编制了记账凭证并登记入账，如图16-1所示。

记账凭证

2016年11月1日　　　　第 1 号　附件2张

摘要	总账科目	明细科目	借方 百	十	万	千	百	十	元	角	分	√	贷方 百	十	万	千	百	十	元	角	分	√
收到投资款	银行存款		1	0	0	0	0	0	0	0	0											
	实收资本	张云芳												6	0	0	0	0	0	0	0	0	
		江沐雪												4	0	0	0	0	0	0	0	0	
			1	0	0	0	0	0	0	0	0		1	0	0	0	0	0	0	0	0	

会计主管：　　　　记账：　　　　复核：　　　　制单：李芳

图16-1　记账凭证

并据此开设实收资本、银行存款总账，并填入期初数额，如图16-2和图16-3所示。

总 分 类 账

会计科目：实收资本　　　　　　　　　　　　　　　　　　　　第13页

2016年		凭证号数	摘要	借方金额	贷方金额	借或贷	余额
月	日						
11	1	1	期初资本入账		1 000 000	贷	1 000 000

图16-2　总分类账

总 分 类 账

会计科目：银行存款　　　　　　　　　　　　　　　　　　　　第2页

2016年		凭证号数	摘要	借方金额	贷方金额	借或贷	余额
月	日						
11	1	1	期初资本入账	1 000 000		借	1 000 000

图16-3　总分类账

16.2 日常业务的会计处理

16.2.1 11月1日~10日发生的经济业务及会计处理

（1）2016年11月1日~10日发生的经济业务（该企业发生的业务除特别说明外均通过银行存款账户结算，下同）

① 11月1日发生的经济业务

A. 开业后业务人员购置了经营活动需要的各项资产，会计李芳取得原始凭证并据此编制购置清单，如表16-1所示。

表16-1 购入财产清单

项目	数量	单价（万元）	金额（万元）
佳能大型一体机	1台	37.50	37.50
佳能小型一体机	3台	3.80	11.40
彩色喷绘机	1台	2	2
裁纸机	4台	0.50	2
图纸机	1台	20	20
装订机	10台	0.21	2.10
运输车	1辆		5.50
办公设备			2
合计			82.50

B. 一次性预付全年房租120 000元。

C. 购买图文社日常用A4纸490箱，每箱100元，共49 000元。

D. 从银行取出1 000元现金以备日常营运。

② 11月2日发生的经济业务

11月2日接受打印、复印等业务，取得收入3 560元，全部存入银行。

③ 11月4日发生的经济业务

A. 借入流动资金300 000元，存入开户行。

B. 向启明公司购买经营用纸69 200元，先支付30 000元货款，其余在11月15日支付。具体为墨水100盒，每盒180元；相纸600包，每包80元；皮纹纸10 000张，每张0.32元。

C. 当天接受大图复印、大型广告图片制作等，获得经营收入14 260元，其中 14 000 为现金支票，260 元为现金。

D. 安装电话 1 部，支付现金 500 元。

E. 支付店面装修费 10 000 元。

④ 11 月 8 日发生的经济业务

A. 为光华公司打印大型会议文件，取得经营收入 24 590 元，其中现金 1 090 元，光华公司欠款 23 500 元，并约定 11 月 22 日还款。

B. 支付运输车保险费 7 000 元；同时报销运输车燃料费，支付现金 200 元，并规定，每月 1 日、11 日、21 日报销燃料费用。

⑤ 11 月 10 日发生的经济业务

11 月 10 日，收到仓库转来的发料汇总表，其中，消耗 A4 纸 100 箱，墨水 40 盒，相纸 150 包，皮纹纸 9 250 张，共计 32 160 元，结转 10 天的销售成本。

(2) 根据 2016 年 11 月 1 日～10 日发生的经济业务编制记账凭证

会计人员根据以上经济业务取得的原始凭证，逐项编制了如下记账凭证：

① 11 月 1 日的账务处理

A. 购入各项资产，编制记账凭证如图 16-4 所示。

记 账 凭 证
2016年11月1日

第 2 号　　附件5张

摘要	总账科目	明细科目	借方 百 十 万 千 百 十 元 角 分	√	贷方 百 十 万 千 百 十 元 角 分	√
购入各种设备	固定资产		8 0 5 0 0 0 0 0			
	库存商品	办公用品	2 0 0 0 0 0			
	银行存款				8 2 5 0 0 0 0 0	
合计			¥ 8 2 5 0 0 0 0 0		¥ 8 2 5 0 0 0 0 0	

会计主管：　　　　记账：　　　　复核：　　　　制单：李芳

图16-4　记账凭证

B. 预付全年房租，编制记账凭证如图 16-5 所示。

记 账 凭 证

2016年11月1日

第 3 号
附件2张

摘要	总账科目	明细科目	借方 百十万千百十元角分	√	贷方 百十万千百十元角分	√
预付房租	待摊费用	房租	1 2 0 0 0 0 0 0			
	银行存款				1 2 0 0 0 0 0 0	
	合计		¥ 1 2 0 0 0 0 0 0		¥ 1 2 0 0 0 0 0 0	

会计主管：　　　　记账：　　　　复核：　　　　制单：李芳

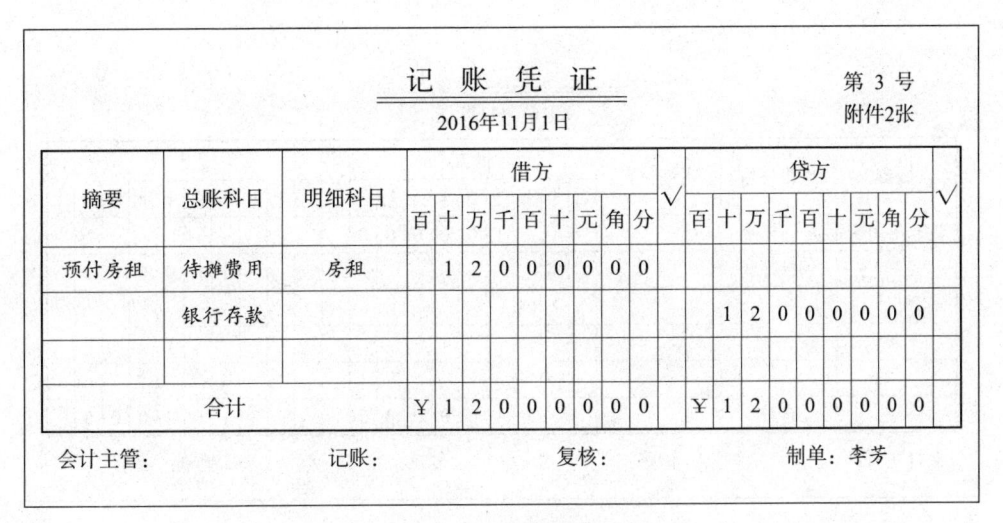

图16-5　记账凭证

C. 购入各种用料，编制记账凭证如图 16-6 所示。

记 账 凭 证

2016年11月1日

第 4 号
附件2张

摘要	总账科目	明细科目	借方 百十万千百十元角分	√	贷方 百十万千百十元角分	√
购入材料	库存商品	A4纸	4 9 0 0 0 0 0			
	银行存款				4 9 0 0 0 0 0	
	合计		¥ 4 9 0 0 0 0 0		¥ 4 9 0 0 0 0 0	

会计主管：　　　　记账：　　　　复核：　　　　制单：李芳

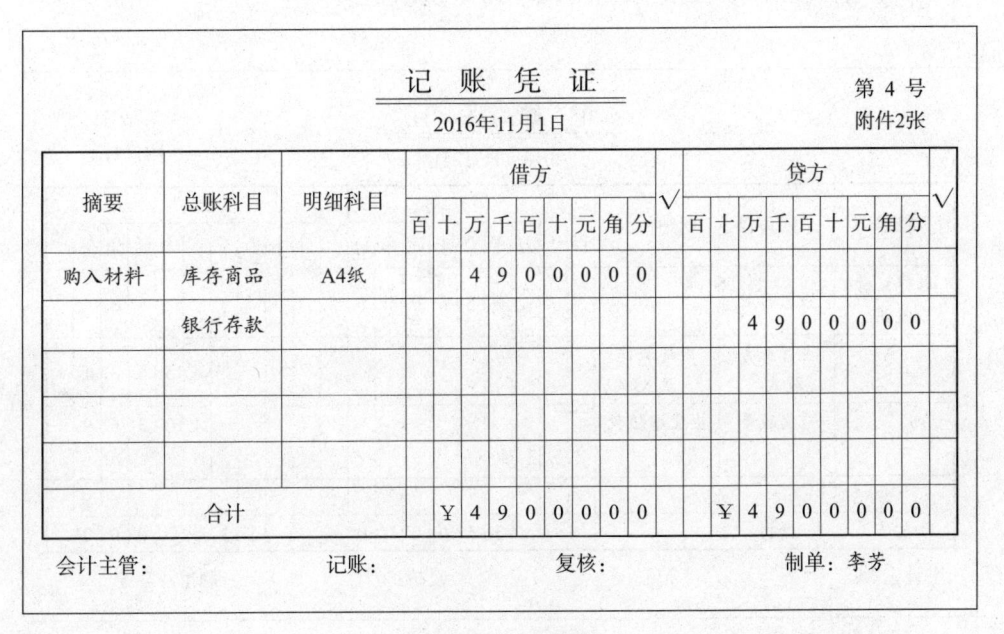

图16-6　记账凭证

D. 提取备用金，编制记账凭证如图 16-7 所示。

记 账 凭 证　　　　　　　第 5 号
2016年11月1日　　　　　　附件1张

摘要	总账科目	明细科目	借方 百十万千百十元角分	√	贷方 百十万千百十元角分	√
提取备用金	库存现金		1 0 0 0 0 0			
	银行存款				1 0 0 0 0 0	
	合计		¥ 1 0 0 0 0 0		¥ 1 0 0 0 0 0	

会计主管：　　　　记账：　　　　复核：　　　　制单：李芳

图16-7　记账凭证

② 11月2日的账务处理

取得经营收入，编制记账凭证如图16-8所示。

记 账 凭 证　　　　　　　第 6 号
2016年11月2日　　　　　　附件1张

摘要	总账科目	明细科目	借方 百十万千百十元角分	√	贷方 百十万千百十元角分	√
取得经营收入	银行存款		3 5 6 0 0 0			
	主营业务收入①	文件制作收入			3 4 5 6 3 1	
	应交税费	应交增值税			1 0 3 6 9	
	合计		¥ 3 5 6 0 0 0		¥ 3 5 6 0 0 0	

会计主管：　　　　记账：　　　　复核：　　　　制单：李芳

①3 456.31=3 560÷（1+3%），以后类同。

图16-8　记账凭证

③ 11月4日的账务处理

A.借入流动资金，编制记账凭证如图16-9所示。

第十六章 东方图文制作有限责任公司的财务核算

记 账 凭 证

2016年11月4日

第 7 号
附件2张

摘要	总账科目	明细科目	借方 百十万千百十元角分	√	贷方 百十万千百十元角分	√
借入短期借款	银行存款		3 0 0 0 0 0 0 0			
	短期借款				3 0 0 0 0 0 0 0	
	合计		¥ 3 0 0 0 0 0 0 0		¥ 3 0 0 0 0 0 0 0	

会计主管：　　　　记账：　　　　复核：　　　　制单：李芳

图16-9　记账凭证

B. 购买经营用纸，编制记账凭证如图 16-10 所示。

记 账 凭 证

2016年11月4日

第 8 号
附件2张

摘要	总账科目	明细科目	借方 百十万千百十元角分	√	贷方 百十万千百十元角分	√
购买经营材料	库存商品	墨水	1 8 0 0 0 0 0			
		相纸	4 8 0 0 0 0 0			
		皮纹纸	3 2 0 0 0			
	银行存款				3 0 0 0 0 0 0	
	应付账款	启明公司			3 9 2 0 0 0 0	
	合计		¥ 6 9 2 0 0 0 0		¥ 6 9 2 0 0 0 0	

会计主管：　　　　记账：　　　　复核：　　　　制单：李芳

图16-10　记账凭证

C. 取得经营收入，编制记账凭证如图 16-11 所示。

记 账 凭 证

2016年11月4日

第 9 号
附件2张

摘要	总账科目	明细科目	借方 百 十 万 千 百 十 元 角 分	√	贷方 百 十 万 千 百 十 元 角 分	√
取得经营收入	库存现金		2 6 0 0 0			
	银行存款		1 4 0 0 0 0 0			
	主营业务收入	图片制作收入			1 3 8 4 4 6 7	
	应交税费	应交增值税			4 1 5 3 3	
	合计		¥ 1 4 2 6 0 0 0		¥ 1 4 2 6 0 0 0	

会计主管：　　　　　记账：　　　　　复核：　　　　　制单：李芳

图16-11　记账凭证

D. 安装电话支出，编制记账凭证如图 16-12 所示。

记 账 凭 证

2016年11月4日

第 10 号
附件1张

摘要	总账科目	明细科目	借方 百 十 万 千 百 十 元 角 分	√	贷方 百 十 万 千 百 十 元 角 分	√
支付安装电话款	管理费用	办公费	5 0 0 0 0			
	库存现金				5 0 0 0 0	
	合计		¥ 5 0 0 0 0		¥ 5 0 0 0 0	

会计主管：　　　　　记账：　　　　　复核：　　　　　制单：李芳

图16-12　记账凭证

E. 支付装修费，编制记账凭证如图16-13所示。

记 账 凭 证

2016年11月4日　　　　　　　　　　　　　第 11 号　附件2张

摘要	总账科目	明细科目	借方 百十万千百十元角分	√	贷方 百十万千百十元角分	√
支付装修费	管理费用	装修费	1 0 0 0 0 0 0			
	银行存款				1 0 0 0 0 0 0	
		合计	¥ 1 0 0 0 0 0 0		¥ 1 0 0 0 0 0 0	

会计主管：　　　记账：　　　复核：　　　制单：李芳

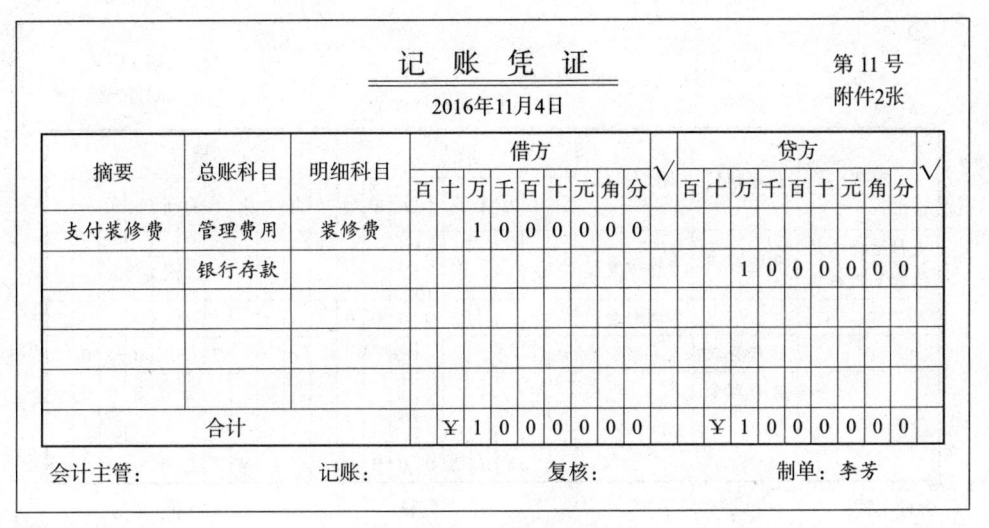

图16-13　记账凭证

④ 11月8日的账务处理

A. 取得经营收入，编制记账凭证如图16-14所示。

记 账 凭 证

2016年11月8日　　　　　　　　　　　　　第 12 号　附件2张

摘要	总账科目	明细科目	借方 百十万千百十元角分	√	贷方 百十万千百十元角分	√
取得经营收入	库存现金		1 0 9 0 0 0			
	应收账款	光华公司	2 3 5 0 0 0 0			
	主营业务收入	文件制作收入			2 3 8 7 3 7 9	
	应交税费	应交增值税			7 1 6 2 1	
		合计	¥ 2 4 5 9 0 0 0		¥ 2 4 5 9 0 0 0	

会计主管：　　　记账：　　　复核：　　　制单：李芳

图16-14　记账凭证

B. 支付运输车保险费及燃料费，编制记账凭证如图16-15所示。

记 账 凭 证
2016年11月8日　　　　　　　　　　第13号　附件2张

摘要	总账科目	明细科目	借方 百十万千百十元角分	√	贷方 百十万千百十元角分	√
支付运输车保险费及燃料费	管理费用	保险费	7 0 0 0 0 0			
		燃料费	2 0 0 0 0			
	银行存款				7 0 0 0 0 0	
	库存现金				2 0 0 0 0	
	合计		¥ 7 2 0 0 0 0		¥ 7 2 0 0 0 0	

会计主管：　　　　记账：　　　　复核：　　　　制单：李芳

图16-15　记账凭证

⑤ 11月10日的账务处理

结转销售成本，编制记账凭证如图16-16所示。

记 账 凭 证
2016年11月10日　　　　　　　　　第14号　附件1张

摘要	总账科目	明细科目	借方 百十万千百十元角分	√	贷方 百十万千百十元角分	√
结转出库成本	主营业务成本		3 2 1 6 0 0 0			
	库存商品	A4			1 0 0 0 0 0 0	
		墨水			7 2 0 0 0 0	
		相纸			1 2 0 0 0 0	
		皮纹纸			2 9 6 0 0 0	
	合计		¥ 3 2 1 6 0 0 0		¥ 3 2 1 6 0 0 0	

会计主管：　　　　记账：　　　　复核：　　　　制单：李芳

图16-16　记账凭证

(3) 登记日记账和明细账

会计人员根据以上记账凭证，参照原始凭证，逐日逐笔登记了库存现金日记账（表16-2）、银行存款日记账（表16-3）。

表16-2 库存现金日记账

第1页

2016年		凭证号	摘要	对方科目	现金支票号码	转账支票号码	借方	贷方	借或贷	余额
月	日									
11	1	5	提取现金	银行存款	略	略	1 000		借	1 000
		9	取得经营收入	主营业务收入			260		借	1 260
		10	支付安装电话款	管理费用				500	借	760
		12	取得经营收入	主营业务收入			1 090		借	1 850
		13	支付运输车燃料费	管理费用				200	借	1 650

表16-3 银行存款日记账

第1页

2016年		凭证号	摘要	对方科目	现金支票号码	转账支票号码	借方	贷方	借或贷	余额
月	日									
11	1	1	期初资本入账	实收资本	略	略	1 000 000		借	
		2	购入各种设备	固定资产、库存商品				825 000	借	175 000
		3	预付房租	待摊费用				120 000	借	55 000
		4	购买材料	库存商品				49 000	借	6 000
		5	提取现金备用	库存现金				1 000	借	5 000
	2	6	取得经营收入	主营业务收入			3 560		借	8 560
	4	7	借入资金	短期借款			300 000		借	308 560
		8	购买经营用纸	库存商品				30 000	借	278 560
		9	取得经营收入	主营业务收入			14 000		借	292 560
		11	支付装修费	管理费用				10 000	借	282 560
	8	13	支付运输车保险费	管理费用				7 000	借	275 560

会计人员根据记账凭证，参考原始凭证逐笔登记了相关明细账。为简化说明，我们选择了具有代表性的库存商品——A4纸明细账（表16-4）、管理费用明细账（表16-5）、应收账款明细账（表16-6）来说明。

表16-4　库存商品明细账

品名：A4纸　　　　　　　　　　　　　　　　　　　　　　　　　　　　　　　　　　　　　第1页

2016年		凭证号	摘要	收入			付出			结存		
月	日			数量	单价	金额	数量	单价	金额	数量	单价	金额
11	1	3	购入材料	490	100	49 000				490	100	49 000
	10	14	结转出库成本				100	100	10 000	390	100	39 000

表16-5　管理费用明细账

第1页

2016年		凭证号	摘要	借方	借或贷	余额	（借）方项目			
月	日						装修费	办公费	保险费	燃料费
11	1	10	支付安装电话款	500	借			500		
	4	11	支付装修费	10 000	借		10 000			
	8	13	支付保险费	7 000	借				7 000	
		13	支付燃料费	200	借					200

表16-6　应收账款明细账

子目：光华公司　　　　　　　　　　　　　　　　　　　　　　　　　　　　　　　　　　　第1页

2016年		凭证号		摘要	借方金额	贷方金额	借或贷	余额
月	日	类别	号					
11	8	记	12	应收光华公司欠款	23 500		借	23 500

16.2.2　11月11日～20日发生的经济业务及会计处理

(1) 2016年11月11日～20日发生的经济业务

① 11月11日发生的经济业务

A. 用银行存款购入原材料45 000元，其中墨水150盒，每盒200元；相纸

120 包，每包 75 元；皮纹纸 20 000 张，每张 0.3 元。

B. 报销运输车燃料费，支付现金 595 元。

② 11 月 12 日发生的经济业务

11 月 12 日，制作大型会议用文件取得收入 32 190 元，其中 1 190 元为现金收入，其他转账结算。

③ 11 月 15 日发生的经济业务

A. 用银行存款支付水费 72 元，电费 259 元，3 个月暖气费 1 500 元。

B. 支付前欠启明公司货款 39 200 元。

④ 11 月 20 日发生的经济业务

11 月 20 日，收到仓库转来的发料汇总表，结转时采用先进先出法。其中消耗 A4 纸 70 箱，墨水 50 盒，相纸 80 包，皮纹纸 3 750 张，共计 23 540 元，结转 10 天的销售成本。

另外，预收本市风琴公司牌匾制作款 74 500 元，余款 25 500 元将于 27 日交付牌匾时收回。

（2）根据 2016 年 11 月 11 日～20 日发生的经济业务编制记账凭证

会计人员根据以上经济业务取得的原始凭证，逐项编制记账凭证。

① 11 月 11 日的账务处理

A. 购入各种用料，编制记账凭证如图 16-17 所示。

记账凭证

2016年11月11日　　第 15 号　附件3张

摘要	总账科目	明细科目	借方	√	贷方	√
购入材料	库存商品	墨水	3 0 0 0 0 0			
		相纸	9 0 0 0 0 0			
		皮纹纸	6 0 0 0 0 0			
	银行存款				4 5 0 0 0 0 0	
	合计		¥ 4 5 0 0 0 0 0		¥ 4 5 0 0 0 0 0	

会计主管：　　　记账：　　　复核：　　　制单：李芳

图 16-17　记账凭证

B. 报销燃料费，编制记账凭证如图16-18所示。

② 11月12日的账务处理

根据11月12日取得的经营收入，编制记账凭证如图16-19所示。

③ 11月15日的账务处理

A. 用银行存款支付水费、电费、暖气费，编制记账凭证如图16-20所示。

B. 支付前欠货款，编制记账凭证如图16-21所示。

记 账 凭 证

2016年11月11日

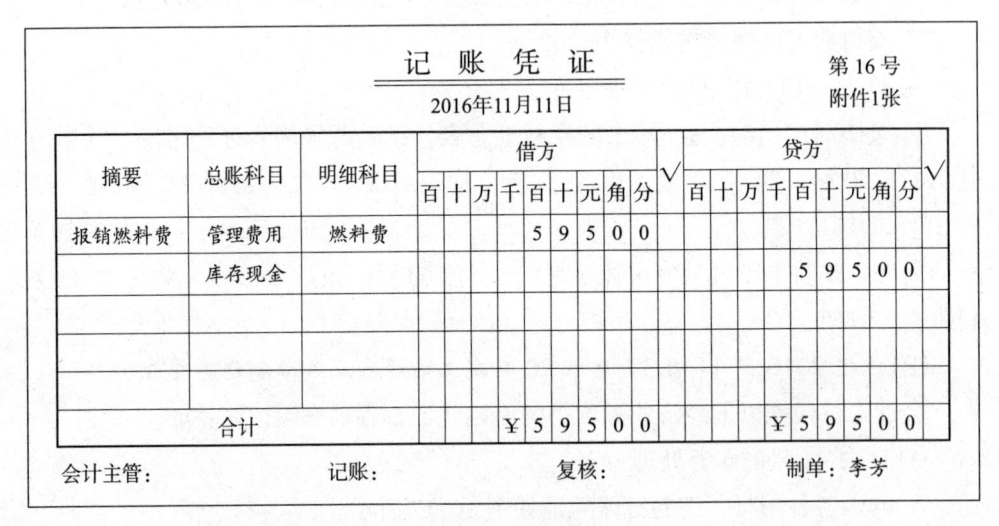

第16号 附件1张

摘要	总账科目	明细科目	借方 百 十 万 千 百 十 元 角 分	√	贷方 百 十 万 千 百 十 元 角 分	√
报销燃料费	管理费用	燃料费	5 9 5 0 0			
	库存现金				5 9 5 0 0	
	合计		¥ 　　　5 9 5 0 0		¥ 　　　5 9 5 0 0	

会计主管：　　　　记账：　　　　复核：　　　　制单：李芳

图16-18　记账凭证

记 账 凭 证

2016年11月12日

第17号 附件2张

摘要	总账科目	明细科目	借方 百 十 万 千 百 十 元 角 分	√	贷方 百 十 万 千 百 十 元 角 分	√
取得经营收入	银行存款		3 1 0 0 0 0 0			
	库存现金		1 1 9 0 0 0			
	主营业务收入	文件制作收入			3 1 2 5 2 4 3	
	应交税费	应交增值税			9 3 7 5 7	
	合计		¥ 　3 2 1 9 0 0 0		¥ 　3 2 1 9 0 0 0	

会计主管：　　　　记账：　　　　复核：　　　　制单：李芳

图16-19　记账凭证

记 账 凭 证

2016年11月15日　　　第 18 号　附件3张

摘要	总账科目	明细科目	借方 百十万千百十元角分	√	贷方 百十万千百十元角分	√
支付水、电、暖气费	管理费用	水费	7 2 0 0 0			
		电费	2 5 9 0 0 0			
		暖气费	1 5 0 0 0 0 0			
	银行存款				1 8 3 1 0 0 0	
	合计		¥　1 8 3 1 0 0 0		¥　1 8 3 1 0 0 0	

会计主管：　　　记账：　　　复核：　　　制单：李芳

图16-20　记账凭证

记 账 凭 证

2016年11月15日　　　第 19 号　附件1张

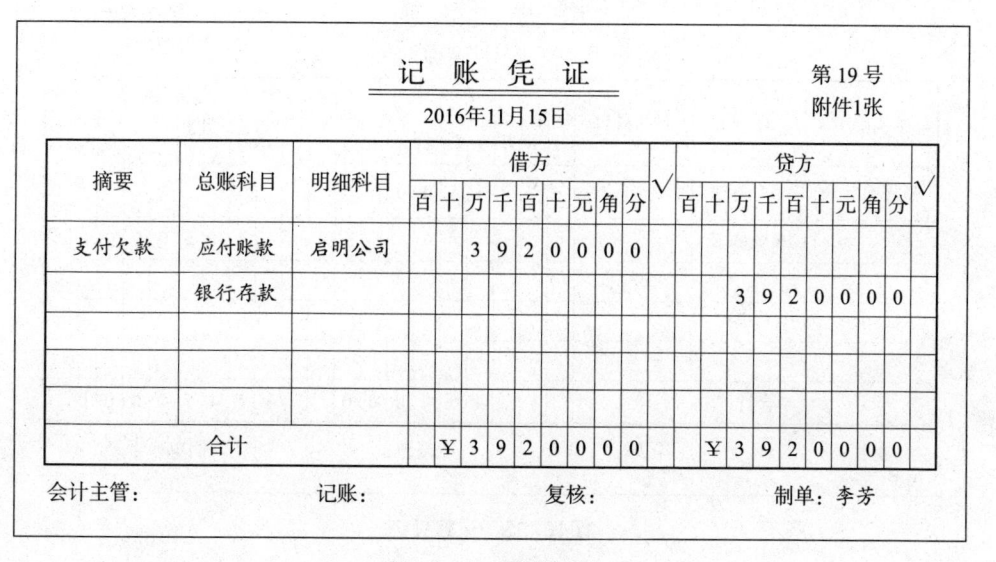

摘要	总账科目	明细科目	借方 百十万千百十元角分	√	贷方 百十万千百十元角分	√
支付欠款	应付账款	启明公司	3 9 2 0 0 0 0			
	银行存款				3 9 2 0 0 0 0	
	合计		¥　3 9 2 0 0 0 0		¥　3 9 2 0 0 0 0	

会计主管：　　　记账：　　　复核：　　　制单：李芳

图16-21　记账凭证

④ 11 月 20 日的账务处理

A. 结转本月 11 日～20 日期间的成本，编制记账凭证如图 16-22 所示。

B. 预收风琴公司牌匾制作款，编制记账凭证如图 16-23 所示。

记 账 凭 证

2016年11月20日

第20号
附件3张

摘要	总账科目	明细科目	借方 百十万千百十元角分	√	贷方 百十万千百十元角分	√
结转出库成本	主营业务成本		2 3 5 4 0 0 0			
	库存商品	A4纸			7 0 0 0 0 0	
		墨水			9 0 0 0 0	
		相纸			6 4 0 0 0 0	
		皮纹纸			1 1 4 0 0 0	
	合计		¥ 2 3 5 4 0 0 0		¥ 2 3 5 4 0 0 0	

会计主管：　　　　记账：　　　　复核：　　　　制单：李芳

图16-22　记账凭证

记 账 凭 证

2016年11月20日

第21号
附件1张

摘要	总账科目	明细科目	借方 百十万千百十元角分	√	贷方 百十万千百十元角分	√
预收制作款	银行存款		7 4 5 0 0 0 0			
	预收账款				7 4 5 0 0 0 0	
	合计		¥ 7 4 5 0 0 0 0		¥ 7 4 5 0 0 0 0	

会计主管：　　　　记账：　　　　复核：　　　　制单：李芳

图16-23　记账凭证

(3) 登记日记账和明细账

登记日记账和明细账的方法如前所述，由于篇幅原因，我们在此处略去库存现金、银行存款日记账以及具有代表性的库存商品、应收账款、管理费用明细账的具体登记。

16.2.3 11月21日~30日发生的经济业务及会计处理

(1) 2016年11月21日~30日发生的经济业务

① 11月21日发生的经济业务

A. 用银行存款购入各种用料51 350元，其中，A4纸200箱，每箱120元；墨水65盒，每盒190元；相纸100包，每包72元；皮纹纸26 000张，每张0.3元。

B. 报销运输车燃料费，支付现金1 070元。

C. 销售给大光明公司A4纸200箱，每箱售价130元，共26 000元，其中16 000尚未收回。同时结转成本。

D. 购入彩印设备一台，价值200 000元，预计使用5年。

② 11月22日发生的经济业务

11月22日，承接光华公司文件制作收入57 000元，同时收回该公司1月3日欠款23 500元，共计80 500元，存入银行。

③ 11月25日发生的经济业务

11月25日，公司设备正常维护，支付现金328元。

④ 11月27日发生的经济业务

11月27日，交付为风琴公司制作的牌匾，并收回欠款25 500元。

⑤ 11月30日发生的经济业务

A. 11月30日，提取现金15 700元，准备发工资；本月工资结算如下：其中会计李芳月薪2 000元，出纳1 500元，6名技术工人，月薪1 200元；结算本月应付职工工资，其中会计李芳月薪2 000元，出纳1 500元，6名技术工人，月薪1 200元；张云芳与江沐雪两位店长按2 500元核发。

B. 11月30日，收到仓库转来的发料汇总表，其中A4纸320箱，墨水80盒，相纸310包，皮纹纸30 000张，共计成本85 050元，结转10天的销售成本。

(2) 根据2016年11月21日~30日发生的经济业务编制记账凭证

会计人员根据以上经济业务取得的原始凭证，逐项编制记账凭证。

① 11月21日的账务处理

A. 购入材料，编制记账凭证如图16-24所示。

B. 报销燃料费，编制记账凭证如图16-25所示。

C. 销售A4纸，同时结转成本，编制记账凭证如图16-26和图16-27所示。

D. 购入彩印设备一台，登记记账凭证如图16-28所示。

记 账 凭 证

2016年11月21日

第 22号
附件5张

摘要	总账科目	明细科目	借方 百十万千百十元角分	√	贷方 百十万千百十元角分	√
购入材料	库存商品	A4纸	2 4 0 0 0 0 0			
		墨水	1 2 3 5 0 0 0			
		相纸	7 2 0 0 0 0			
		皮纹纸	7 8 0 0 0 0			
	银行存款				5 1 3 5 0 0 0	
	合计		¥ 5 1 3 5 0 0 0		¥ 5 1 3 5 0 0 0	

会计主管：　　　　　记账：　　　　　复核：　　　　　制单：李芳

图16-24　记账凭证

记 账 凭 证

2016年11月21日

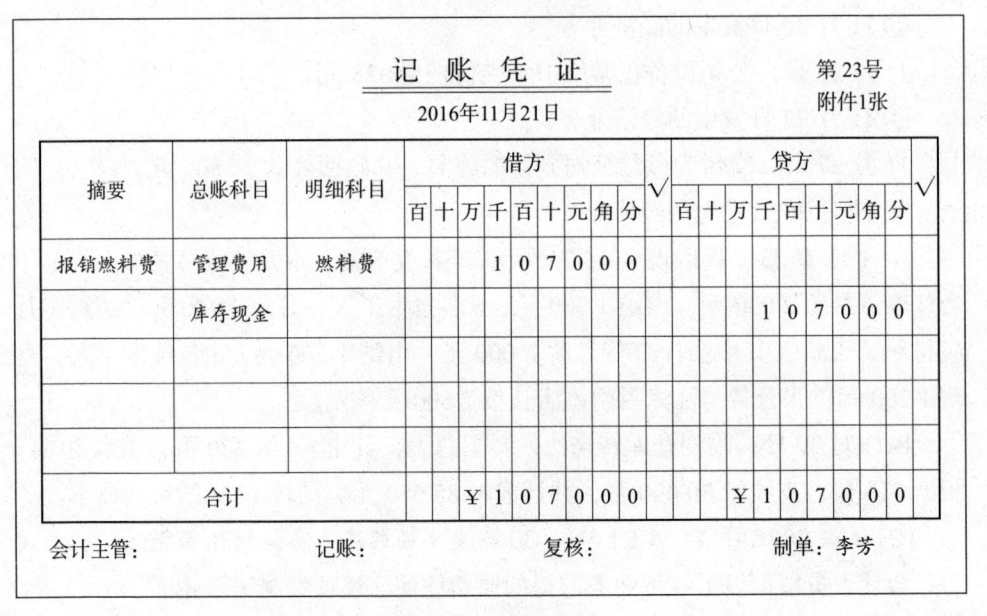

第 23号
附件1张

摘要	总账科目	明细科目	借方 百十万千百十元角分	√	贷方 百十万千百十元角分	√
报销燃料费	管理费用	燃料费	1 0 7 0 0 0			
	库存现金				1 0 7 0 0 0	
	合计		¥ 1 0 7 0 0 0		¥ 1 0 7 0 0 0	

会计主管：　　　　　记账：　　　　　复核：　　　　　制单：李芳

图16-25　记账凭证

第十六章 东方图文制作有限责任公司的财务核算

记 账 凭 证																						第24号 附件2张	
2016年11月21日																							
摘要	总账科目	明细科目	借方									√	贷方									√	
			百	十	万	千	百	十	元	角	分		百	十	万	千	百	十	元	角	分		
销售A4纸	银行存款				1	0	0	0	0	0	0												
	应收账款	大光明公司			1	6	0	0	0	0	0												
	其他业务收入	销售A4纸													2	5	2	4	2	7	2		
	应交税费	应交增值税															7	5	7	2	8		
	合计		¥	2	6	0	0	0	0	0			¥	2	6	0	0	0	0	0			

图16-26 记账凭证

记 账 凭 证																						第25号 附件1张	
2016年11月21日																							
摘要	总账科目	明细科目	借方									√	贷方									√	
			百	十	万	千	百	十	元	角	分		百	十	万	千	百	十	元	角	分		
结转A4纸成本	其他业务成本				2	0	0	0	0	0	0												
	库存商品	A4纸													2	0	0	0	0	0	0		
	合计		¥	2	0	0	0	0	0	0			¥	2	0	0	0	0	0	0			

图16-27 记账凭证

			记 账 凭 证												第26号								
			2016年11月21日												附件2张								
摘要	总账科目	明细科目	借方									√	贷方									√
			百	十	万	千	百	十	元	角	分		百	十	万	千	百	十	元	角	分	
购入设备	固定资产	彩印设备		2	0	0	0	0	0	0	0											
	银行存款													2	0	0	0	0	0	0	0	
	合计		¥	2	0	0	0	0	0	0	0		¥	2	0	0	0	0	0	0	0	
会计主管：			记账：				复核：							制单：李芳								

图16-28　记账凭证

② 11月22日的账务处理

11月22日取得制作收入并收回前期货款，登记记账凭证如图16-29所示。

			记 账 凭 证												第27号								
			2016年11月22日												附件1张								
摘要	总账科目	明细科目	借方									√	贷方									√
			百	十	万	千	百	十	元	角	分		百	十	万	千	百	十	元	角	分	
取得经营收入并收回前期货款	银行存款				8	0	5	0	0	0	0											
	应收账款	光华公司													2	3	5	0	0	0	0	
	主营业务收入	文件制作收入													5	5	3	3	9	8	0	
	应交税费	应交增值税														1	6	6	0	2	0	
	合计		¥		8	0	5	0	0	0	0		¥		8	0	5	0	0	0	0	
会计主管：			记账：				复核：							制单：李芳								

图16-29　记账凭证

③ 11月25日的账务处理

11月25日支付公司设备正常维护费，登记记账凭证如图16-30所示。

记 账 凭 证　　　　第28号
2016年11月25日　　　附件1张

摘要	总账科目	明细科目	借方		贷方	
			百十万千百十元角分	√	百十万千百十元角分	√
支付设备维护费	管理费用	设备维护费	3 2 8 0 0			
	库存现金				3 2 8 0 0	
	合计		¥　　　3 2 8 0 0		¥　　　3 2 8 0 0	

会计主管：　　　　记账：　　　　复核：　　　　制单：李芳

图16-30　记账凭证

④ 11月27日的账务处理

11月27日交付为风琴公司制作的牌匾，并收回余款，登记记账凭证如图16-31所示。

记 账 凭 证　　　　第29号
2016年11月27日　　　附件2张

摘要	总账科目	明细科目	借方		贷方	
			百十万千百十元角分	√	百十万千百十元角分	√
取得经营收入并收回欠款	银行存款		2 5 5 0 0 0 0			
	预收账款	风琴公司	7 4 5 0 0 0 0			
	主营业务收入	图片制作收入			9 7 0 8 7 3 8	
	应交税费	应交增值税			2 9 1 2 6 2	
	合计		¥ 1 0 0 0 0 0 0 0		¥ 1 0 0 0 0 0 0 0	

会计主管：　　　　记账：　　　　复核：　　　　制单：李芳

图16-31　记账凭证

⑤ 11 月 30 日的账务处理

A. 提取现金，编制记账凭证如图 16-32 所示。

记 账 凭 证　　　　　第 30 号
2016年11月30日　　　　附件1张

摘要	总账科目	明细科目	借方 百十万千百十元角分	√	贷方 百十万千百十元角分	√
提取现金	库存现金		1 5 7 0 0 0 0			
	银行存款				1 5 7 0 0 0 0	
	合计		¥ 1 5 7 0 0 0 0		¥ 1 5 7 0 0 0 0	

会计主管：　　　　记账：　　　　复核：　　　　制单：李芳

图16-32　记账凭证

B. 计提员工工资，编制记账凭证如图 16-33 所示。

记 账 凭 证　　　　　第 31 号
2016年11月30日　　　　附件2张

摘要	总账科目	明细科目	借方 百十万千百十元角分	√	贷方 百十万千百十元角分	√
计提工资	管理费用	工资	1 5 7 0 0 0 0			
	应付职工薪酬				1 5 7 0 0 0 0	
	合计		¥ 1 5 7 0 0 0 0		¥ 1 5 7 0 0 0 0	

会计主管：　　　　记账：　　　　复核：　　　　制单：李芳

图16-33　记账凭证

C. 结转 21 日到 30 日期间的成本，编制记账凭证如图 16-34 所示。

第十六章 东方图文制作有限责任公司的财务核算

记 账 凭 证

第 32 号
附件1张
2016年11月30日

摘要	总账科目	明细科目	借方 百十万千百十元角分	√	贷方 百十万千百十元角分	√
结转出库成本	主营业务成本		8 5 0 5 0 0 0			
	库存商品	A4纸			3 6 0 0 0 0 0	
		墨水			1 5 2 5 0 0 0	
		相纸			2 4 8 0 0 0 0	
		皮纹纸			9 0 0 0 0 0	
	合计		¥ 8 5 0 5 0 0 0		¥ 8 5 0 5 0 0 0	

会计主管：　　　　记账：　　　　复核：　　　　制单：李芳

图16-34 记账凭证

（3）登记日记账和明细账

根据记账凭证填制库存现金与银行存款日记账，如表16-7和表16-8所示。

表16-7　库存现金日记账

第1页

2016年 月	日	凭证号	摘要	对方科目	现金支票号码	转账支票号码	借方	贷方	借或贷	余额
11	1	5	提取现金	银行存款	略	略	1 000		借	1 000
	4	9	取得经营收入	主营业务收入			260		借	1 260
		10	支付安装电话款	管理费用				500	借	760
	8	12	取得经营收入	主营业务收入			1 090		借	1 850
		13	支付运输车燃料费	管理费用				200	借	1 650
	11	16	支付运输车燃料费	管理费用				595	借	1 055
	12	17	取得经营收入	主营业务收入			1 190		借	2 245
	21	23	支付运输车燃料费	管理费用				1 070	借	1 175
	25	28	支付设备维护费	管理费用				328	借	847
	30	30	提取现金	银行存款			15 700		借	16 547

表16-8 银行存款日记账

第1页

2016年		凭证号	摘要	对方科目	现金支票号码	转账支票号码	借方	贷方	借或贷	余额
月	日									
11	1	1	期初资本入账	实收资本	略	略	1 000 000		借	1 000 000
		2	购入各种设备	固定资产、库存商品				825 000	借	175 000
		3	预付房租	待摊费用				120 000	借	55 000
		4	购买材料	库存商品				49 000	借	6 000
		5	提取现金备用	库存现金				1 000	借	5 000
	2	6	取得经营收入	主营业务收入			3 560		借	8 560
	4	7	借入资金	短期借款			300 000		借	308 560
		8	购买经营用纸	库存商品				30 000	借	278 560
		9	取得经营收入	主营业务收入			14 000		借	292 560
		11	支付装修费	管理费用				10 000	借	282 560
	8	13	支付运输车保险费	管理费用				7 000	借	275 560
	11	15	购入材料	库存商品				45 000	借	230 560
	12	17	取得经营收入	主营业务收入			31 000		借	261 560
	15	18	支付水电暖气费	管理费用				1 831	借	259 729
		19	支付欠款	应付账款				39 200	借	220 529
	20	21	预收制作款	预收账款			74 500		借	295 029
	21	22	购买材料	库存商品				51 350	借	243 679
		24	销售A4纸	其他业务收入			10 000		借	253 679
		26	购买彩印设备	固定资产				200 000	借	53 679
	22	27	取得经营收入并收回前期货款	主营业务收入、应收账款			80 500		借	134 179
	27	29	取得经营收入并收回欠款	主营业务收入			25 500		借	159 679
	30	30	提取现金	库存现金				15 700	借	143 979

同时登记明细账簿,如表 16-9 和表 16-10 所示。

表16-9 库存商品明细账

品名：A4纸 第1页

2016年		凭证号	摘要	收入			付出			结存		
月	日			数量	单价	金额	数量	单价	金额	数量	单价	金额
11	1	4	购入材料	490	100	49 000						
	10	14	结转出库成本				100	100	10 000	390	100	39 000
	20	20	结转出库成本				70	100	7 000	320	100	32 000
	21	22	购入材料	200	120	24 000				320 200	100 120	56 000
	25		结转出库成本				200	100	20 000	120 200	100 120	36 000
	30	32	结转出库成本				120 200	100 120	36 000			0

表16-10 管理费用明细账

第1页

2016年		凭证号	摘要	借方	贷方	借或贷	余额	（借）方项目								
月	日							装修费	安装电话	保险费	燃料费	水费	电费	暖气费	维护费	工资
11	1	10	支付安装电话款	500		借			500							
		11	支付装修费	10 000		借		10 000								
	8	13	支付保险费	7 000		借				7 000						
		13	支付燃料费	200		借					200					
	11	16	支付燃料费	595		借					595					
	15	18	支付水电暖气费	1 831		借						72	259	1 500		
	21	23	报销燃料费	1 070		借					1 070					
	25	28	支付设备维护费	328		借									328	
	30	31	计提工资	15 700		借										15 700

16.3 月末损益核算

转眼到月末了，两位老板这一个月的经营情况如何呢？到底有没有赚到钱呢？让我们一起看看吧。

16.3.1 账项调整

期末,东方图文制作有限公司有下面几项需要进行账项调整:

A.经营用固定资产按照直线法计提折旧,预计使用年限5年,预计净残值0,经计算每月应计提折旧费12 500元,运输汽车按工作量法计提折旧,当月应计提折旧960元。

B.摊销预付的年度房租10 000元。

C.月末有一项设备正在修理,2 000元修理费尚未支付。

D.将办公设备的费用20 000元,分两月进行摊销。

上述四项所进行的账务处理分别如图16-35～图16-38所示。

摘要	总账科目	明细科目	借方 百 十 万 千 百 十 元 角 分	√	贷方 百 十 万 千 百 十 元 角 分	√
计提折旧费	管理费用	折旧费	1 3 4 6 0 0 0			
	累计折旧				1 3 4 6 0 0 0	
合计			¥ 1 3 4 6 0 0 0		¥ 1 3 4 6 0 0 0	

记 账 凭 证
2016年11月30日
第33号 附件1张
会计主管: 记账: 复核: 制单:李芳

图16-35 记账凭证

第十六章 东方图文制作有限责任公司的财务核算

记 账 凭 证

2016年11月30日

第 34 号
附件1张

摘要	总账科目	明细科目	借方 百十万千百十元角分	√	贷方 百十万千百十元角分	√
摊销房租	管理费用	房租	1 0 0 0 0 0 0			
		待摊费用			1 0 0 0 0 0 0	
	合计		¥ 1 0 0 0 0 0 0		¥ 1 0 0 0 0 0 0	

会计主管:　　　　记账:　　　　复核:　　　　制单:李芳

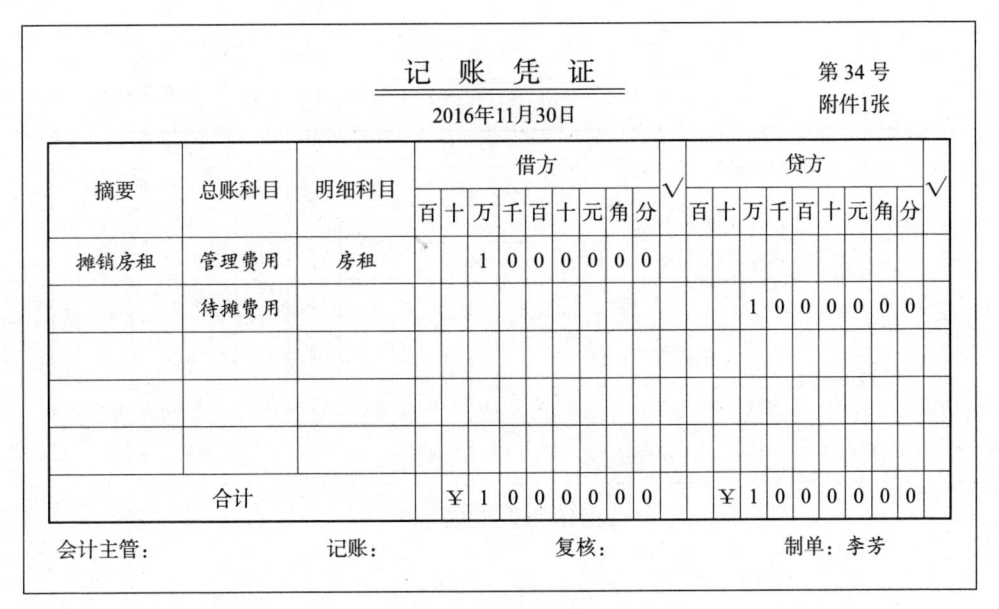

图16-36　记账凭证

记 账 凭 证

2016年11月30日

第 35 号
附件1张

摘要	总账科目	明细科目	借方 百十万千百十元角分	√	贷方 百十万千百十元角分	√
提取设备维修费	管理费用	修理费	2 0 0 0 0 0			
		应付账款			2 0 0 0 0 0	
	合计		¥ 2 0 0 0 0 0		¥ 2 0 0 0 0 0	

会计主管:　　　　记账:　　　　复核:　　　　制单:李芳

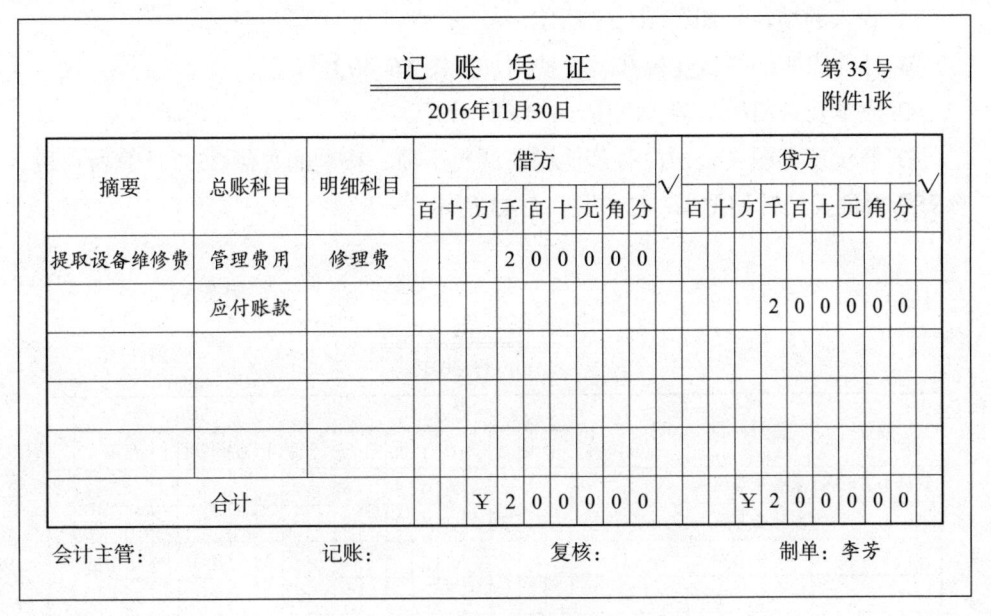

图16-37　记账凭证

记 账 凭 证　　　第 36 号
2016年11月30日　　　附件1张

摘要	总账科目	明细科目	借方 百十万千百十元角分	√	贷方 百十万千百十元角分	√
摊销办公用品费	管理费用	办公费	1 0 0 0 0 0 0			
	库存商品	办公用品			1 0 0 0 0 0 0	
		合计	￥ 1 0 0 0 0 0 0		￥ 1 0 0 0 0 0 0	

会计主管：　　　记账：　　　复核：　　　制单：李芳

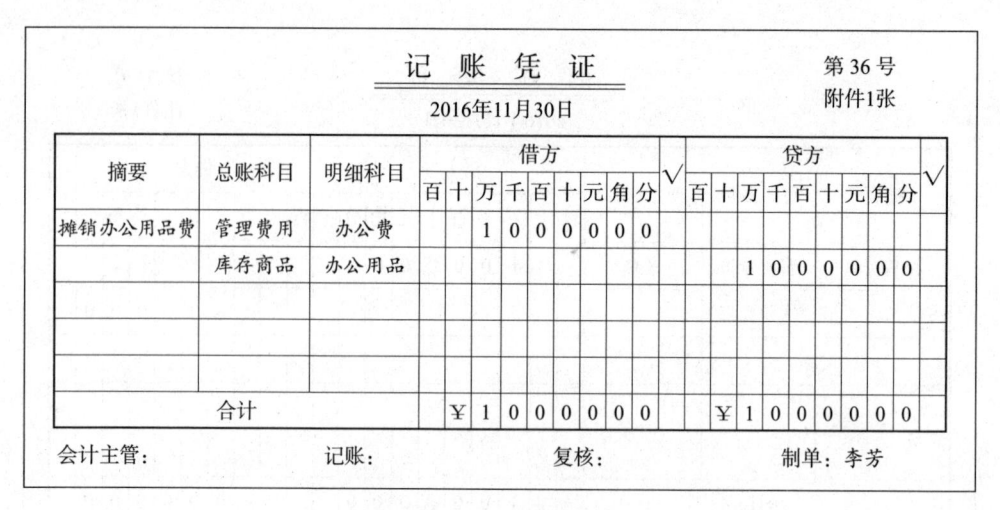

图16-38　记账凭证

16.3.2　收入费用的结转

将本月的所有收入、成本及费用转入"本年利润"科目。

A. 收入的结转，如图16-39所示。

B. 计算应缴纳的城建税和教育费附加（图16-40）。

C. 成本及费用的结转，如图16-41所示。

D. 假设东方图文公司没有其他税前调整事项，按利润总额25%计算所得税，核算所得税及结转如图16-42和图16-43所示。

记 账 凭 证　　　第 37 号
2016年11月30日　　　附件1张

摘要	总账科目	明细科目	借方 百十万千百十元角分	√	贷方 百十万千百十元角分	√
结转本月收入	主营业务收入		2 2 4 8 5 4 3 8			
	其他业务收入		2 5 2 4 2 7 2			
	本年利润				2 5 0 0 9 7 1 0	
		合计	￥ 2 5 0 0 9 7 1 0		￥ 2 5 0 0 9 7 1 0	

会计主管：　　　记账：　　　复核：　　　制单：李芳

图16-39　记账凭证

记 账 凭 证

2016年11月30日　　　　　　　　　　第38号　附件1张

摘要	总账科目	明细科目	借方 百十万千百十元角分	√	贷方 百十万千百十元角分	√
计算结转税款	税金及附加		7 5 0 3 0			
	应交税费	应交城建税			5 2 5 2 0	
		应交教育费附加			2 2 5 1 0	
		合计	¥　　　7 5 0 3 0		¥　　　7 5 0 3 0	

会计主管：　　　　记账：　　　　复核：　　　　制单：李芳

图16-40　记账凭证

记 账 凭 证

2016年11月30日　　　　　　　　　　第39号　附件1张

摘要	总账科目	明细科目	借方 百十万千百十元角分	√	贷方 百十万千百十元角分	√
期末结转成本费用	本年利润		2 3 4 1 8 4 3 0			
	主营业务成本				1 4 0 7 5 0 0 0	
	其他业务成本				2 0 0 0 0 0 0	
	税金及附加				7 5 0 3 0	
	管理费用				7 2 6 8 4 0 0	
		合计	¥　　2 3 4 1 8 4 3 0		¥　　2 3 4 1 8 4 3 0	

会计主管：　　　　记账：　　　　复核：　　　　制单：李芳

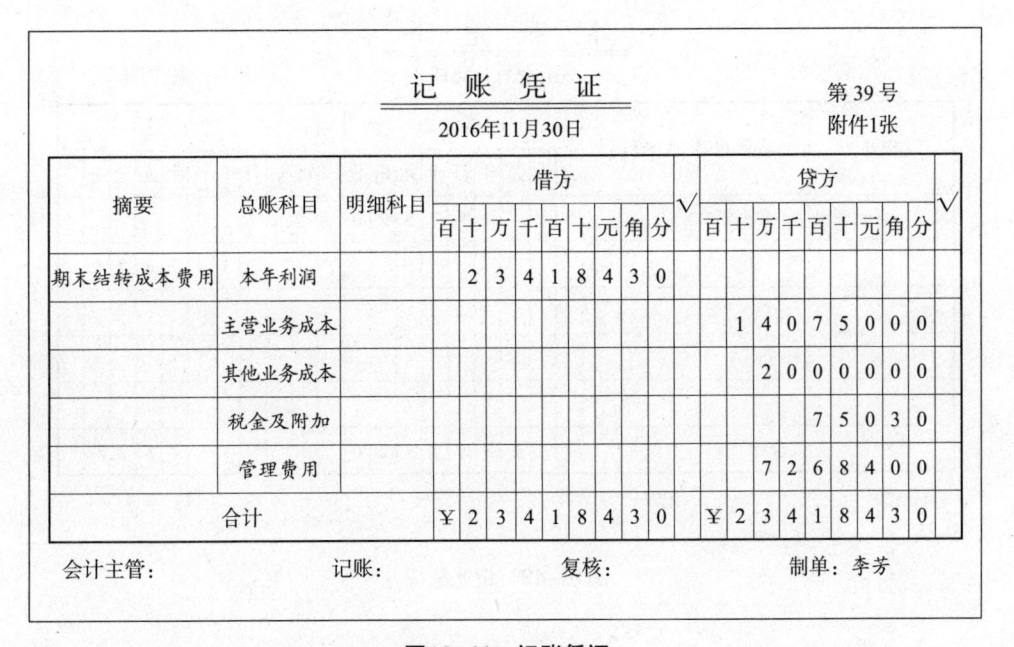

图16-41　记账凭证

记 账 凭 证

2016年11月30日

第40号
附件1张

摘要	总账科目	明细科目	借方 百十万千百十元角分	√	贷方 百十万千百十元角分	√
计算企业所得税费用	所得税费用		3 9 7 8 2 0			
	应交税费	应交所得税			3 9 7 8 2 0	
	合计		¥ 3 9 7 8 2 0		¥ 3 9 7 8 2 0	

会计主管：　　　记账：　　　复核：　　　制单：李芳

图16-42　记账凭证

记 账 凭 证

2016年11月30日

第41号
附件1张

摘要	总账科目	明细科目	借方 百十万千百十元角分	√	贷方 百十万千百十元角分	√
结转所得税费用	本年利润		3 9 7 8 2 0			
	所得税费用				3 9 7 8 2 0	
	合计		¥ 3 9 7 8 2 0		¥ 3 9 7 8 2 0	

会计主管：　　　记账：　　　复核：　　　制单：李芳

图16-43　记账凭证

在这里是一个月的收入，我们无须结转本年利润，也无须对利润进行分配，如果是年末结算，则需按照第十三章的核算程序进行。

16.3.3 科目汇总表的编制

将本月发生的经济业务（不包括期初投入资本的业务），待平衡后登入总账，科目汇总表如表 16-11 所示。

表16-11 科目汇总表

2016年11月1日～30日

选择时间区间：	2016年11月	
起始时间：	11月1日	
终止时间：	11月30日	
本期借方发生额	科目名称	本期贷方发生额
19 240	库存现金	2 693
539 060	银行存款	1 395 081
39 500	应收账款	23 500
234 550	库存商品	170 750
1 005 000	固定资产	
	累计折旧	13 460
39 200	应付账款	41 200
	应交税费	12 231.40
	应付职工薪酬	15 700
	短期借款	300 000
224 854.38	主营业务收入	224 854.38
25 242.72	其他业务收入	25 242.72
140 750	主营业务成本	140 750
20 000	其他业务成本	20 000
72 684	管理费用	72 684
120 000	待摊费用	10 000
74 500	预收账款	74 500
3 978.20	所得税费用	3 978.20
750.30	税金及附加	750.30
238 162.50	本年利润	250 097.10
2 797 472.10	合计	2 797 472.10

根据科目汇总表登记各总账账户,并结算出各账户的期末余额。为简化说明,我们将在结账部分一次性完成登记账簿和结账程序。

16.4 财务报表编制

下面根据东方图文制作有限公司2016年11月的账簿记录资料编制会计报表。全年会计报表的编制方法与此完全相同,只是以全年12个月的数据为编制依据而已。

16.4.1 资产负债表的编制

根据有关资产、负债和所有者权益类的总账账户编制资产负债表,如表16-12所示。

16.4.2 利润表的编制

利润表的编制如表16-13所示。

16.4.3 现金流量表的编制

在一般情况下,企业只在年末编制年报时编报现金流量表。为了保证本范例的完整性,我们根据资产负债表、利润表和有关账户的记录资料编制现金流量表如表16-14所示。

表16-12 资产负债表

编制单位:东方图文制作有限责任公司　　2016年11月30日　　　　　　会企01表
　　　　　　　　　　　　　　　　　　　　　　　　　　　　　　　　　单位:元

资产	期末余额	年初余额	负债和所有者权益（或股东权益）	期末余额	年初余额
流动资产:			流动负债:		
货币资金	160 526		短期借款	300 000	
以公允价值计量且其变动计入当期损益的金融资产			以公允价值计量且其变动计入当期损益的金融负债		
应收票据			应付票据		
应收账款	16 000		应付账款	2 000	
预付款项			预收款项		
应收利息			应付职工薪酬	15 700	

续表

资产	期末余额	年初余额	负债和所有者权益（或股东权益）	期末余额	年初余额
应收股利			应交税费	12 231.40	
其他应收款			应付利息		
存货	63 800		应付股利		
一年内到期的非流动资产			其他应付款		
其他流动资产	110 000		一年内到期的非流动负债		
流动资产合计	350 326		其他流动负债		
非流动资产：			流动负债合计	329 931.40	
可供出售金融资产			非流动负债：		
持有至到期投资			长期借款		
长期应收款			应付债券		
长期股权投资			长期应付款		
投资性房地产			专项应付款		
固定资产	991 540		预计负债		
在建工程			递延收益		
工程物资			递延所得税负债		
固定资产清理			其他非流动负债		
生产性生物资产			非流动负债合计		
油气资产			负债合计	334 367.50	
无形资产			所有者权益（或股东权益）：		
开发支出			实收资本（或股本）	1 000 000	
商誉			资本公积		
长期待摊费用			减：库存股		
递延所得税资产			其他综合收益		
其他非流动资产			盈余公积		
非流动资产合计			未分配利润	11 934.60	
			所有者权益（或股东权益）合计	1 011 934.6	
资产总计	1 341 866		负债和所有者权益总计	1 341 866	

表16-13 利润表

编制单位：东方图文制作有限责任公司　　2016年11月

会企02表
单位：元

项目	本期金额	上期金额
一、营业收入	250 097.10	
减：营业成本	160 750	
税金及附加	750.30	

续表

项目	本期金额	上期金额
销售费用		
管理费用	72 684	
财务费用		
资产减值损失		
加：公允价值变动收益（损失以"-"号填列）		
投资收益（损失以"-"号填列）		
其中：对联营企业和合营企业的投资收益		
二、营业利润（亏损以"-"号填列）	15 912.80	
加：营业外收入		
其中：非流动资产处置利得		
减：营业外支出		
其中：非流动资产处置损失		
三、利润总额（亏损总额以"-"号填列）	15 912.80	
减：所得税费用	3 978.20	
四、净利润（净亏损以"-"号填列）	11 934.60	
五、其他综合收益的税后净额		
（一）以后不能重分类进损益的其他综合收益		
（二）以后将重分类进损益的其他综合收益		
六、综合收益总额		
七、每股收益		
（一）基本每股收益		
（二）稀释每股收益		

表16-14　现金流量表

编制单位：东方图文制作有限责任公司　　　2016年11月　　　会企03表
单位：元

项目	本期金额	上期金额
一、经营活动产生的现金流量：		
销售商品、提供劳务收到的现金	241 600	
收到的税费返还		
收到其他与经营活动有关的现金		
经营活动现金流入小计	241 600	
购买商品、接受劳务支付的现金	224 550	
支付给职工以及为职工支付的现金		

续表

项目	本期金额	上期金额
支付的各项税费		
支付其他与经营活动有关的现金	151 524	
经营活动现金流出小计	376 074	
经营活动产生的现金流量净额	−134 474	
二、投资活动产生的现金流量：		
收回投资收到的现金		
取得投资收益收到的现金		
处置固定资产、无形资产和其他长期资产收回的现金净额		
处置子公司及其他营业单位收到的现金净额		
收到其他与投资活动有关的现金		
投资活动现金流入小计		
购建固定资产、无形资产和其他长期资产支付的现金	1 005 000	
投资支付的现金		
取得子公司及其他营业单位支付的现金净额		
支付其他与投资活动有关的现金		
投资活动现金流出小计	1 005 000	
投资活动产生的现金流量净额	−1 005 000	
三、筹资活动产生的现金流量：		
吸收投资收到的现金	1 000 000	
取得借款收到的现金	300 000	
收到其他与筹资活动有关的现金		
筹资活动现金流入小计	1 300 000	
偿还债务支付的现金		
分配股利、利润或偿付利息支付的现金		
支付其他与筹资活动有关的现金		
筹资活动现金流出小计		
筹资活动产生的现金流量净额	1 300 000	
四、汇率变动对现金及现金等价物的影响		
五、现金及现金等价物净增加额	160 526	
加：期初现金及现金等价物余额	0	
六、期末现金及现金等价物余额	160 526	

16.5　结账

我们根据账户的不同，分总账账户、明细账账户及日记账账户结账。

16.5.1 总账账户结账

总账账户结账如表 16-15 ～表 16-35 所示。

表16-15　总分类账

会计科目：库存现金　　　　　　　　　　　　　　　　　　　　　　第1页

2016年		凭证号数	摘要	借方金额	贷方金额	借或贷	余额
月	日						
11	30	科汇1	本月发生额	19 240	2 693		
			本月合计	19 240	2 693	借	16 547

注：表16-15～表16-35中粗线表示结账所划的红线。

表16-16　总分类账

会计科目：银行存款　　　　　　　　　　　　　　　　　　　　　　第2页

2016年		凭证号数	摘要	借方金额	贷方金额	借或贷	余额
月	日						
11	1	1	期初资本入账	1 000 000		借	1 000 000
	30	科汇1	本月发生额	539 060	1 395 081	借	143 979
			本月合计	1 539 060	1 395 081	借	143 979

表16-17　总分类账

会计科目：应收账款　　　　　　　　　　　　　　　　　　　　　　第3页

2016年		凭证号数	摘要	借方金额	贷方金额	借或贷	余额
月	日						
11	30	科汇1	本月发生额	39 500	23 500		
			本月合计	39 500	23 500	借	16 000

表16-18 总分类账

会计科目：待摊费用　　　　　　　　　　　　　　　　　　　　　　　　　　　第4页

2016年		凭证号数	摘要	借方金额	贷方金额	借或贷	余额
月	日						
11	30	科汇1	本月发生额	120 000	10 000		
			本月合计	120 000	10 000	借	110 000

表16-19 总分类账

会计科目：库存商品　　　　　　　　　　　　　　　　　　　　　　　　　　　第5页

2016年		凭证号数	摘要	借方金额	贷方金额	借或贷	余额
月	日						
11	30	科汇1	本月发生额	234 550	170 750		
			本月合计	234 550	170 750	借	63 800

表16-20 总分类账

会计科目：固定资产　　　　　　　　　　　　　　　　　　　　　　　　　　　第6页

2016年		凭证号数	摘要	借方金额	贷方金额	借或贷	余额
月	日						
11	30	科汇1	本月发生额	1 005 000			
			本月合计	1 005 000		借	1 005 000

表16-21 总分类账

会计科目：累计折旧　　　　　　　　　　　　　　　　　　　　　　　　　　　第7页

2016年		凭证号数	摘要	借方金额	贷方金额	借或贷	余额
月	日						
11	30	科汇1	本月发生额		13 460		
			本月合计		13 460	贷	13 460

表16-22 总分类账

会计科目：短期借款　　　　　　　　　　　　　　　　　　　　　　　　　　　　　　　第8页

2016年		凭证号数	摘要	借方金额	贷方金额	借或贷	余额
月	日						
11	30	科汇1	本月发生额		300 000		
			本月合计		300 000	贷	300 000

表16-23 总分类账

会计科目：应付账款　　　　　　　　　　　　　　　　　　　　　　　　　　　　　　　第9页

2016年		凭证号数	摘要	借方金额	贷方金额	借或贷	余额
月	日						
11	30	科汇1	本月发生额	39 200	41 200		
			本月合计	39 200	41 200	贷	2 000

表16-24 总分类账

会计科目：预收账款　　　　　　　　　　　　　　　　　　　　　　　　　　　　　　　第10页

2016年		凭证号数	摘要	借方金额	贷方金额	借或贷	余额
月	日						
11	30	科汇1	本月发生额	74 500	74 500		
			本月合计	74 500	74 500	平	0

表16-25 总分类账

会计科目：应付职工薪酬　　　　　　　　　　　　　　　　　　　　　　　　　　　　　第11页

2016年		凭证号数	摘要	借方金额	贷方金额	借或贷	余额
月	日						
11	30	科汇1	本月发生额		15 700		
			本月合计		15 700	贷	15 700

表16-26 总分类账

会计科目：应交税费　　　　　　　　　　　　　　　　　　　　　　　　第12页

2016年		凭证号数	摘要	借方金额	贷方金额	借或贷	余额
月	日						
11	30	科汇1	本月发生额		12 231.40		
			本月合计		12 231.40	贷	12 231.40

表16-27 总分类账

会计科目：实收资本　　　　　　　　　　　　　　　　　　　　　　　　第13页

2016年		凭证号数	摘要	借方金额	贷方金额	借或贷	余额
月	日						
11	30	科汇1	期初资本入账		1 000 000	贷	1 000 000
			本月合计		1 000 000	贷	1 000 000

表16-28 总分类账

会计科目：本年利润　　　　　　　　　　　　　　　　　　　　　　　　第14页

2016年		凭证号数	摘要	借方金额	贷方金额	借或贷	余额
月	日						
11	30	科汇1	本月发生额	238 162.50	250 097.10		
			本月合计	238 162.50	250 097.10	贷	11 934.60

表16-29 总分类账

会计科目：主营业务收入　　　　　　　　　　　　　　　　　　　　　　第15页

2016年		凭证号数	摘要	借方金额	贷方金额	借或贷	余额
月	日						
11	30	科汇1	本月发生额	224 854.38	224 854.38		
			本月合计	224 854.38	224 854.38	平	0

表16-30　总分类账

会计科目：其他业务收入　　　　　　　　　　　　　　　　　　　　第16页

2016年		凭证号数	摘要	借方金额	贷方金额	借或贷	余额
月	日						
11	30	科汇1	本月发生额	25 242.72	25 242.72		
			本月合计	25 242.72	25 242.72	平	0

表16-31　总分类账

会计科目：主营业务成本　　　　　　　　　　　　　　　　　　　　第17页

2016年		凭证号数	摘要	借方金额	贷方金额	借或贷	余额
月	日						
11	30	科汇1	本月发生额	140 750	140 750		
			本月合计	140 750	140 750	平	0

表16-32　总分类账

会计科目：其他业务成本　　　　　　　　　　　　　　　　　　　　第18页

2016年		凭证号数	摘要	借方金额	贷方金额	借或贷	余额
月	日						
11	30	科汇1	本月发生额	20 000	20 000		
			本月合计	20 000	20 000	平	0

表16-33　总分类账

会计科目：税金及附加　　　　　　　　　　　　　　　　　　　　　第19页

2016年		凭证号数	摘要	借方金额	贷方金额	借或贷	余额
月	日						
11	30	科汇1	本月发生额	750.30	750.30		
			本月合计	750.30	750.30	平	0

表16-34 总分类账

会计科目：管理费用　　　　　　　　　　　　　　　　　　　　　　　　　　　第20页

2016年		凭证号数	摘要	借方金额	贷方金额	借或贷	余额
月	日						
11	30	科汇1	本月发生额	72 684	72 684		
			本月合计	72 684	72 684	平	0

表16-35 总分类账

会计科目：所得税费用　　　　　　　　　　　　　　　　　　　　　　　　　　第21页

2016年		凭证号数	摘要	借方金额	贷方金额	借或贷	余额
月	日						
11	30	科汇1	本月发生额	3 978.20	3 978.20		
			本月合计	3 978.20	3 978.20	平	0

16.5.2 明细账账户结账

明细账月末结账如表16-36～表16-38所示，由于篇幅原因。我们只列有代表性的三个明细账。

16.5.3 日记账账户结账

库存现金日记账（银行存款日记账略）月末结账如表16-39所示。

表16-36 库存商品明细账

品名：A4纸　　　　　　　　　　　　　　　　　　　　　　　　　　　　　　第1页

2016年		凭证号	摘要	收入			付出			结存		
月	日			数量	单价	金额	数量	单价	金额	数量	单价	金额
11	1	4	购入材料	490	100	49 000						
	10	14	结转出库成本				100	100	10 000	390	100	39 000
	20	20	结转出库成本				70	100	7 000	320	100	32 000
	21	22	购入材料	200	120	24 000				320 200	100 120	56 000

续表

2016年		凭证号	摘要	收入			付出			结存		
月	日			数量	单价	金额	数量	单价	金额	数量	单价	金额
	25		结转出库成本				200	100	20 000	120 200	100 120	36 000
	30	32	结转出库成本				120 200	100 120	36 000			0
			本月合计	490 200	100 120	73 000	490 200	100 120	73 000			0

表16-37 管理费用明细账

第1页

2016年		凭证号数	摘要	借方	贷方	借或贷	余额	（借）方项目			
月	日							装修费	安装电话	保险费	……
11	1	10	支付安装电话款	500		借			500		
	4	11	支付装修费	10 000		借		10 000			
	8	13	支付保险费	7 000		借				7 000	
			……								
			本月合计	74 684	74 684	平	74 684	10 000	500	7 000	……

表16-38 应收账款明细账

户名：光华公司

第1页

2016年		凭证号		摘要	借方金额	贷方金额	借或贷	余额
月	日	类别	号					
11	8	记	12	光华公司欠款	23 500			23 500
	22		27	收回光华公司欠款		23 500	借	16 000
				本月合计	39 500	23 500	借	16 000

表16-39　库存现金日记账

第1页

2016年		凭证号	摘要	对方科目	现金支票号码	转账支票号码	借方	贷方	借或贷	余额
月	日									
11	1	5	提取现金	银行存款			1 000		借	1 000
	4	9	取得经营收入	主营业务收入			260		借	1 260
		10	支付安装电话款	管理费用				500	借	760
	8	12	取得经营收入	主营业务收入			1 090		借	1 850
		13	支付运输车燃料费	管理费用				200	借	1 650
			……							……
			本月合计				19 240	2 693	借	16 547

16.6　总结分析

张云芳创立的公司，已经顺利经营一个月了，会计人员根据一个月经济活动提供的资料，完成了账务处理，编制了会计报表，从报表中我们可以看出该公司的净利润比较少，这是因为初始开业，各种摊销费用较大导致的，今后随着经营收入的增加，利润会逐渐增大的；同时我们还可以从现金流量表中看出，经营活动的现金净流量为负数，是由于开业期初各项支出较大导致的，从这两方面的数字告诉经营者，今后应该注意扩大销售，降低费用支出，加强现金控制管理。

从这个例子，你学会做账、用账了吗？你看到会计在企业中的重要作用了吗？

最后，我们希望你能在本书指导下与该企业一起共同成长，早日成为会计的行家里手！

参考文献

[1] 企业会计准则编审委员会. 企业会计准则 [M]. 上海：立信会计出版社，2017.

[2] 财政部会计资格评价中心. 初级会计实务 [M]. 北京：中国财政经济出版社，2016.

[3] 财政部会计资格评价中心. 中级会计实务 [M]. 北京：经济科学出版社，2016.

[4] 中国注册会计师协会. 会计 [M]. 北京：中国财政经济出版社，2016.

[5] 朱小平，徐泓，周华. 初级会计学 [M]. 北京：中国人民大学出版社，2015.

[6] 徐经长，孙蔓莉，周华. 会计学 [M]. 北京：中国人民大学出版社，2016.

[7] 范纪珍. 会计做账一点通 [M]. 北京：中国纺织出版社，2011.

[8] 范纪珍. 财务报表分析一点通 [M]. 北京：中国纺织出版社，2013.